REDLINE WIRTSCHAFT
bei verlag moderne industrie

Josh Gordon

Umsatz mit schwierigen Kunden

Preiskiller, Nörgler und Unentschlossene schlagfertig überzeugen

REDLINE WIRTSCHAFT
bei verlag moderne industrie

Josh Gordon
Umsatz mit schwierigen Kunden
Preiskiller, Nörgler und Unentschlossene schlagfertig überzeugen
Frankfurt/Wien: Redline Wirtschaft bei verlag moderne industrie, 2004
ISBN 3-478-25570-8

http://www.redline-wirtschaft.de

Aus dem Amerikanischen von Sabine Schilasky
Originaltitel: „Tough Calls: Selling Strategies to Win Over Your Most Difficult Customers“.
Published by AMACOM, a division of the American Management Association, International, New York. All rights reserved.

Umschlag: Init, Büro für Gestaltung, Bielefeld
Coverabbildung: getty images, München
Satz: Redline Wirtschaft bei ueberreuter, Wien
Druck: Himmer, Augsburg
Printed in Germany

Inhalt

Für Lynn zu unserem Zehnjährigen –
Laura zu ihrem Sechsten –
und Jenny zu ihrem Zweiten

Einleitung:
Wozu ein weiteres Buch übers Verkaufen?

Traditionelle Verkaufstechniken funktionieren immer dann bestens, wenn die Kunden nett sind und fair spielen – so wie es in den Büchern steht. In den meisten Fällen aber hat man mit Kunden zu tun, bei denen konventionelle Strategien versagen. Als ich dieses Buch vorbereitete, habe ich zunächst eine Umfrage veranstaltet, bei der sich herausstellte, dass durchschnittlich einer von sechs Kunden problematisch ist. Und infolgedessen halten Sie nun das erste Buch in Händen, das sich speziell mit diesen Kunden befasst. Lernen Sie, wie Sie diesen Kunden etwas VERKAUFEN.

Bewährte und oft erfolgreiche Verkaufsstrategien können in problematischen Gesprächssituationen mit Kunden furchtbar nach hinten losgehen. So können beispielsweise Vorverträge eine hilfreiche Methode sein, vertragliche Details auszuhandeln und bisherige Absprachen festzuschreiben. Sitzt man jedoch einem egomanischen Kunden gegenüber, werden solche Vorverträge zu wahren Zeitbomben. Egomanen bestehen darauf, ständig und in allen Punkten Recht zu haben, weshalb schriftliche Vorabvereinbarungen, die ihnen gegen den Strich gehen, einen späteren festen Abschluss so gut wie unmöglich machen.

Dann gibt es natürlich auch die Unternehmen, in denen es sozusagen zum guten Ton gehört, mit Lieferanten besonders harsch umzuspringen. Wohlverhalten definiert sich in solchen Firmen darüber, wie herablassend man die Vertreter behandelt, die ins Haus kommen. Andere Unternehmen machen eventuell gerade eine „Reorganisationsphase“ durch, was zur Folge hat, dass sich kaum jemand traut, Kaufentscheidungen zu treffen. Ganz zu schweigen von solchen Unternehmen, in denen entscheidende Positionen mit schwierigen oder wenig talentierten Menschen besetzt sind. Manche Leute landen auf ihren Posten, weil die Firmenleitung glaubt, so den Schaden begrenzen zu können, nach dem Motto: „Wir können ihn nicht feuern, also kriegt er den Einkauf, weil er dort am wenigsten anrichten kann.“ Und nicht zuletzt gibt es Problemkunden, die dem Standardbild des Problemkunden überhaupt nicht zu entsprechen scheinen. Sie sind möglicherweise extrem professionell, finden aber das Produkt der Konkurrenz besser als Ihres, fühlen sich an langjährige Geschäftsbeziehungen gebunden oder unterwerfen sich einer überholten Firmenpolitik. Dieses Buch wird Ihnen helfen, mit diesen und anderen Problemkunden umgehen zu lernen, indem es Ihnen spezielle Verhandlungssituation schildert und die dazu passenden Strategien erörtert.

Zum Aufbau des Buches

Bei meinen Nachforschungen stieß ich auf zwanzig klassische Fälle, die repräsentativ für die Mehrzahl problematischer Kundenverhaltensmuster stehen, mit denen Sie es zu tun bekommen können. Jedem dieser Fälle ist ein eigenes Kapitel gewidmet. Sie erfahren, wie Sie einen Problemkunden erkennen und ihn gewinnen können; Sie lernen, welche „Stolpersteine" Sie meiden sollten und welche speziellen „Verkaufsstrategien" Sie anwenden müssen; und Sie finden dort auf den Fall abgestimmte „Strategien, wie Sie zum Abschluss kommen".

Ich biete Ihnen nicht die „einzige" und „beste" Verkaufsmethode für jeden dieser Kunden, sondern eine Auswahl der „besten Ideen". Sie können sich daraus diejenige aussuchen, die Ihnen am ehesten zusagt und für Ihren Kunden die angebrachteste ist. In einigen Kapiteln werden Sie verschiedene gegensätzliche Strategien vorgestellt bekommen, in anderen beschreibe ich Strategien, die ich andere Verkäufer habe erfolgreich anwenden sehen, ich selbst aber weder benutze noch empfehle. Suchen Sie sich die Methode aus, die für Sie die beste ist.

Am Ende des Buches habe ich die Ergebnisse der Umfrage zusammengefasst, die ich für dieses Buch durchgeführt habe. Ich habe drei verschiedene Frageaktionen gestartet, in deren Rahmen ich an die tausend Fragebögen verschickte. Vergleichen Sie die Ergebnisse mit Ihren Erfahrungen im Verkauf, und Sie werden vielleicht besser verstehen, wie gut Sie Ihren Job machen.

Was macht dieses Buch so anders als andere Bücher übers Verkaufen?

Falls Sie es noch nicht bemerkt haben: Die meisten Bücher übers Verkaufen (einschließlich meines vor fünf Jahren veröffentlichten) beschäftigen sich mit dem Verhalten von Verkäufern (Präsentationen veranstalten, Verträge ausarbeiten, Widerstände überwinden etc.). Dieses Buch tut genau das Gegenteil, indem es sich mit dem Verhalten der Kunden auseinander setzt und Verkaufsstrategien empfiehlt, die speziell auf den einzelnen Kunden abgestimmt sind.

Aus einer anderen Perspektive über den Verkaufsprozess zu schreiben, gab mir die Gelegenheit, Verkaufsmethoden darzulegen, zu denen bislang noch nichts geschrieben wurde. Wie bringen Sie beispielsweise einen Egomanen dazu, die Kaufidee für seine eigene zu halten? Lesen Sie dazu Kapitel 17.

Wozu noch ein Buch über „Problemfälle"?

Problemkunden stellen in zweierlei Hinsicht eine weit größere Herausforderung dar als problematische Menschen im Allgemeinen.

1. Als Verkäufer oder Menschen mit direktem Kundenkontakt ist es unser Job, Kunden etwas zu VERKAUFEN, und nicht nur mit ihren Eigenarten leben zu lernen.
2. In einer Verkäufer-Käufer-Beziehung wird problematisches Verhalten meist mit einer ganz bestimmten Absicht an den Tag gelegt. Problematisches Kundenverhalten ist in den wenigsten Fällen eine Folge von fragwürdigen Persönlichkeitszügen. Wie die Umfrage ergeben hat, sind gerade mal zehn Prozent aller Kunden deshalb schwierig, weil sie problematische Charaktere sind. Meist verhalten sie sich absichtlich so, weil sie sich davon etwas versprechen. Als Verkäufer ist es Ihr Job, problematisches Kundenverhalten auf Anhieb zu erkennen, es entweder zu meiden oder zum eigenen Vorteil zu nutzen und einen Abschluss zustande zu bringen. Eine „Business as usual"-Herangehensweise kann bei solchen Kunden das Aus bedeuten.

Sie sollten immer daran denken, dass jeder Ihrer gegenwärtigen Kunden jederzeit zu einem Problemkunden werden kann (siehe Kapitel 9: „Der Kunde, der den Auftrag eventuell wieder zurücknimmt"). Im Laufe der Geschäftsbeziehung werden die meisten der „guten" Kunden irgendwann das eine oder andere problematische Verhalten zeigen.

Da draußen ist es hart – also: angenehmes Lesen!

1 *Der Kunde, der:*
den Preis in Grund und Boden drückt

Aus der Umfrage:

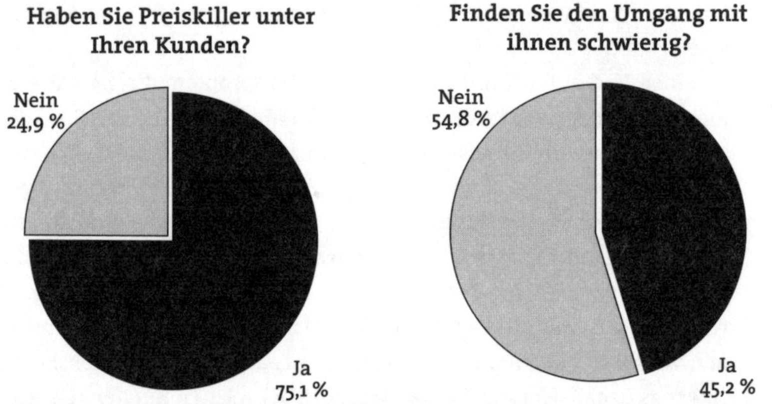

„Das ist eine Ausrede, die man jederzeit vorschieben kann."

Industriewarenvertreter, Dallas, Texas

Preiskiller setzen alles daran, Ihren Preis nach unten zu drücken. Ein solcher Kunde erzählt Ihnen wahrscheinlich, er würde Ihr Produkt nicht brauchen oder es bei der Konkurrenz deutlich billiger kaufen können. Vielleicht sagt er Ihnen auch, was die Konkurrenz alles unternimmt, um an ihn zu verkaufen, und dass er mit ihnen abschließen wird, falls Sie Ihren Preis nicht senken.

Normalerweise erkennt man einen Preiskiller auf Meilen. Als eine meiner Kolleginnen einen Termin mit einem Preiskiller hatte, lautete die Vorankündigung: „Ich freue mich auf Ihren Besuch, Ann Belle, aber denken Sie daran, Ihren ganz spitzen Bleistift mitzubringen." Ein Preiskiller, den ich auf einer Messe um einen Gesprächstermin bat, sagte mir: „Ehe ich mich mit Ihnen treffe, will ich Ihre Preisliste sehen." Ich reichte sie ihm, woraufhin er sie in tausend kleine Stücke zerriss und auf den Boden fallen ließ. „Da sehen Sie, was ich von Preislisten halte. Wollen Sie immer noch einen Termin?"

Preiskiller tauchen an den unmöglichsten Orten auf. Mir sind diejenigen am unangenehmsten, die plötzlich aus dem Hinterhalt kommen. Diese Sorte vermittelt einem zunächst den Eindruck, ein Kunde mit einem enormen Potenzial zu sein. Man freut sich auf einen Riesenauftrag, dem noch viele weitere folgen könnten, und dann – Sekunden vor dem Abschluss – machen sie eine gewaltige Szene und regen sich über die unverschämten Preise auf. Falls Sie einen Kunden haben, der Ihnen verkaufen will, er könnte *der* Superkunde überhaupt werden, blüht Ihnen eventuell genau dieser Hinterhalt. Vergessen Sie nie, wer wem etwas verkaufen soll.

Stolpersteine

1. *Sich so auf den Preis konzentrieren, dass man darüber das Produkt vergisst*

Verkaufen hat nichts damit zu tun, den niedrigsten Preis zu bieten, sondern vielmehr den besten Gegenwert. Auch wenn Ihr Kunde sich scheinbar nicht dafür interessiert, sollten Sie unbedingt einen Weg finden, den Wert Ihres Produkts deutlich zu machen. Falls er nichts anderes als den Preis im Kopf hat, sollten Sie auch über den Preis argumentieren: „Ich weiß, dass für Sie vor allem ausschlaggebend ist, was unten auf der Rechnung steht. Deshalb möchte ich Ihnen genau darstellen, aus welchen Elementen sich unser Produkt zusammensetzt. Dann können Sie unseren Preis besser nachvollziehen." Und beschreiben Sie den Wert Ihres Produkts. Wenn Sie nämlich nichts weiter zu bieten haben als den günstigen Preis, wird Ihr Kunde zur Konkurrenz wechseln, sobald die Sie unterbietet.

2. *Zuerst über den Preis sprechen*

Sie müssen den Wert Ihres Produkts verkauft haben, *bevor* Sie anfangen, über den Preis zu sprechen. Natürlich ist die Versuchung groß, mit dem Preis anzufangen, zumal Ihnen Ihr Preiskillerkunde deutlich macht, dass ihn nur der interessiert. Doch sobald der Preis Thema wird, ändert sich der Ton des Verkaufsgesprächs. Sind erst einmal Preiszugeständnisse gemacht worden, wirkt alles, was daraufhin besprochen wird, wie eine nachgeschobene Rechtfertigung des Preises anstatt wie eine ehrliche Beschreibung des Produktnutzens. Wenn Sie einen echten Preiskiller überzeugen wollen, müssen Sie zuerst über den Wert Ihres Produkts reden.

3. *Zeit mit Preiskillern verschwenden, die keine wirklich interessierten Kunden sind*

Es gibt Kunden, die so sehr auf den Preis fixiert sind, dass man ihnen faktisch nichts verkaufen kann. Ihnen bedeutet der Preis einfach alles, selbst wenn es nur darum geht, zwei Dollar Nachlass auf einen Tausend-Dollar-Auftrag zu bekommen. Bieten Sie solchen Kunden einen vertretbaren Rabatt an, und warten Sie ab, ob sie kaufen. Wenn nicht, sollten Sie die Sache vergessen und sich lieber Kunden zuwenden, bei denen Sie etwas bewegen können.

Viele Preiskiller sind es schlicht nicht wert, dass man mit ihnen Geschäfte macht. Manchmal vertreten sie Unternehmen, die wenig profitabel arbeiten; sie kosten Sie Zeit und Mühe, die in keinem Verhältnis zu dem Umsatz stehen, der sich mit ihnen machen lässt. Außerdem können Sie bei diesen Firmen kaum auf langfristige Erfolge hoffen. Wenn sie an jedem Cent so sehr hängen, dass sie dafür ein Riesentheater veranstalten, haben sie möglicherweise ein Liquiditätsproblem. Sollten Sie allerdings in einer Branche arbeiten, in der praktisch jeder potenzielle Kunde ein Preiskiller ist, müssen Sie lernen, mit dieser Spezies zurechtzukommen.

4. *Glauben, was einem der Preiskiller über die Rabatte der Konkurrenz erzählt*

Während seiner Tätigkeit für Harvey Research bot Paul Cohen einem Klienten die Dienste des Unternehmens an. Der erzählte ihm daraufhin, dass dasselbe Produkt, welches Harvey Research für 3.000 Dollar anbot, woanders billiger wäre. Paul wusste natürlich, dass diese Information frei erfunden war. Also stellte er dem Kunde ein paar Fragen. „Sie sagen also, unser Konkurrent verschickt 700 Fragebögen, denen jeweils ein Dollar beiliegt?“ Der Kunde bejahte. „Macht 700 Dollar“, stellte Paul fest und notierte die Zahl auf seinem Block. „Und zusätzlich verschicken sie 700 Exemplare ihrer Firmenbroschüre?“ Wieder bejahte der Kunde, und

Paul sagte: „Das macht noch mal 1.750 Dollar.“ Auch diese Zahl notierte er. Nachdem er die Kosten für die vermeintlich von der Konkurrenz angebotenen Dienste notiert hatte, entpuppte sich das angebliche Angebot als Zuzahlungsgeschäft. Er erklärte dem Kunden, warum der Service seines Unternehmens besser wäre, weshalb man keine Preiszugeständnisse machte und ging. Einen Monat später rief der Kunde bei Paul an und gab ihm den Auftrag. Paul sagt dazu: „Manchmal erzählen einem die Kunden Sachen wie: „Ihre Konkurrenz bietet mir 70 Prozent Nachlass an.“ Vielleicht räumt ihnen sogar jemand einen Rabatt ein, vielleicht sogar 30 oder 40 Prozent, aber bestimmt nicht so viel, wie sie mir gern weismachen wollen.“

5. *Einen Preiskiller unterschätzen, indem man ihn nur für eine Nervensäge hält*

Echte Preiskiller sind Meister ihres Fachs, die ihre Fähigkeit über Jahre hinweg kultiviert haben. Würden sie jedoch mehr Zeit damit verbringen, gute Geschäfte zu machen, und weniger damit, alles immer noch billiger zu bekommen, dürften sie ihren Unternehmen den besseren Dienst erweisen. Das sehen sie allerdings anders. Für den wahren Preiskiller ist der höchstmögliche Rabatt weit wichtiger, als das bestmögliche Produkt zu einem fairen Preis zu kaufen. Natürlich können Sie sagen, solche Leute wären wahnsinnig und brächten ihren Unternehmen nichts als Schaden, aber sie erweisen sich häufig als besonders hartnäckig und kriegen am Ende, was sie wollen. Oft sind Sie dann derjenige, der darüber „wahnsinnig“ wird.

Verkaufsstrategien

1. *Verlangt man von Ihnen Preiszugeständnisse, sollten Sie eine Gegenleistung erwarten*

Auf diese Weise können Sie ziemlich schnell herausfinden, ob Sie einem ernst zu nehmenden Verhandler gegenübersitzen oder jemanden, der meint, „fragen kostet nichts“. Sagen Sie Ihrem Kunden, er könne einen Nachlass haben, wenn er Ihnen mehr Aufträge gibt (oder etwas anderes, was Ihnen zugute kommt). Falls Ihr Kunde seine Rabattforderung nicht wirklich ernst meint, haben Sie auf dezente Weise Nein gesagt und ihm den Ball zurückgespielt. Falls doch, wird er auf Ihren Vorschlag eingehen. Das kann dann folgendermaßen aussehen:

Kunde: Entweder Sie gehen zehn Prozent im Preis runter oder wir müssen den Auftrag an die Konkurrenz geben.

Verkäufer: Zehn Prozent lassen sich machen, wenn Sie uns garantieren können, dass sich das Auftragsvolumen im nächsten Jahr um zwanzig Prozent erhöht.

Kunde: Zwanzig Prozent mehr Auftragsvolumen? Nein, ein bisschen mehr können wir zwar bieten, aber keine zwanzig Prozent. Damit würden Sie unser gesamten Kapitalbudget für das Jahr kriegen.

Verkäufer: Okay, wie wäre es, wenn wir fünf Prozent nachgeben, und Sie sich für unser Service-Programm verpflichten? Damit brauchen Sie Ihr Kapitalbudget nicht anzugreifen und einen Servicevertrag müssen Sie ohnehin machen.

Kunde: Fünf Prozent wären für uns in Ordnung. Zeigen Sie mir die Zahlen für Ihr Service-Programm. Bieten Sie uns einen Preis, der dem unseres derzeitigen Lieferanten vergleichbar ist, kommen wir ins Geschäft.

Eine Gegenforderung zu stellen ist ein gutes Mittel, um herauszufinden, welchen Wert der Kunde einer Rabattgewährung beimisst. In obigem Beispiel entlarvt die Forderung einer zwanzigprozentigen Umsatzsteigerung, wie viel dem Kunden tatsächlich an einem Preisnachlass liegt: nämlich nicht ansatzweise so viel, wie man zunächst aus seiner Aussage hätte schließen können („oder wir müssen den Auftrag an die Konkurrenz geben"), allerdings ist ihm ein geringerer Nachlass immer noch wichtig genug, um dafür den Serviceanbieter zu wechseln.

Diese Geben-und-Nehmen-Strategie ist normalerweise eine geeignete Methode, unmögliche Forderungen abzuwimmeln. Und darüber hinaus werden Sie, wenn Sie am Ende einen Rabatt einräumen, nicht signalisiert haben, dass Sie allzu schnell schwach werden.

2. *Denken Sie daran: Jeder Preiskiller hat einen Boss*

Häufig versuchen Kunden, Preise in den Keller zu treiben, weil das ihr Ansehen bei den Vorgesetzten hebt. Anders als beim Handel mit dem Endverbraucher können Sie beim Verhandeln mit Unternehmen grundsätzlich davon ausgehen, dass der Kunde über die Mittel *verfügt*, Ihr Produkt zu bezahlen. Trotzdem möchte Ihr Verhandlungspartner eine gute Figur machen. Schlägt er bei Ihnen einen sehenswerten Rabatt heraus, läuft er damit direkt zum Chef und bekommt eine Gehaltserhöhung. Wollen Sie ihn also davon abhalten, Ihnen den Preis zu ruinieren, sollten Sie ihm gute Gründe geben, Ihren Preis vor seinem Boss zu rechtfertigen.

Ich stand einmal unter enormem Preisdruck, als ich einen Anzeigenplatz an eine Werbeagentur verkaufen wollte. Doch sobald ich direkt mit dem Kunden sprach und ihn davon überzeugt hatte, dass er einfach eine Anzeige in meinem Magazin schalten musste, war von Rabattforderungen gar keine Rede mehr. Manchmal verlegen sich die Kunden dann einfach auf einen anderen Lieferanten oder Dienstleister, bei dem sie den Preis drücken können.

3. Halten Sie den persönlichen Kontakt

Bei Preisverhandlungen wirkt sich der Verzicht auf persönliche Gespräche direkt zu Gunsten des Käufers aus. Es ist viel leichter, jemanden mit absurden Rabattforderungen zu konfrontieren, den man nicht besonders gut kennt. Gehen Sie jedoch mit dem Kunden essen und unterhalten sich mit ihm, stehen Ihre Chancen ungleich besser, zumindest fair behandelt zu werden. Stellen wir uns beispielsweise vor, wie einer meiner Kunden abends nach Hause kommt und seiner Frau vom Mittagessen mit mir erzählt:

Kunde: Liebling, erinnerst du dich an Josh Gordon, den Anzeigenakquisiteur für Government data Systems? Er war heute bei mir.

Ehefrau: Ja, das war doch der, der uns in dieses tolle französische Restaurant eingeladen hatte. Ich erinnere mich sehr gut an ihm. Er hat einen fantastischen Wein zum Essen bestellt und Extradesserts, die wir den Kindern mitbringen sollten. Ein ganz netter Mann. War seine Frau nicht schwanger? Was hat er denn erzählt? ...

Wie anders sähe die Sache wohl aus, hätte mein Kunde mich bis zur Besinnungslosigkeit im Preis gedrückt?

Russ Thibeault von Intertec Electrical Group hatte jedes Jahr mit einem bestimmten Preiskiller zu tun. Wenn der die nächste Runde einläutete, ließ Russ seinen Kunden einen Tag warten, bevor er ihn zurückrief, damit die ersten Emotionen verpuffen konnten. Dann ging er folgendermaßen vor: „Ich rief ihn an und sagte ihm, dass ich mich über seinen Anruf gefreut hätte. Dann hörte ich mir an, welche Position er zu vertreten hatte, damit ich erkennen konnte, wie eine Einigung am ehesten möglich wäre. ‚Okay, Ihr Kunde steht unter enormem Preisdruck, und den gibt er natürlich an Sie weiter, woraufhin Sie ihn an mich weitergeben.' So weit, so gut. Dann überzeugte ich ihn davon, dass wir beide eigentlich im selben Boot saßen. Er musste vor seinem Kunden gut dastehen, ich vor meinem Boss. Also sollten wir gemeinsam zu einer Einigung kommen, die für beide Seiten akzeptabel ist und aus der keiner als Verlierer hervorgeht. Auf diese Weise umgingen wir einen erbitterten Preiskrieg, bei dem letztlich jeder verliert."

4. *Finden Sie heraus, was Ihr Kunde wirklich will*

Eine Rabattforderung hat für verschiedene Kunden eine jeweils andere Bedeutung. Einige erwarten ganz einfach, dass sie weniger bezahlen müssen. Diese Kunden bilden meiner Erfahrung nach allerdings eher eine Minderheit. Meist verbirgt sich hinter der Forderung nach niedrigeren Preisen eher eines der folgenden Motive:

- Der Wunsch, dem Vorgesetzten zu imponieren, indem man den Verkäufer ausquetscht. Sehen Sie also eine bessere Methode, wie Sie Ihren Kunden vor seinem Boss gut aussehen lassen können, sollten Sie auf diese setzen und Ihre Preise nicht antasten.
- Der Wunsch zu siegen. Der Kunde gewinnt, Sie verlieren, der Kunde kauft. Einige Preiskiller haben einfach das Gefühl, in ihrem Job versagt zu haben, wenn es ihnen nicht gelungen ist, Sie ins Schwitzen zu bringen. Sehen Sie einen Weg, wie Sie ihnen das Gefühl geben können, gewonnen zu haben, obwohl sie zu einem fairen Preis kauften?
- Das Ego aufpolieren. Häufig sind Preisverhandlungen für Kunden eine Methode, ihr Selbstwertgefühl zu heben. Einige brauchen die Befriedigung, für ihr Geld noch etwas extra bekommen zu haben. Wenn das der Fall ist, bieten Sie ihnen eine Extraleistung an, die keinen Preisnachlass erfordert.
- Das Bedürfnis, ein Produkt unter Wert bekommen zu können. Ein Preis ist immer dann zu hoch, wenn er den wahrgenommenen Wert des Produkts übersteigt. Ist aber der Kunde der Ansicht, das von ihm gekaufte Produkt wäre mehr wert als den Preis, den er bezahlt hat, ist er dann auch noch zu hoch?

Überlegen Sie einmal, welche Zugeständnisse Sie machen könnten, die den Preis nicht berühren. Je besser Sie sich mit den Bedürfnissen Ihrer Kunden vertraut machen, umso mehr Pferde können Sie ins Rennen bringen.

5. *Verkaufen Sie einen Wert*

Redet der Kunde nur vom Preis, müssen Sie das Thema wechseln. Anstatt sich anzuhören, was Ihnen der Preiskiller alles an Gründen nennt, weshalb Ihr Produkt seinen Preis nicht wert ist, sollten Sie ihn davon überzeugen, warum es sein Geld sehr wohl wert ist. Sagen Sie beispielsweise: „Okay, lassen wir den Preis einmal beiseite. Erzählen Sie mir doch, was Sie von einem (was auch immer) erwarten." Sobald Ihr Kunde anfängt, Ihnen seine Erwartungen darzulegen, können Sie Ihr Produkt seinen Bedürfnissen anpassen. Und sollten Sie sicher sein, ein geeignetes Produkt bieten zu können, fragen Sie ihn: „Und über welche Preisdifferenz sprechen wir hier? Über 200 Dollar?" Wenn Sie das Preisthema vom Tisch haben, können Sie erkennen, welche Einwände er tatsächlich gegen Ihr Angebot hat – denn der Preis selbst ist es in den wenigsten Fällen.

6. *Unterscheiden Sie Ihr Produkt von dem der Konkurrenz*

Bevor Sie beweisen können, dass Ihr Produkt das bessere ist, müssen Sie nachgewiesen haben, dass es anders ist. Kann Ihr Kunde den Unterschied zwischen Ihrem und dem Konkurrenzprodukt nicht klar erkennen, muss er selbstverständlich das billigere kaufen. Und wenn Sie seine Ansicht akzeptieren, bei Ihrem Produkt handele es sich letztlich um eine Ware, kann der Unterschied nur über den Preis vermittelt werden. Widersprechen Sie ihm also und machen Sie deutlich, dass Ihr Produkt keine reine Ware ist.

Selbst wenn sich Produkte in ihren Merkmalen gleichen, gibt es Möglichkeiten, sie unterschiedlich zu gestalten. Sollten die von Ihnen angebotenen denen der Konkurrenz sehr ähnlich sein, muss sich der Unterschied über die Serviceleistungen, die Lieferungsmodalitäten und das Image des Herstellers, die Haltbarkeit und die Fertigung vermitteln.

Wollen Sie die Einzigartigkeit Ihres Produkts gegenüber denen der Konkurrenz hervorheben, müssen Sie sorgfältig vorgehen. Denken Sie daran, dass Sie Ihre gesamte Arbeitszeit damit verbringen, Ihr Produkt zu verkaufen. Für Sie ist der Unterschied zwischen Ihrem und dem Konkurrenzprodukt offensichtlich und ausschlaggebend. Doch für Ihren Kunden ist der Unterschied eventuell gar nicht so groß. Wenn Sie also auf die spezifischen Materialen oder dergleichen eingehen, sollten Sie dabei darauf achten, den klaren Vorteil für den Kunden zu betonen. Andernfalls bekommen Sie Sätze zu hören wie: „Na und? Was habe ich davon, wenn Sie einen härteren Stahl verarbeiten? Für meine Zwecke reicht der andere vollkommen aus und das Produkt ist billiger."

Außerdem sollten Sie damit rechnen, dass, je weniger Unterschiede sich in den Merkmalen und Preisen verschiedener Produkte ausmachen lassen, die Entscheidung des Käufers für oder gegen die Konkurrenz nach emotionellen statt nach logischen Gesichtspunkten getroffen wird. Behaupten Sie also, Ihr Produkt wäre einzigartig, dann müssen Sie es auch beweisen können. Stellen Sie in Ihrer Präsentation direkte Vergleiche an.

7. *Führen Sie wichtige Verhandlungen mit Preiskillern niemals per Telefon*

Für den Käufer haben telefonische Verhandlungen mehrere Vorteile:

- Am Telefon fällt Ihrem Kunden ein Nein leichter als von Angesicht zu Angesicht – etwa wenn Sie meilenweit durch den Regen gefahren sind, um mit ihm zu sprechen.
- Sie können weder Körpersprache noch Mimik erkennen, nach denen Sie Ihre jeweiligen Reaktionen ausrichten.
- Je unpersönlicher das Gespräch, umso einfacher ist es für Ihren Kunden, Ihr Angebot blankweg abzulehnen.
- Telefonverhandlungen fallen grundsätzlich weniger ausführlich aus als persönliche Gespräche. Am Telefon kommt man schnell zum Punkt, weshalb unweigerlich eine Gewinner-Verlierer-Situation eintritt: „Das ist mein bestes Angebot. Sie können es annehmen oder ablehnen. Ich rufe Sie morgen wieder an ... Click." Sitzen Sie Ihrem Kunden aber gegenüber, können Sie an dieser Stelle sagen: „Nein, warten Sie. Lassen Sie uns noch einmal folgende Punkte durchgehen ...".

8. *Wenn Sie sich in die Ecke gedrängt fühlen, verschaffen Sie sich einen Aufschub*

Einmal verhandelte ich mit einer Kundin über eine Anzeige, die eine besonders erprobte Preiskillerin war. Es war wirklich beachtlich, wie sie all meine Argumente in der Luft zerpflückte, um einen Preisnachlass rauszuschlagen. Natürlich tat sie den ganzen Tag nichts anderes als verhandeln – zehn Stunden am Tag – und war entsprechend versiert. Ich hingegen tat den lieben lang Tag nichts anderes als verkaufen. In solchen Fällen empfehle ich grundsätzlich einen würdigen Rückzug. Behaupten Sie einfach, Sie wären nicht autorisiert, Zugeständnisse in dieser Größenordnung zu machen – selbst wenn Sie es eigentlich sind. Gehen Sie in Ihr Büro zurück und besprechen Sie die nächsten Schritte mit Ihrem Verkaufsleiter.

9. *Gehen Sie nicht auf jede Preisforderung ein*

Muss ich das überhaupt extra sagen? Ja, denn obwohl es so offensichtlich scheint, lassen sich selbst die erfahrensten Verkäufer bisweilen vom Gegenteil überzeugen. Wenn Sie einem Kunden guten Service bieten wollen, tun Sie alles, was in Ihrer Macht steht, um diesen Kunden zufrieden zu stellen. Was immer der Kunde von Ihnen verlangt und im Bereich des Möglichen und Machbaren liegt, geben Sie ihm.

Handeln Sie jedoch einen Preis mit einem Preiskiller aus, begeben Sie sich auf eine vollkommen andere Kunde-Verkäufer-Beziehungsebene. Denn für den Preiskiller ist das Rabatteaushandeln eine Art Sport. Manchmal stellt er Sie mit seinen Extraforderungen nur auf die Probe, testet Ihre Stärke, die Ihres Produkts oder ihres Unternehmens, indem er immer noch etwas mehr verlangt.

Auch wenn an Ihrem Motto „Was der Kunde will, bekommt er auch" ansonsten nicht das Geringste auszusetzen ist, kann es in Verhandlungen mit einem Preiskiller zu einer tödlichen Falle werden. Kriechen Sie vor Ihrem Boss zu Kreuze, damit Ihr Kunde auch ja alles kriegt, was er verlangt, dann haben Sie am Ende zwar die Schlacht gewonnen, aber den Krieg verloren. Die Befriedigung, die Ihr Kunde daraus gewinnt, Sie in der Preisverhandlung besiegt zu haben, schafft nämlich längst nicht immer eine solide Grundlage für eine langfristige Geschäftsbeziehung.

Machen Sie allzu schnell Zugeständnisse, was den Preis betrifft, hält Ihr Kunde Ihr Produkt womöglich für minderwertig. Und wenn Sie allen Forderungen sofort nachgeben, um nur ja den Zuschlag zu ergattern, was wird Ihr Kunde daraus für zukünftige Verhandlungen lernen? Wird er beim nächsten Mal vielleicht einen noch niedrigeren Preis verlangen?

Auf jede Forderung eines Kunden einzugehen, wird meist als Schwäche gedeutet, nicht als Entgegenkommen. Auch sollten Sie niemals direkt einen Rabatt anbieten. Ihr Preiskiller wird den reduzierten Preis zukünftig zur Verhandlungsgrundlage machen und weitere Rabatte einfordern. Haben Sie beim ersten Mal frühzeitig nachgegeben, wird der Druck beim nächsten Mal umso größer.

10. Machen Sie Rabatte schwerer zugänglich

Denken Sie daran, dass wir hier nicht über das Geld Ihres Kunden reden, sondern über das des Unternehmens, für welches er arbeitet. In vielen Firmen sind die Hürden, die Ihr Kunde zu überwinden hat, um auf bestimmte Angebote einzugehen, zwar durchaus zu nehmen, verlangen ihm aber einiges an persönlichem Durchsetzungsvermögen ab. Sobald Preiszugeständnisse beinhalten, dass er dafür bestimmte Verdrießlichkeiten hinnehmen muss, hört er in den meisten Fällen auf, nach ihnen zu fragen. Als ich Verkaufsleiter war, sagte ich meinen Verkäufern, sie sollten jedem Kunden fünf Prozent Rabatt einräumen, der ein Jahr im Voraus bezahlt. Die meisten Kunden malten sich daraufhin aus, welchen Stress sie persönlich damit hätten, eine solche Vorauszahlung durchzusetzen, und verzichteten auf den Rabatt. Wenn den Kunden ein Preisnachlass wichtig genug ist, dass sie dafür jede Hürde nehmen, haben sie ihn auch verdient. Weit häufiger aber geht es so aus, dass Sie sich zwar äußerlich kooperativ gezeigt haben, genau genommen jedoch einen Rabatt abgelehnt haben.

11. Nutzen Sie Ihren Kunden, um herauszufinden, was die Konkurrenz treibt

Der Preiskiller wird Ihnen alles über die Konkurrenz erzählen. Ermutigen Sie ihn, so viel wie möglich darüber auszuplaudern, was die anderen tun. Und machen Sie sich Notizen, denn Sie erhalten hier wertvolle Marktinformationen. Doch, wie bereits gesagt, was die genannten Preise betrifft: die sollten Sie mit Vorsicht genießen.

12. Fragen Sie Ihren Kunden, wie er mit eigenen Kunden umgeht, die die Preise in den Keller zu treiben versuchen

Fragen Sie Ihren Kunden, wie weit seine Verkäufer im Preis nachgeben. Fragen Sie ihn, was mit seiner Gewinnspanne und der Produktqualität passiert, wenn sie über einen längeren Zeitraum Preiszugeständnisse machen. Einige Käufer tun solche Fragen als typische Verkäuferargumente ab und halten sie für unrealistisch. Schließlich macht jeder gern ein „gutes" Geschäft. Aber ich habe durchaus erlebt, dass diese Argumente wirkten.

13. *Atmen Sie durch und prüfen Sie, wie realistisch das Geschäft ist*

Egal wie sehr ein Preiskiller jammern und klagen mag, er wird niemals ein Produkt kaufen, nur weil der Preis stimmt. Kunden kaufen Produkte nicht einzig nach dem Preis, sondern sie kaufen nach Wert. Im klassischen Großhandel sind die Preise der unterschiedlichen Konkurrenzunternehmen mehr oder minder gleich. Ebenso verfügt der Kunde normalerweise über die finanziellen Mittel, das Produkt zum „Normalpreis" zu kaufen. Daher sind die Zeit und die Mühe, die auf das Aushandeln von Preisen verwendet werden, häufig herausgeschmissen.

Strategien, wie Sie zum Abschluss kommen

Einen Vertrag mit einem Preiskiller zu machen, ist wie ein Pokerspiel. Wenn man Preiszugeständnisse machen muss, sollte man genau wissen, wie weit man gehen kann. Irgendwann muss man einfach Nein sagen.

1. *Wenn Sie Preiszugeständnisse machen, müssen Sie den Vertrag sicher haben*

Ehe Sie einem Preiskiller Zugeständnisse machen, nageln Sie ihn fest, „Wenn ich diesen Preis für Sie rausholen kann, kaufen Sie dann?" Sagt er Nein, wird er wahrscheinlich auch zu keinem anderen Preis kaufen. Sagt er Ja, gehen Sie zu Ihrem Vorgesetzten, holen sich das Okay für den Preis und bitten um den Auftrag. Falls Sie nur geringfügig im Preis nachgeben können, erklären Sie Ihrem Kunden, dass Sie weit größere Kunden haben, die verschnupft wären, wenn sie erführen, welche Rabatte Sie diesem „kleinen" Kunden einräumen.

2. *Vom Preis losgelöste Zugeständnisse, mit denen Sie sich den Abschluss sichern*

Erkunden Sie, welche preisunabhängigen Zugeständnisse für Ihren Kunden interessant wären. Oft bieten sich hier weit größere Vorteile für Ihren Kunden als sie mit einem Preisnachlass zu haben sind. Irgendwann wird Ihr Kunde sagen: „Damit kann ich leben", und Ihr Angebot annehmen.

3. *Ein Abschluss ohne Zugeständnisse*

Wenn Sie Ihrem Preiskiller einfach sämtliche Zugeständnisse „verweigern", müssen Sie sich Ihrer Marktposition ziemlich sicher sein. Das heißt: Sie wissen, was die Konkurrenz ihm anzubieten hat und weshalb diese Angebote für ihn uninteressant sind.

Sie können natürlich auch Nein sagen, wenn Sie wissen, dass Ihr Kunde Preisverhandlungen als Sport betreibt. Dann reagieren Sie auf seine Rabattforderung einfach mit einem Scherz, indem Sie beispielsweise sagen: „Meine Preise sind zu hoch? Aber was glauben Sie denn, wie ich sonst die teuren Mittagessen bezahlen will, zu denen ich Sie einlade?"

Falls Sie niemals niemandem Rabatte einräumen, müssen Sie erklären, warum Sie diese Taktik für die fairste halten. Alle Kunden wissen immer, was die anderen wofür bezahlen. Diese Herangehensweise ist besonders kleineren Kunden sehr sympathisch, wohingegen eine flexible Preispolitik für große Kunden mit mehr Auftragsvolumen interessant ist.

2

Der Kunde, der:

Sie nicht empfangen will

Aus der Umfrage:

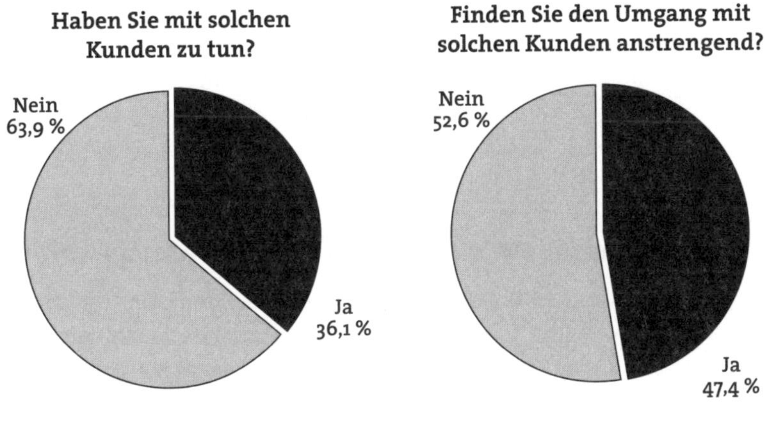

„Damit ist einem die Möglichkeit genommen, etwas für das Unternehmen zu tun."

Autor für Wirtschaftsliteratur, Albany, N. Y.

Erhält man auf seinen ersten Anruf keine Rückmeldung, denkt man sich normalerweise nichts dabei, doch wenn man mehrfach eine Nachricht hinterlassen hat und keine Reaktion bekommt, wird einem klar, dass die betreffende Person keinen Termin machen will. Es gibt mehrere Gründe, weshalb Kunden einem Treffen mit Verkäufern aus dem Weg gehen. Gemeinhin kann man davon ausgehen, dass, wen immer man anruft, die fragliche Person von vielen verschiedenen Verkäufern angerufen und um einen Termin gebeten wird. Empfängt sie nun aber jeden dieser Anrufer, wird ihr kaum noch Zeit bleiben, ihre eigentliche Arbeit zu erledigen. Der springende Punkt allerdings ist: Sie empfängt einige dieser Verkäufer und Sie gehören nicht dazu. Wollen Sie jedoch Ihre Produkte präsentieren und etwaige Vorbehalte gegen Ihr Unternehmen aus dem Weg räumen, müssen Sie zunächst einmal die Chance zu einem persönlichen Gespräch bekommen.

Stolpersteine

1. *Die Terminverweigerung persönlich nehmen*

Der Unwille eines Kunden, Sie zu empfangen, bezieht sich nicht auf Ihre Person. Vielleicht ist der Zeitpunkt gerade ungünstig, vielleicht ist Ihr Angebot momentan uninteressant – es kann alle möglichen Gründe haben. Nehmen Sie die Sache nur nicht persönlich, sondern eher als einen Hinweis darauf, dass Sie Ihre Herangehensweise eventuell neu überdenken müssen, bevor Sie sich erneut um einen Termin bemühen.

2. *So hartnäckig sein, dass man zu einer Nervensäge wird*

Wie gesagt, es gibt einen Grund, weshalb der Kunde Sie zunächst nicht empfangen wollte. Ein weiteres Dutzend Anrufe wird daran nicht automatisch etwas ändern. Manchmal ist es eine gute Idee, eine andere Methode auszuprobieren, wie Sie den Kunden dazu bringen können, Sie anzuhören. Oft ist es allerdings schwierig, beharrlich zu sein, ohne dem anderen auf die Nerven zu gehen. Jedem guten Verkäufer passiert es hin und wieder, dass er diese Grenze überschreitet. Mir haben Kunden schon mehrmals vorgeworfen, ich würde sie einfach zu häufig anrufen. Als Verkäufer haben Sie in solchen Situation gemeinhin einen etwas größeren Spielraum als beispielsweise ein guter Bekannter. So habe ich durchaus auch schon erlebt, dass Kunden mir sagten, „Ich möchte wissen, dass Sie mit uns Geschäfte machen wollen." In Fällen wie diesen ist es vertretbar, hartnäckig zu sein. Teilt Ihnen allerdings der Kunde mit, Sie würden einfach zu oft anrufen, sollten Sie sich zurückhalten.

3. *Nach den ersten Versuchen aufgeben*

Wollen Sie einen Kunden neu gewinnen, bedarf es im Allgemeinen mehrerer Besuche. Und Termine mit Neukunden zu vereinbaren, gelingt meist erst nach mehreren Anläufen. Wäre dem nicht so, bräuchten wir keine Verkäufer, sondern die Aufträge kämen einfach per Post.

4. *Kunden vorverurteilen, die einen Termin ablehnen*

Ich habe schon Verkäufer gesehen, die in diese Falle tappten. „Die Frau will mich nicht empfangen? Ist die denn blöd? Die versteht wohl nichts von ihrem Job, denn sie hat offenbar keine Ahnung, was ich ihr zu bieten habe." Im Ernst: Solche Reaktionen sind alles andere als produktiv. Kunden sind beschäftigt, sie werden von zahlreichen Verkäufern angerufen und stehen wahrscheinlich unter ziemlichem Zeitdruck. Als Verkäufer ist es Ihr Job, ihnen etwas zu verkaufen, während Ihre Kunden den Job haben, etwas zu kaufen. Ob es Ihnen gefällt oder nicht, jede Kundin und jeder Kunde hat das gute Recht, Sie abzuweisen, Sie jedoch habe kein Recht, deshalb über sie herzuziehen.

Verkaufsstrategien

1. *Fragen Sie sich einmal: „Wäre ich an ihrer Stelle, warum würde ich dann einen Termin mit mir ablehnen?"*

Auch hier müssen Sie sich zunächst darüber im Klaren sein, dass Ihre Kundin Ihr Angebot jederzeit per Post bekommen kann. Vielleicht hat sie es sogar schon. Also muss irgendein anderer Grund vorliegen, weshalb sie Sie trotzdem nicht empfangen will. Was immer Sie bis jetzt ausprobiert haben, scheint nicht zu funktionieren. Daher müssen Sie überlegen, was Sie anders machen können. Versetzen Sie sich in die Lage Ihrer Kundin. Warum will sie Sie nicht sehen? Warum sollte sie Sie sehen wollen? Wenn Sie daraufhin denken: „Na ja, sie will mich sehen, weil sie kaufen möchte, was ich anzubieten habe.", sollten Sie besser nochmals nachdenken. Wenn sie Sie nicht empfängt, ist sie entweder mit einem Konkurrenzprodukt zufrieden oder sie hat sich mit Ihrem Angebot überhaupt noch nicht beschäftigt. Bevor Sie mit dieser Kundin einen Termin vereinbaren, müssen Sie sich etwas überlegen, das Sie ihr anbieten können, was sie nicht schon von jemand anderem bekommt.

2. *Schreiben Sie einen Brief*

Wenn Sie wissen, was Sie der Kundin anbieten können, sollten Sie ihr einen Brief schreiben. Briefe sind oft sinnvoller als Telefonanrufe. Ist Ihre Kundin sehr beschäftigt, wird sie Ihren Brief dann lesen, wenn sie die Zeit dazu hat und ihn auch erst dann beantworten. Ein Anruf hingegen verlangt sofortige Aufmerksamkeit. Außerdem haben Briefe den Vorteil, dass Sie ausführlich darlegen können, was genau Sie anzubieten haben, ohne mittendrin unterbrochen zu werden, weil Ihre Kundin zu einem Meeting muss. Erklären Sie Ihrer Kundin schriftlich, warum Sie einen Termin mit ihr machen möchten, und schlagen Sie mehrere Alternativtermine vor.

3. *Hinterlassen Sie keine Nachrichten*

Wenn Sie Probleme haben, eine Kundin direkt zu erreichen, sind telefonische Nachrichten vollkommen sinnlos. Zunächst einmal muss Ihnen klar sein, dass die betreffende Kundin Ihre Anrufe bewusst nicht entgegennimmt. Deshalb werden Sie mit einer endlosen Reihe von Nachrichten nichts bewegen können. Sie weiß bereits, dass Sie sie zu erreichen versuchen und ihre Telefonnummer haben. Also sollten Sie noch ein paar weitere Anrufe machen, aber keine Nachrichten hinterlassen, sondern der Sekretärin sagen, Sie würden sich wieder melden. Den Kontakt herzustellen ist schließlich Ihre Aufgabe. Zudem können Sie nicht davon ausgehen, dass eine Kundin, die Ihre Anrufe nicht entgegennimmt, weil sie entweder zu beschäftigt ist oder kein Interesse an Ihrem Angebot hat, Sie zurückruft. Also gilt grundsätzlich: Sie können ein paar Nachrichten hinterlassen, aber auf keinen Fall mehr als zwei.

4. *Schicken Sie der Kundin irgendetwas, das nicht direkt mit Ihrem Angebot zu tun hat, und erkundigen Sie sich anschließend, ob sie es bekommen hat*

Falls Sie einen interessanten Artikel über das Unternehmen Ihrer Kundin, ihr Hobby, ihren Namen, ihren Beruf oder ihr Produkt entdecken, schneiden Sie ihn aus und schicken Sie ihn ihr. Zum einen heben Sie sich dadurch aus der Masse der übrigen Anrufer ab, zum anderen stellen Sie damit eine Verbindung her, die über das übliche „Ich bin hier, um Ihnen etwas zu verkaufen. Warum wollen Sie mich nicht sehen?“ hinausgeht. Außerdem verschaffen Sie sich damit einen Vorwand, erneut Kontakt zu Ihrer Kundin aufzunehmen.

5. *Rufen Sie frühmorgens und nachmittags nach fünf Uhr an*

Ich habe die Erfahrung gemacht, dass Leute in Führungsposition nicht nur von neun bis fünf arbeiten. Sie fangen meist früher an und bleiben abends länger – normalerweise bis circa sechs Uhr. Ich habe festgestellt, dass die besten Zeiten, um sie zu erreichen, morgens halb neun und abends halb sechs sind. Dann sind ihre Sekretärinnen noch nicht da oder schon gegangen, die betreffende Person geht direkt ans Telefon und die Wahrscheinlichkeit ist geringer, dass sie während des Gesprächs von Mitarbeitern unterbrochen wird. Zudem wird Ihre Kundin es wahrscheinlich zu schätzen wissen, wenn Sie ihr signalisieren, Sie wären auch zu diesen Zeiten erreichbar.

6. *Stellen Sie sich mit ihrer Sekretärin gut*

Wenn Sie Schwierigkeiten haben, Ihre Kundin direkt zu erreichen, brauchen Sie eine Verbündete: ihre Sekretärin. Sekretärinnen werden oft hoffnungslos unterschätzt. Meist bringt man ihnen zu wenig Respekt entgegen und bezahlt sie schlecht. Dabei habe ich schon häufig festgestellt, dass die Chefsekretärinnen diejenigen sind, die Unternehmen eigentlich am Laufen halten. Je desorganisierter Ihr Kunde oder Ihre Kundin ist, desto wichtiger ist die Sekretärin, um einen Termin zu bekommen. Die meisten Sekretärinnen machen die Termine für ihre Vorgesetzten, und selbst wenn nicht, wissen sie auf jeden Fall, wann die betreffenden Personen am besten zu erreichen sind. Sprechen Sie Sekretärinnen möglichst immer mit Namen an, plaudern Sie mit ihnen. Und wenn Sie einen Termin bekommen haben, sollten Sie sich die Zeit nehmen, sich zunächst der Sekretärin vorzustellen. Falls sie dafür gesorgt hat, dass Sie einen Termin vereinbaren konnten, bedanken Sie sich bei ihr für ihre freundliche Unterstützung. Vergessen Sie unter keinen Umständen ihren Namen, und fragen Sie sie beispielsweise, wer auf den Fotos ist, die auf ihrem Schreibtisch stehen, um mit ihr ins Gespräch zu kommen.

7. *Suchen Sie den Kontakt zu anderen Mitarbeitern des Unternehmens, um sich mit ihrer Hilfe Zugang zu den entscheidenden Personen zu verschaffen*

Wenn Sie auf einer Messe oder einer sonstigen Veranstaltung Gelegenheit haben, einen Mitarbeiter Ihres Kunden zu sprechen, erzählen Sie dieser Person beiläufig, was genau Sie dem Unternehmen verkaufen möchten. Auf diese Weise finden Sie eventuell heraus, warum man Ihnen bisher keinen Termin geben wollte, wie die Firmenleitung zu Ihrem Produkt steht und welche Strategien Sie wählen können, um sich doch noch Gehör zu verschaffen.

8. *Bringen Sie Argumente ein, die über das bloße Verkaufen hinausgehen*

In einer perfekten Welt wird jede Kundin genau wissen, welche Produkte sie kaufen sollte, die für ihr Unternehmen von Nutzen sind. In einer perfekten Welt hat jede Kundin eine persönliche Beziehung zu jedem Verkäufer, der sie aufsucht. In einer perfekten Welt hat jede Kundin die Zeit, alle Verkäufer zu empfangen, die um einen Termin bitten. Ich brauche Ihnen wohl kaum zu sagen, dass die Welt nicht perfekt ist. Dennoch ist es für jeden Kunden von Vorteil, bestens über seine Möglichkeiten Bescheid zu wissen und über Neuentwicklungen von Produkten informiert zu sein, die er oder sie kauft. Deshalb lohnt es sich allemal, bei der Bitte um einen Termin beispielsweise zu sagen: „Sie sollten unbedingt über die Neuentwicklung der Produkte informiert sein, die wir anbieten. Es ist wichtig, dass Sie wissen, welche Möglichkeiten sich Ihnen dadurch eröffnen." In einer perfekten Welt sind diese Möglichkeiten natürlich durch und durch positiv.

9. *Machen Sie eine Szene*

Ich persönlich empfehle diese Strategie nicht und wende sie auch nicht an. Aber ich kenne Verkäufer, die sie durchaus einsetzen. Wenn sie keinen Termin bekommen, machen sie eine Szene. Sie schreiben andere Leute in dem betreffenden Unternehmen an und beschweren sich darüber, dass der Einkäufer sie nicht empfängt. Ich finde solche Methoden sehr fragwürdig und verstehe offen gesagt auch nicht, warum sie funktionieren, doch ich weiß, dass einige Verkäufer sie regelmäßig anwenden und damit Erfolg haben. Meines Erachtens ist es eine Frage der jeweiligen Persönlichkeit. Verkäufer, die ihren Kunden Szenen machen, zählen dabei auf die Unsicherheit ihres Gegenübers und drohen ihm mit Konfrontation. Wenn Sie mit einem unsicheren Einkäufer zu tun haben, kann Ihnen diese Strategie eventuell helfen. Ich rate allerdings davon ab.

10. *In einen Handelsverband eintreten*

Welches Produkt Sie auch verkaufen, es existiert gewiss ein Handelsverband, der sich gezielt mit den Belangen dieser speziellen Branche befasst. Treten

Sie dem Verband oder der Vereinigung bei. Arbeiten Sie freiwillig in einem Komitee mit, oder finden Sie heraus, wo Ihre potenziellen Kunden leben und welchen Freizeitaktivitäten sie nachgehen. Besuchen Sie eine Messe, können Sie die Sekretärin Ihres Kunden fragen, in welchem Hotel er oder sie wohnen wird, und dort ebenfalls übernachten. Natürlich bedeutet das Engagement in einem Handelsverband zusätzliche Arbeit, doch wenn Sie die Chance nutzen, den Kontakt zu Ihren Kunden auch außerhalb des Verkaufsgesprächs herzustellen, wird Ihnen das zugute kommen.

11. *Hören Sie auf, sich wie ein Verkäufer zu benehmen*

Manche Kunden lehnen Termine ab, weil sie ein tiefe Abneigung gegen Verkäufer hegen. Sie hassen das ganze Gepoker und den Zirkus, der mit Verkaufsverhandlungen einhergeht. Gespräche verweigern sie, weil sie sich von Verkäufern unter Druck gesetzt fühlen. Sie können also davon ausgehen, dass die bisherigen Verkäufer, die einen Termin bekommen konnten, schlicht ihre Zeit verschwendeten. Ihre Herausforderung besteht deshalb darin, diesen Kunden klar zu machen, dass sie in Ihnen keinen Durchschnittsverkäufer vor sich haben und ein Treffen mit Ihnen durchaus produktiv sein kann. An dieser Stelle erweist es sich als günstig, mehr über das eigene Produkt, die Branche und die Einsatzmöglichkeiten zu wissen, als eine Standardbroschüre hergibt. Wenn es Ihnen gelingt, sich eher als Berater denn als Verkäufer darzustellen, werden Sie leichter einen Termin bekommen. Machen Sie sich zu jemandem, der die Kundin durch den Kaufprozess begleitet, zeigen Sie ihr, wie viel Sie von ihr halten. Nur so werden Sie Ihre Kundin motivieren, Sie zu empfangen.

12. *Wenden Sie kreative Taktiken an*

Kreativität war in den Branchen, für die ich ehedem arbeitete, weitaus häufiger zu finden als heute. Inzwischen hat sich der Druck sowohl für die Käufer wie auch für die Verkäufer deutlich erhöht. Vor zehn, fünfzehn Jahren ging man mit seinen Kunden öfter zum Mittagessen und umwarb sie länger, bevor man sich ans harte Verhandeln machte. Bis heute halte ich eine Menge davon, kreative Kundenwerbung einzusetzen, auch wenn sie inzwischen weniger gebräuchlich ist.

Als ich einmal Probleme hatte, einen Termin bei einer Kundin zu bekommen, schickte ich ihr ein nettes Gedicht, das ich entdeckt hatte, und einen Blumenstrauß. Ich hatte bereits einen Monat lang vergebens versucht, sie ans Telefon zu bekommen, doch in dem Augenblick, da sie meine Blumen bekam, rief sie mich sofort an. Mit kreativen Taktiken wie diesen heben Sie sich von der grauen Masse der Vertreter ab. Der Schlüssel liegt meiner Meinung nach allerdings darin, auf die spezielle Situation einzugehen, statt nur um der Kreativität willen kreativ zu sein.

Vor Jahren fiel mir bei einem bestimmten Käufer auf, dass seine Messeverkäufer sämtlich Smoking trugen. Auf meine Nachfrage hin erzählte man mir, das Unternehmen pflegte seit Jahren die Tradition, auf Messen Smoking zu tragen. Die Devise der Verkäufer lautete: „Wir wollen unseren Kunden durch unsere Garderobe signalisieren, wie geehrt wir uns fühlen, wenn sie unseren Messestand besuchen." Zu meinem nächsten Besuch bei dem Unternehmen zog ich mir ebenfalls einen Smoking an. Und obwohl ich bis dahin bei dieser Firma wenig Glück gehabt hatte, war dieser Besuch ein voller Erfolg. Natürlich lässt sich dieses Beispiel nicht auf jedes andere Unternehmen übertragen. Ehrlich gesagt habe ich keine Ahnung, wie mein Auftritt im Smoking bei einer anderen Firma aufgenommen würde.

Selbstverständlich habe ich auch schon Geschichten gehört, in denen sich bestimmte Taktiken als komplett falsch erwiesen haben. Zum Beispiel die von dem Verkäufer, der aufgrund eines Fehlers einen großen Kunden verliert und versucht, die Sache wieder auszubügeln. Sein Friedensangebot bestand darin, dem Kunden eine Taube in einem Karton zu schicken. Das mag sich recht kreativ anhören, doch was geschah, war, dass die Taube, die den ganzen Tag in dem Karton eingesperrt gewesen war, hysterisch wurde, als der Kunde das Paket öffnete. Sie stürzte sich direkt auf ihn und hackte ihm in den Kopf. Das Friedensangebot endete in einem Desaster.

Sollten Ihnen kreative Methoden einfallen, wie Sie einen bestimmten Kunden oder ein bestimmtes Unternehmen gewinnen können, probieren Sie sie aus – aber verschicken Sie lieber keine Tauben, die unter Klaustrophobie leiden!

13. Nehmen Sie sich die Zeit, über ein paar Fragen nachzudenken

Die erste lautet: „Bemühe ich mich eigentlich um die richtige Person?" Es ist durchaus möglich, dass Sie keinen Termin bei einer bestimmten Kundin bekommen, weil sie gar nicht diejenige ist, die für den Einkauf Ihres Produkts zuständig ist. Diesen Punkt klären Sie am besten, indem Sie sich an die Sekretärin, einen Kollegen oder Mitarbeiter wenden.

Die zweite wäre: „Ist der Zeitpunkt günstig gewählt?" Wenn Sie ein hochpreisiges Produkt verkaufen, dessen Anschaffung auf das Budget fürs kommende Jahr vorgetragen werden muss, werden sich die Kunden erst zu einem bestimmten Zeitpunkt dafür interessieren. Erkundigen Sie sich, wann der Zeitpunkt für einen Termin günstig wäre, und melden Sie sich erst dann wieder bei ihnen.

Eine dritte Frage ist: „Verkaufe ich überhaupt das, was die Kunden kaufen wollen?" Diese Frage ist weit komplizierter, als sie auf den ersten Blick scheinen mag. Verkaufen Sie etwa einen Reinigungsservice, werden Sie sich sagen, „Natürlich brauchen die einen Reinigungsservice, da sie ein eigenes Firmengebäude haben", aber Tatsache ist, dass ihre Kunden Dienstleistungen dieser Art von allen möglichen Leuten angeboten bekommen. Was die betreffende Person vielleicht viel eher kaufen will, ist etwas, dass sie vor ihrem Boss besser aussehen lässt, womit sie die Kosten senken, einen Freund gewinnen, sich wichtiger fühlen oder sich in eine Position bringen kann, die ihr größere Aufstiegsmöglichkeiten sichert. Wir reden hier über weit mehr als den bloßen Verkauf von Produkten oder Dienstleistungen, nämlich über emotionale Bedürfnisse, die Sie befriedigen können, indem Sie etwas verkaufen.

Natürlich sind solche Aspekte schwer zu berücksichtigen, wenn Sie die betreffende Person noch nie gesehen und gesprochen haben. Vielleicht haben Sie Kollegen, die früher schon mit dem Kunden zu tun hatten, oder können sich bei jemandem aus dem fraglichen Unternehmen erkundigen, der mit Ihrer Ansprechperson zusammenarbeitet. Manchmal kann ein netter Kontakt zur Sekretärin aufschlussreich sein. Hören Sie ihr aufmerksam zu, was sie Ihnen über ihre Vorgesetzte erzählt, denn sie kann Ihnen wertvolle Informationen über die Interessen und die jeweilige Gemütsverfassung ihrer Chefin geben. Ich habe eine Menge über meine Kunden gelernt, indem ich nur mit ihren Sekretärinnen plauderte. Eine von ihnen sagte mir einmal im Scherz: „Er ist heute reichlich schlecht gelaunt, also seien Sie auf der Hut." Innerhalb von wenigen Wochen, während derer ich mehrfach versuchte, den betreffenden Kunden zu sprechen, gewann ich ein klares Bild von diesem Vorgesetzten, der erhebliche Stimmungsschwankungen aufwies und dazu neigte, seine Autorität auf recht bombastische Weise zu demonstrieren. Ich hatte den Mann nicht einmal persönlich gesprochen, doch ich wusste bereits genau, was für ein Mensch er war.

Ich habe einmal eine Verwaltungsangestellte erlebt, die einen Riesenrespekt vor ihrem Boss hatte. Während unserer Gespräche über ihn äußerte sie immer wieder, welche erstaunlichen Fähigkeiten der Mann besaß. Unter anderem sagte sie: „Ich halte ihn für einen großartigen Mann. Für mich ist er Lehrer, Freund und Visionär zugleich." Die Tatsache, dass ich ihn weder ans Telefon bekam noch einen Termin mit ihm vereinbaren konnte, war eine Sache, aber ich gewann immerhin eine klare Vorstellung davon, auf wen ich mich einzustellen hatte. Männer wie diese erklären sich am ehesten bereit, mich als Verkäufer zu empfangen, wenn ich ihnen vermittle, dass ich auf Fairplay setze oder ihnen ein paar Ideen vorstellen möchte, die für ihre Branche interessant sind. Für den bombastischen Chef empfiehlt es sich eher, einen Brief zu schreiben, in dem man sich bescheiden gibt und klar signalisiert, dass man dem Unternehmen dienen will.

Oft bewährt sich die Strategie, sich mit der Persönlichkeit eines Kunden zu befassen, mit dem man einen Termin machen möchte. Die Frage ist, ob man auch emotional verkauft, was der Kunde kaufen will. Es gibt verschiedene Methoden, sich auf das Wesen der Kunden einzustellen, bevor man ihnen das erste Mal persönlich begegnet. Wer sich eingehend mit dem Unternehmen vertraut macht, kann bereits im Vorwege abschätzen, wie sich dessen Einkäufer verhalten werden.

14. *Ziehen Sie sich für eine Weile zurück*

Falls Sie gar nicht von der Stelle kommen, sollten Sie den betreffenden Kunden für zwei Monate in Ruhe lassen. Die meisten Verkäufer entwickeln einen siebten Sinn dafür, wann weitere Anrufe zwecklos sind. Warten Sie einfach zwei Monate, bevor Sie einen neuen Versuch starten. Vielleicht haben Sie dann mehr Glück.

15. *Sagen Sie: „Ich werde im Gebäude sein. Darf ich kurz bei Ihnen vorbeischauen?"*

Viele Kunden empfinden es als unangenehme Verpflichtung, wenn Sie ihretwegen von sonst woher anreisen. Wenn Sie solchen Kunden klar machen, dass Sie ohnehin gerade in der Gegend, in der Nachbarschaft oder der Stadt sein werden und es Sie keine Mühe kostet, ihnen einen kurzen Besuch abzustatten, empfangen sie Sie wahrscheinlich eher. Schicken Sie ein Fax oder hinterlassen Sie eine Nachricht mit genauem Datum und Uhrzeit, und fragen Sie, ob es dem Kunden recht wäre, wenn Sie kurz vorbeischauten. Das Schlimmste, was Ihnen dabei passieren kann, ist, dass Sie ein Nein kassieren.

16. *Bringen Sie ein kleines Geschenk vorbei*

Eine gute Methode, die Sekretärin oder eine enge Mitarbeiterin kennen zu lernen, ist ein kurzer Besuch beim Unternehmen. Das ist natürlich nicht so einfach, wenn Sie keinen Termin haben, aber wie wäre es, wenn Sie einfach vorbeikommen und ein kleines Geschenk abgeben? In der Vorweihnachtszeit beispielsweise könnten Sie der Sekretärin oder Mitarbeiterin sagen, Sie würden gern eine Kleinigkeit abgeben. Kaufen Sie eine Flasche Wein oder einen Kuchen, irgendetwas, das Sie persönlich überreichen möchten. Wenn es Ihnen gelingt, dabei einen Moment mit der Person zu plaudern, die Ihr Geschenk entgegennimmt, erfahren Sie mehr über das Unternehmen und Ihre Ansprechpartnerin.

17. *Stellen Sie Nachforschungen über das Unternehmen an*

Wer Informationen sucht, kann sich aus zahlreichen Quellen bedienen. Schlagen Sie das Unternehmen, mit dem Sie ins Geschäft kommen wollen, in einschlägigen Wirtschaftsbüchern nach, oder recherchieren Sie im Internet – nutzen Sie die Möglichkeiten, die sich uns heute bieten. Sie können dabei vielleicht etwas entdecken, was Sie bislang nicht über das Unternehmen wussten und das Ihnen den Zugang erleichtert. Eventuell können Sie die Person, mit der Sie einen Termin wünschen, sogar überraschen, indem Sie ihr etwas über ihre Firma erzählen, was ihr selbst bisher unbekannt war.

Strategien, wie Sie zum Abschluss kommen

1. *Kommen Sie direkt auf den Punkt*

Einen Vertrag mit einem Kunden zu bekommen, der Sie nicht empfangen will, heißt, Sie müssen es zunächst einmal schaffen, irgendwie einen Termin zu machen. Haben Sie ihn endlich am Telefon, sollten Sie am besten gleich ein Datum und eine Uhrzeit vorschlagen. „Ich werde nächsten Donnerstag in der Gegend sein. Passt es Ihnen, wenn ich um zehn Uhr bei Ihnen bin?“ Falls Sie mit der Sekretärin oder einem Mitarbeiter sprechen, macht es Sinn, gleich einen Alternativtermin zu nennen. „Ich könnte nächsten Donnerstag um zehn oder den Montag darauf um elf kommen.“ Ihr Job ist es, dem Kunden ein klares Angebot zu machen, auf das er reagieren kann. Auf diese Weise lenken Sie die Aufmerksamkeit der betreffenden Person auf die Frage, ob ihr der Zeitpunkt passt oder nicht, anstatt auf die, ob sie Sie überhaupt sehen will.

2. *Versprechen Sie dem Kunden einen klaren Vorteil*

Wenn Sie einen Termin vorschlagen, sagen Sie dem Kunden direkt, welchen Nutzen er davon haben wird. „Ich werde Ihnen zeigen, wie Sie zukünftig Geld sparen können“, oder: „Ich kann Ihnen eine Methode vorstellen, wie Sie noch effizienter arbeiten können.“ Was immer Sie dem Kunden verkaufen möchten, sagen Sie ihm deutlich, welche Vorteile sich daraus für ihn ergeben.

3. *Setzen Sie ein klares Zeitlimit*

Wenn Sie um einen Termin bitten, sollten Sie Ihrer Kundin gleich klar machen, dass Sie nicht vorhaben, ihre kostbare Zeit zu verschwenden. Sagen Sie ihr, Sie würden nicht länger als fünfzehn Minuten brauchen. Und legen Sie zu Beginn des Gesprächs Ihre Uhr auf den Tisch, um zu demonstrieren, dass Sie entschlossen sind, sich an das Zeitlimit zu halten. Normalerweise wird Ihre Kundin gern bereit sein, Ihnen mehr Zeit zu lassen, sobald Sie sie für Ihr Angebot interessieren können.

4. *Denken Sie an Ihren nächsten Besuch*

Sobald Sie es einmal geschafft haben, einen Termin mit einer Einkäuferin zu bekommen, dürfen Sie nicht wieder gehen, ohne sich den Weg für weitere Besuche geebnet zu haben. Es reicht nicht, jemanden nur ein einziges Mal zu sehen. Nennen Sie einen Grund, weshalb Sie wiederkommen wollen: Unterlagen, die Sie noch vorbeibringen möchten, Zusatzinformationen über Ihr Produkt, etwas, das mit einem gemeinsamen Hobby zu tun hat. Gehen Sie auf keinen Fall, bevor Sie nicht sichergestellt haben, dass Sie wiederkommen können.

3

Der Kunde, der:
Sie anlügt

Aus der Umfrage:

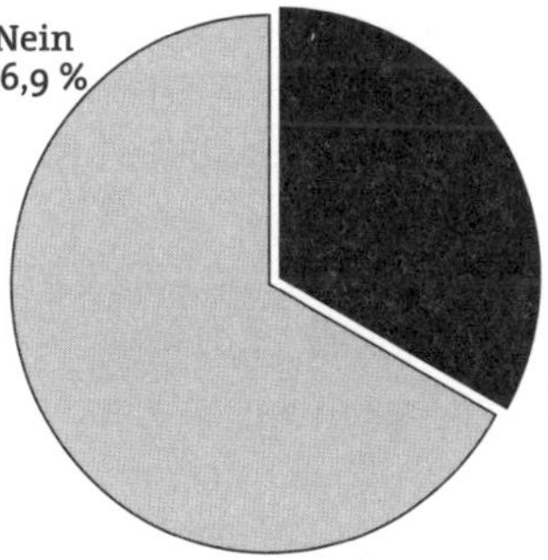

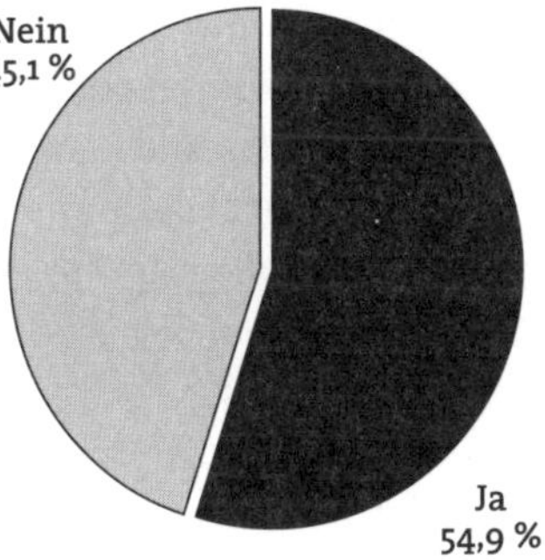

„Ich kann nicht objektiv bleiben, wenn eine Sache den Verkauf behindert."

Unternehmensleiter einer Firma für elektronische Schaltungen, Boston, Mass.

Einmal besuchte ich einen Kunden, um im Oktober noch einen letzten Auftrag zu bekommen. Er erzählte mir, es wäre zu spät, das Budget für diesen Bereich bereits aufgebraucht, und für den Rest des Jahres könnte er keine Aufträge mehr vergeben. Ich schlug ihm vor, die Rechnung erst im Januar des Folgejahres auszustellen, damit er sie aus dem Budget des nächsten Jahres bezahlen kann. „Eine Rechnungsverschiebung hilft da nichts", sagte er. „Ich werde vorm nächsten Jahr keine Aufträge mehr vergeben." Ich machte mir einen Vermerk, ihn später wieder zu kontaktieren, und ging. Dann, an einem Freitagnachmittag im Dezember um viertel nach fünf, rief mich ein Bekannter an, der in dem fraglichen Unternehmen arbeitete, und ruinierte mir das Wochenende, indem er mir erzählte, dass ein Konkurrenzunternehmen einen Auftrag bekommen hätte. Sie hatten eine verspätete Rechnungsstellung angeboten – genau wie ich, nur dass mein Vorschlag abgelehnt worden war.

Ich kochte vor Wut. „Der hat mich angelogen!" Ich schimpfte und beschwerte mich das ganze Wochenende bei jedem, der mir freiwillig zuhörte. Am Montag rief ich den Kunden an, der mir erklärte, mein Konkurrent wäre so klug gewesen, die verspätete Rechnungsstellung schon sechs Monate zuvor direkt in den Vertrag aufzunehmen. Zu dem Zeitpunkt also, da er mein Angebot ablehnte, hatte er den anderen Auftrag bereits seit drei Monaten in der Schublade. Vielleicht verlange ich zu viel, doch ich denke, er hätte mir bei unserem Gespräch erklären können, dass er bereits einen Auftrag mit verspäteter Rechnungsstellung unterschrieben hatte und keinen *zweiten* Auftrag zeichnen wollte, mit dem er jetzt schon das Budget des kommenden Jahres belastete.

Falls Sie in die Lage kommen, in der Sie feststellen, dass Sie von einem Kunden belogen wurden, gehen Sie nicht gleich auf Konfrontationskurs. Suchen Sie den Dialog. Finden Sie Antworten auf einfache Fragen wie: Was hat sich verändert, seit Sie das letzte Mal mit dem Kunden gesprochen haben? Haben Sie wirklich alles verstanden, was er Ihnen erzählt hat? Sollte sich herausstellen, dass es sich um ein Missverständnis handelte, welches Sie klären können – umso besser. Im Folgenden möchte ich vier typische Situationen beschreiben, in denen Kunden Verkäufer „belügen".

1. ***Eingetretene Veränderungen machen es dem Kunden unmöglich, sich an die Auftragsvereinbarungen zu halten.*** Am Montag erzählt Ihnen der Käufer: „Keine Sorge, Sie bekommen den Auftrag nächste Woche." Am Dienstag wird das Budget zusammengestrichen, wodurch Ihr Angebot uninteressant wird. Unterdes sind Sie die ganze Woche bester Dinge, weil Sie fest mit dem Auftrag rechnen. Hat der Kunde gelogen? Die bessere Frage ist: Wann erfahren Sie von der Budgetkürzung? Haben Sie es erst gehört, als Sie nach dem Auftrag fragten und man Ihnen sagte, er würde nicht mehr kommen? Oder hat der Kunde Sie angerufen und Ihnen mitgeteilt, das Budget würde gekürzt werden und Sie sollten Ihr Angebot entsprechend überarbeiten?

2. ***Sie sprechen mit jemandem, der gar keine Entscheidungen treffen kann.*** Erzählt Ihnen ein Kunde von allen möglichen Dingen, die nicht klappen, kann es sein, dass er gar nicht autorisiert ist, Kaufentscheidungen zu treffen. Wirkt Ihr Gegenüber unzureichend informiert, hat er wahrscheinlich keine Befugnisse, Aufträge zu zeichnen. Normalerweise handelt es sich bei solchen Gesprächspartnern um Leute, die unsicher sind und sich gern den Anschein geben, mehr zu sagen zu haben als tatsächlich der Fall ist.

3. ***Je kürzer das Gespräch, umso leichter kommt es zu Missverständnissen.*** Der Druck auf die Kunden wird zusehends größer, was zur Folge hat, dass Gespräche mit Verkäufern auf das Notwendigste beschränkt werden. Ich arbeite mit zahlreichen Kunden zusammen, die ich häufig sehe und spreche, doch jedes Mal dauern diese Unterhaltungen nur wenige Minuten. Unter diesen Umständen ist die Wahrscheinlichkeit naturgemäß groß, dass man sich missversteht.

4. ***Sie haben es mit einem hoffnungslos desorganisierten Kunden zu tun.*** Manchmal liegt der Grund dafür, dass Ihnen ein Kunde etwas erzählt, dann aber etwas vollkommen anderes geschieht, in dessen Unfähigkeit, den Überblick zu behalten. Desorganisierte Kunden sind gefährlich, denn wenn sie den Überblick verlieren, sind Sie derjenige, der dabei draufzahlt.

Sollten Sie allerdings ein gutes Gedächtnis haben oder sich regelmäßig ausführliche Notizen machen, werden Sie sehen, dass einige Kunden Sie regelmäßig „belügen". Sie erzählen Ihnen immer wieder, was demnächst geschehen wird, doch dann passiert etwas ganz anderes. In der Beziehung zwischen Käufer und Verkäufer nehmen sie sich jede Menge Freiheiten heraus und halten Schlüsselinformationen zurück, die Ihnen eine bessere Übersicht darüber geben können, wo genau Sie stehen.

Stolpersteine

1. *Den Kunden einen Lügner nennen*

Das können Sie nicht machen, auch wenn Sie sich gern ausmalen, wie er wohl darauf reagieren würde. Wenn Sie es doch tun, wird es sich im Moment vielleicht gut anfühlen, aber Sie ruinieren sich damit die Beziehung zu jemandem, den Sie eventuell in der nächsten Woche wieder besuchen müssen. Was immer Sie sagen oder tun, ändert nichts daran, dass Sie der Verkäufer sind und er der Käufer. Gibt Ihnen Ihr Kunde unzureichende oder unklare Informationen, dann ist das nicht sein Problem, sondern Ihres.

2. *Den Kunden in die Defensive bringen*

Wie reagieren Sie, wenn alles darauf hindeutet, dass Ihr Kunde Sie belogen hat? Falls es sich um ein Missverständnis handelt und Sie sich energisch zur Wehr setzen, stehen Sie wie ein Idiot da. Und mit einem Riesenaufstand bewirken Sie nur eine Verstärkung eben jenes Verhaltens, das Sie doch eigentlich abstellen wollen. Ihr Kunde denkt dann möglicherweise: „Meine Herren, ich tu diesem Verkäufer einen Gefallen, indem ich ihm Informationen gebe, die ich ihm gar nicht geben muss, und er kriegt alles durcheinander und flippt aus. Den Ärger kann ich mir sparen!" Wenn Sie Ihren Kunden gegen sich aufbringen, verlieren Sie damit jemanden, der gewiss keine Schwierigkeiten haben wird, jemand anderen zu finden, der ihm verkauft, was er will.

Verkaufsstrategien

1. *Fragen Sie sich: „Wie kann ich für diesen Kunden wichtiger werden?"*

Gibt Ihr Kunde Ihnen regelmäßig unvollständige oder verwirrende Informationen, dann vermittelt er Ihnen damit etwas über Ihre Geschäftsbeziehung. Vielleicht hält er es für Zeitverschwendung, ausführlicher und ehrlicher mit Ihnen zu sprechen. Wenn Sie ihm nichts vorweisen können, was für ihn von Nutzen ist, oder er Sie für jemanden hält, der Schwierigkeiten macht, sobald nicht alles nach seinen Vorstellungen läuft, wird er kaum mehr Zeit als unbedingt nötig mit Ihnen verbringen wollen. Also tischt er Ihnen hier und da eine kleine Notlüge auf, um Sie loszuwerden. Er sagt, „Wir können Ihr Produkt jetzt nicht kaufen, weil unser Budget noch nicht klar ist", obwohl er weiß, dass er morgen die neuen Zahlen vorgelegt bekommen wird. Wie Sie in der Wertschätzung Ihres Kunden steigen können, hängt einzig von Ihrer Beziehung zu ihm ab. Ich empfehle in solchen Situation einen vorübergehenden Rückzug. Überlegen Sie sich, ob Sie sich erst einmal mehr auf die Kundendienstebene verlegen und konkrete Hilfe anbieten können. Rufen Sie den Kunden zwischendurch an, suchen Sie das Gespräch, ohne gleich etwas verkaufen zu wollen.

2. *Vergeben Sie dem Kunden*

Seien Sie realistisch. Sie sind einer von vielen, die dem Kunden etwas verkaufen wollen. Wenn Ihr Kunde Ihnen nicht erzählt, was genau das Unternehmen plant, gibt es bestimmt andere Verkäufer, die er besser auf dem Laufenden hält. Meiner Erfahrung nach muss man seinem Kunden bewusst vergeben und die eigene Einstellung zu ihm überdenken, will man sich auf die Ebene der besser informierten Verkäufer hocharbeiten. Es ist vollkommen uninteressant, wer einen Fehler gemacht hat. Ich bleibe trotzdem der Verkäufer, er bleibt trotzdem der Käufer, und solange ich beleidigt bin, wird meine Beziehung zu ihm nicht unbedingt harmonischer.

3. *Sorgen Sie für Klärung*

Je nachdem, wie Sie sich mit dem jeweiligen Kunden stehen, empfiehlt sich eine der folgenden drei Methoden, um Missverständnisse zu bereinigen.

1. ***Bitten Sie um Erklärung.*** Falls Sie das Gefühl haben, man hätte Sie belogen, sollte dies Ihr erster Schritt sein. Bitten Sie um eine Erklärung, indem Sie darauf hinweisen, dass es wohl ein Missverständnis gegeben hätte, das Sie aus dem Weg räumen möchten. Sagen Sie Ihrem Kunden, an welche Aussage von ihm Sie sich zu erinnern meinen, und bitten Sie ihn, Ihnen zu erklären, warum dieses oder jenes geschehen ist. Dann sollten Sie still sein und ihn reden lassen.

2. ***Erklären Sie dem Kunden, dass er Sie in Verlegenheit gebracht hat.*** Wenn Sie schon eine Beziehung zu dem Kunden haben, sollten Sie sie auch nutzen. Wenden Sie ein Mittel an, das bei Verkäufern besonders gut wirkt: Schuld. Erklären Sie Ihrem Kunden, was er Ihnen gesagt hätte, wäre nicht eingetreten. Erzählen Sie ihm, dass Sie sich mit Ihrem Boss und Ihren Kollegen über Ihr gemeinsames Gespräch unterhalten hätten, weshalb das unerwartete Ausbleiben seines Auftrags nicht nur enttäuschend, sondern für Sie auch ausgesprochen peinlich gewesen wäre. Werfen Sie dem Kunden auf keinen Fall vor, er hätte Ihnen Informationen vorenthalten. Sagen Sie ihm einfach nur, wie peinlich die Angelegenheit für Sie war. Und enden Sie mit: „Ich hoffe, das passiert mir nicht noch mal."

3. ***Stellen Sie Ihre Geschäftsbeziehung in Frage.*** Ich habe das noch nie getan, kenne allerdings Verkäufer, die diese Methode erfolgreich anwenden. Auch hier geht es wieder um Schuld oder Nicht-Schuld, wenn auch auf einer anderen Ebene. Normalerweise setzt ein solches Vorgehen voraus, dass Sie ein sehr gutes Verhältnis zu Ihrem Kunden haben. Geben Sie sich verletzt oder verärgert. Sagen Sie: „Mark, ich war schockiert, als Ihr Auftrag nicht kam. Ich weiß ja, dass einige Veränderungen eingetreten sind, aber ich hatte doch gedacht, nach all den Jahren hätten Sie mich wenigstens anrufen und mir etwas sagen können."

Falls die obigen Methoden für Sie nicht in Frage kommen, und Sie den Eindruck haben, mit einem Kunden zu sprechen, der absichtlich zu Falschdarstellungen neigt, sollten Sie vielleicht eine der nachfolgenden Taktiken ausprobieren.

4. Halten Sie alles schriftlich fest

Alle Details eines Gesprächs schriftlich festzuhalten, kann ein hervorragendes Mittel sein, unehrliche Kunden dazu zu bringen, bei der Wahrheit zu bleiben. Was schwarz auf weiß dasteht, wirkt wie eine psychologische Barriere, die selbst solche Leute nicht zu überschreiten wagen, die normalerweise keine Skrupel haben, anderen einen Bären aufzubinden. Die schriftliche Fixierung ist der beste Schutz gegen Kunden, die Ihnen unvollständige oder falsche Informationen geben. Hat Ihnen beispielsweise ein Kunde zugesagt, sich bis nächsten Freitag Ihr Angebot angesehen und überdacht zu haben, schicken Sie ihm ein Fax oder einen Brief, in dem Sie sich für die nette Zusammenarbeit bedanken und ihn an den selbst gesteckten „Termin" erinnern. Eine kurzes Dankeschön zu schicken, ist immer eine angebrachte Geste, doch bei Kunden, die regelmäßig Dinge falsch darstellen, ist sie weit mehr als das. Hier dient die Höflichkeit zugleich dem Zweck, getroffene Vereinbarungen zu dokumentieren. Sollten sich hinterher irgendwelche Probleme ergeben, können Sie jederzeit sagen: „Aber Jim, Sie hatten mir doch zugesagt, das Angebot bis Freitag zu prüfen. Erinnern Sie sich nicht, dass ich mich sogar noch schriftlich für diese Zusage bedankt habe?" Ich brauche wohl nicht extra zu erwähnen, dass vertragliche Zusagen von solchen Kunden auf jeden Fall schriftlich festgehalten werden müssen.

5. Führen Sie ein Tagebuch

Sie erinnern sich an die Zusage des Kunden, den Auftrag im März zu schicken. Das Geschäft war praktisch abgeschlossen. Monate später ist der März fast um und Sie haben keinen Auftrag erhalten. Als Sie den Kunden anrufen, sagt er Ihnen, er hätte lediglich versprochen, Ihr Angebot im März noch einmal zu prüfen. Vielleicht haben Sie Dutzende Kunden und bearbeiten monatlich Hunderte von Aufträgen. Erinnern Sie sich dann immer genau daran, was Ihnen wer erzählt hat? Ich finde es schwierig, genaue Wortlaute über Monate zu memorieren, es sei denn, ich schreibe mir alles auf. Und ich kann jedem empfehlen, ebenfalls ausführliche Notizen zu machen. Ich selbst benutze eine spezielle Software für Verkäufer, in der ich alle Notizen zusammenfassen und jederzeit ergänzen kann. Sollten Sie keinen Computer benutzen, führen Sie ein Verkäufertagebuch, in dem Sie alles über Ihre Kunden aufschreiben, und machen Sie sich reichlich Notizen, wenn Sie mit ihnen sprechen. Ich bringe meine „problematischen" Kunden auf Kurs, indem ich ihnen sage: „Aber Frank, laut meinen Aufzeichnungen haben Sie am 23. Oktober 1995 gesagt, Sie rechneten mit einer überdurchschnittlichen Umsatzsteigerung, weshalb Sie spätestens jetzt einen neuen Auftrag für uns hätten." Helfen Sie dem Gedächtnis Ihres Kunden auf die Sprünge, indem Sie Daten, Zahlen und Wortlaute zitieren.

Strategien, wie Sie zum Abschluss kommen

Der „Vertrag", den Sie mit einem Kunden machen wollen, der Sie belügt, ist der, dass er Sie nicht wieder belügen wird.

1. *Stellen Sie klar, dass das, was vorgefallen ist, in Zukunft nicht wieder passieren wird*

Es gab ein „Missverständnis". Ihr Kunde hat Ihnen entweder Informationen vorenthalten oder Ihnen falsche Informationen gegeben, was für Sie von Nachteil war. Sie haben mit ihm gesprochen und die Sache geklärt. Die wirkliche Frage aber ist, ob in Zukunft mit weiteren „Missverständnissen" zu rechnen sein wird. Deshalb sollten Sie direkt auf die zukünftige Zusammenarbeit zu sprechen kommen. Vereinbaren Sie mit Ihrem Kunden, welche Schritte Sie beide unternehmen können, um zukünftige „Unklarheiten" zu vermeiden.

2. *Bitten Sie den Kunden um ein Versprechen, Sie in Zukunft beizeiten zu unterrichten*

Wie ich bereits sagte, geht es nicht um die Frage, ob Veränderungen eintreten werden oder nicht, denn sie treten immer ein. Worum es eigentlich geht, ist, ob Ihr Kunde Sie beizeiten darüber unterrichtet oder nicht. Hat er Sie erst so spät informiert, dass Sie nichts mehr tun konnten, oder so rechtzeitig, dass Sie entsprechend reagieren konnten? Sagen Sie Ihrem Kunden, Sie erwarteten keineswegs von ihm, Sie alle fünf Minuten anzurufen und Ihnen mitzuteilen, wie weit man in seiner Firma mit der Prüfung Ihres Auftrages inzwischen gediehen ist. Was Sie sich allerdings wünschten, wäre, von ihm in dem Moment verständigt zu werden, da ernste Probleme auftreten, die den Auftrag gefährden. Manchmal sind selbst solche schwierigen Kunden bereit, Ihnen dieses Versprechen zu geben.

3. *Zeigen Sie Ihr Interesse an einer Geschäftsbeziehung auf Augenhöhe*

Viele Kunden nutzen die Käufer-Verkäufer-Beziehung zu ihrem Vorteil, ohne sich darüber groß Gedanken zu machen. Haben Sie jedoch einen Kunden, dem Sie viel Zeit und zusätzlichen Service bieten und den Sie deutlich bevorzugt behandeln, dann können Sie mit Fug und Recht darum bitten, dass er seinerseits etwas tut, um Ihnen diesen Service auch in Zukunft zu ermöglichen. Sagen Sie ihm, wie sehr Sie auf regelmäßige Rückmeldungen angewiesen sind, während sein Unternehmen Ihre Angebote prüft. Manchmal hilft es auch, wenn Sie ihm erklären, dass Sie sich eine Geschäftsbeziehung wünschen, in der die Interessen beider Seiten gleichermaßen gewahrt werden.

4 *Der Kunde, der:*
nicht autorisiert ist, Ihnen etwas abzukaufen

Aus der Umfrage:

Haben Sie mit solchen Kunden zu tun?

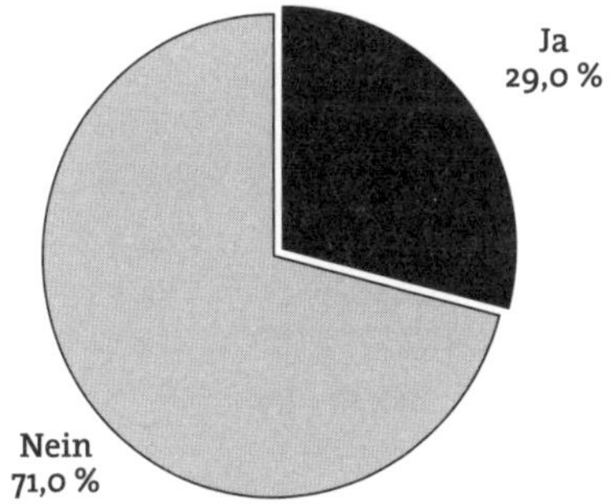

Fällt Ihnen der Umgang mit diesen Kunden schwer?

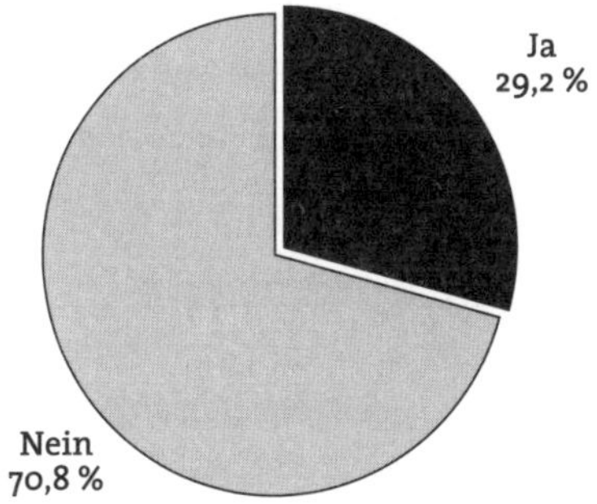

„Mir signalisiert jemand, mit dem ich rede, Kaufinteresse, muss aber alles noch vom Management absegnen lassen. Mein Produkt ist komplex, und ich weiß, dass die Leute im Management nicht nachvollziehen können, wie die Kosten zustande kommen."

Verkäufer für Leasing-Lkws, Des Moines, Iowa

„Man fühlt sich, als hätte man den Kontakt auf völlig falsche Voraussetzungen aufgebaut, wenn der Kunde, mit dem man die ganze Zeit gesprochen hat, gar nicht den Einfluss hat, den er zu haben vorgibt."

Verkäufer für Anzeigenplätze, Chicago, Ill.

Im Verkauf ist vieles nicht so, wie es auf den ersten Blick scheint. Ich erinnere mich noch, wie ich in einer bestimmten Branche einstieg und eine Menge professionelle Kunden kennen lernte, die sämtlich die Geschicke ihrer Unternehmen in Händen zu halten schienen. Nach ungefähr zwei Jahren in der Branche war ich zu dem Schluss gekommen, dass circa zwei Drittel der Leute, mit denen ich gesprochen hatte, überhaupt nicht autorisiert waren, Kaufentscheidungen zu fällen. Die meisten von ihnen waren nur dazu da, Informationen zu sammeln, die sie dann an die Leute weitertrugen, die letztlich die Entscheidungen trafen. Die eigentlichen Käufer hatten keine Zeit, mit all den Verkäufern zu reden, die sie besuchten. Dennoch haben die Kontakte zu den nicht autorisierten Mitarbeitern entscheidend zu meinen Verkaufserfolgen beigetragen. Sie konnten mir zwar keine verlässlichen Zusagen machen, aber sie waren in den Firmen, denen ich etwas verkaufen wollte, und ich nicht. Ihre Sichtweisen und ihre Ratschläge waren für mich eine Orientierungshilfe, die am Ende den Ausschlag dafür gab, ob mein Angebot angenommen wurde oder durchfiel. Und mir war immer klar, wie sehr ich von ihnen abhängig war, da sie den direkten Kontakt zu den Entscheidungsträgern hatte, den ich nicht hatte.

Stolpersteine

1. *Annehmen, dass die Person, die Sie empfängt, auch die zur Auftragszeichnung Befugte ist*

Die Antwort auf die Frage, „Sind Sie diejenige, die die Entscheidung trifft?“ lautet grundsätzlich „Ja“. Viele Kunden geben ungern zu, nicht autorisiert zu sein, Entscheidungen zu treffen. Sie sind unsicher und fürchten, dadurch in eine schlechtere Position zu kommen, wenn es darum geht, Sie um einen Gefallen zu bitten oder bestimmte Zugeständnisse zu fordern. Vielleicht ruft ihr Boss sie schon nächste Woche zu sich und erklärt ihr, sie solle den Auftrag zurückziehen oder einen Aufschub fordern. Wie schnell würden Sie auf ihren Anruf reagieren, wenn Sie wissen, dass sie keinerlei Befugnisse hat? Eventuell meint sie, dass es zu ihrem Vorteil ist, wenn sie den Mund hält und Sie in dem Glauben lässt, sie hätte mehr zu sagen als tatsächlich der Fall ist. Meist gilt die Regel: Je mehr eine Kundin darüber redet, welchen Einfluss sie hat und was sie alles weiß, umso größer ist die Wahrscheinlichkeit, dass sie blufft. Oft sind es nämlich gerade die stillen Kundinnen, die wenige gezielte Fragen stellen, die wirklich entscheiden.

2. *Sie für ein unbedeutendes Hindernis halten, statt für eine wichtige Mittelsperson*

Ich kenne Verkäufer, die Mitarbeiter ohne Entscheidungsbefugnis von oben herab behandeln und versuchen, an ihnen vorbei zu den „richtigen" Leuten vorzudringen. Oft aber hat die entscheidende Person einen guten Grund, weshalb sie nicht direkt mit Ihnen sprechen will. Sie hat beispielsweise keine Zeit, sich mit jedem Verkäufer zusammenzusetzen, weil sie dann nie dazu kommen würde, ihre eigentliche Arbeit zu machen. Also setzt sie eine Mittelsperson ein, die für sie alle Angebote sondiert und ihr nur jene vorstellt, die wirklich von Interesse sind. Aus Sicht der Entscheidungsträgerin sind Verkäufer, die sich an ihrer Mittelsperson vorbeizumogeln versuchen, eher unerwünschte Nervensägen.

Wenn ich merke, dass ich die Geduld mit einer Kundin verliere, von der ich weiß, dass sie letztlich keine Entscheidung treffen kann, erinnere ich mich daran, sie als eine Art Pförtnerin zu sehen statt als Hindernis. Das hilft mir, meine Einstellung zu korrigieren und mich entsprechend zu verhalten.

3. *Über ihren Kopf hinweg handeln, ohne die Folgen zu berücksichtigen*

Es gibt nur wenige Dinge im Verkauf, die so schwierig einzuschätzen sind wie die Frage, wann genau man sich erlauben kann, über jemandes Kopf hinweg zu handeln. Ich erwäge vorher immer sehr gründlich, welche langfristigen Folgen mein Handeln haben könnte. Bevor Sie sich dazu hinreißen lassen, sollten Sie sich folgende Fragen stellen:

- ***Habe ich der Vorgesetzten tatsächlich etwas zu sagen, was ich ihr nicht sagen kann?*** Lassen Sie Ihr Ego mal für einen Moment außer Acht und denken Sie ernsthaft über die Frage nach.
- ***Wird sich die Person, die ich übergehen will, dadurch persönlich angegriffen fühlen?*** Im Verkauf passieren die seltsamsten Dinge. Unwichtige Leute werden plötzlich in gehobene Positionen befördert, weil sie schon so und so lange im Unternehmen sind. Chefs gehen, und auf einmal übernehmen Leute ihre Stellung, die vorher praktisch nichts zu sagen hatten. Die fragliche Person, um die es Ihnen geht, kann Ihnen vielleicht heute noch keinen Abschluss unterschreiben, aber wie sieht die Sache wohl morgen aus?
- ***Was kann schlimmstenfalls dabei herauskommen und welche Vorteile darf ich mir bestenfalls davon versprechen?*** Der Verkäufer, der sagt, „Ich

habe nichts zu verlieren, weil ich bis jetzt ja auch noch keine feste Zusage kriegen kann", tappt damit in eine selbst gebaute Falle.

Verkaufsstrategien

1. *Machen Sie ihr Mut zuzugeben, dass sie keine Entscheidungsträgerin ist*

Einige Kunden geben gleich zu Beginn eines Gesprächs freimütig zu, dass sie keinerlei Befugnisse haben, Ihnen feste Zusagen zu machen. Bei anderen müssen Sie wahrscheinlich einige längere Gespräche abwarten, bevor Sie es erfahren. Doch sobald die Karten offen auf dem Tisch liegen, ändert sich Ihre Beziehung zu Ihrem Gegenüber grundlegend. Sie sind nicht mehr der Verkäufer, der mit dem potenziellen Käufer spricht, sondern müssen Ihre Gesprächspartnerin so überzeugen, dass sie wiederum die wirklichen Entscheidungsträger überzeugen kann.

2. *Ihr die Wahrheit entlocken*

Es gibt verschiedene Methoden, wie Sie eine Mittelsperson dazu bringen können, ihren Mittlerstatus zuzugeben:

a. ***Bitten Sie sie, eine Auftragsvereinbarung zu unterzeichnen.*** Nur wirklich Befugte dürfen Ihnen irgendetwas unterschreiben. Falls Ihre Gesprächspartnerin sagt, sie könne Ihnen nichts unterzeichnen, fragen Sie sie, an wen Sie sich denn wenden müssten, um eine feste Zusage zu bekommen. Dann liegt die Entscheidung bei Ihnen, ob Sie sich direkt an die autorisierte Person wenden wollen oder lieber weiter über Ihre Mittelsperson verhandeln.

b. ***Erkundigen Sie sich danach, wie es im letzten Jahr zu Kaufentscheidungen kam.*** Wenn Ihre Gesprächspartnerin zugibt, nicht zu wissen, was im letzten Jahr wie gehandhabt wurde, scheint das auf den ersten Blick vielleicht harmlos. Trotzdem sollten Sie sich fragen, ob sie in diesem Jahr mehr Befugnisse hat als im letzten.

c. ***Fragen Sie sie nach ihrem Budget.*** Manchmal sind diese Zahlen vertraulich, weshalb die Kundin Ihnen keine Auskunft geben kann. Sollte sie Ihnen allerdings sagen, sie hätte mit dem Budget nichts zu tun, wissen Sie, welche Rolle ihr im Entscheidungsprozess zukommt. Hat sie keinen Überblick über das Budget, wird sie mit Kaufentscheidungen wohl kaum betraut sein.

d. ***Verlassen Sie sich auf Ihren Instinkt.*** Bei einigen Gesprächen „spüre“ ich einfach, dass die Person mir gegenüber nicht entscheiden kann, mein Produkt zu kaufen oder nicht. Natürlich ist es problematisch, wenn man sich zu sehr auf seinen Instinkt verlässt. Nur weil jemand unsinnige Fragen stellt und wenig qualifiziert wirkt, muss das noch lange nicht heißen, dass er oder sie nicht am Ende die Person sein wird, die über den Abschluss entscheidet.

e. ***Nachdem Sie Ihr Angebot präsentiert haben, fragen Sie, ob vielleicht noch jemand anders es sich ansehen sollte.*** Falls ja, sagen Sie Ihrer Gesprächspartnerin, Sie würden der betreffenden Person gern eine Kopie der Präsentation dalassen oder zusenden, und bitten Sie um den Namen.

f. ***Fragen Sie jeden, mit dem Sie sprechen, wie in dem betreffenden Unternehmen Entscheidungen zustande kommen.*** Bei einer Gelegenheit fand ich heraus, wie genau die Entscheidungsfindung ablief, indem ich mir das Vertrauen einer besonders aufmerksamen Sekretärin erwarb. Möglicherweise ist Ihre Hauptansprechpartnerin nicht gewillt, Ihnen eine ehrliche Antwort zu geben. Ihre Mitarbeiter oder Kollegen sind eventuell aufgeschlossener.

3. Werden Sie zu einem Verkaufstrainer

Ihre Ansprechpartnerin würde Ihr Produkt kaufen, ist aber nicht autorisiert. Sie allerdings bringen Erfahrungen mit, die Sie ihr weitergeben können. Bringen Sie ihr bei, wie Sie Ihr Angebot bei den Vorgesetzten durchsetzt, sprich: wie sie ihrem Unternehmen Ihr Produkt verkauft. Sagen Sie ihr, dass Sie als Verkäufer ihr wertvolle Tipps geben können. Fragen Sie sie, mit welchen Einwänden sie rechnen würde. Fragen Sie sie, was sie in der Vergangenheit unternommen hat, um Vorbehalte auszuräumen, und welche der Methoden sich als besonders effizient erwies. Geben Sie ihr alle Informationen, die sie braucht, um Ihr Angebot interessant zu machen.

4. *Arrangieren Sie ein gemeinsames Gespräch mit den Vorgesetzten*

Bitten Sie Ihre Kontaktperson, mit Ihnen gemeinsam ein Gespräch mit den entscheidenden Leuten zu arrangieren. Erklären Sie ihr, dass sie sich so nicht in eine Position bringt, Entscheidungen treffen zu müssen, die zu fällen sie nicht befugt ist. Oder erläutern Sie ihr, wie sie ihre Position stärken kann, indem sie ihren Vorgesetzten einen solchen Vorschlag unterbreitet.

5. *Geben Sie Ihrer Gesprächspartnerin Informationen, für die sich ihr Boss interessieren wird*

Möglicherweise betreibt Ihr Unternehmen Marktforschungen, deren Resultate für Ihre Kunden interessant sind, oder Sie machen sich schlau, welche Umfrageergebnisse vorliegen, die für die Vorgesetzten Ihrer Kundin von Interesse sein dürften.

Hierbei besteht natürlich immer die Gefahr, dass Ihre Ansprechpartnerin solche Informationen nutzt, um sich selbst in ein besseres Licht zu stellen. In dem Fall haben Sie wertvolle Zeit geopfert, ohne viel mehr davon zu haben als die Dankbarkeit Ihrer Kundin. Das bringt Sie nicht weiter! Stattdessen sollten Sie Ihre Informationen lieber nur ankündigen und vorschlagen, sie in einem Gespräch mit den Vorgesetzten detailliert darzulegen. Sagen Sie Ihrer Kundin, Sie hätten wertvolle Marktforschungsinformationen, aber bringen Sie sie nicht direkt mit. Beschreiben Sie lediglich, inwiefern diese Studien für die Vorgesetzten von Nutzen sein können. Und erklären Sie auf jeden Fall, dass Sie sie nicht einfach per Post schicken können, sondern in einem persönlichen Gespräch erläutern müssten.

6. *Bringen Sie eine tolle Idee ein, von der ihre Vorgesetzten unbedingt erfahren sollten*

Sie haben Routine im Verkaufen, Ihre Kunden haben Routine im Prüfen von Angeboten. Wollen Sie einen Neukunden von Ihrem Angebot überzeugen, können Sie sich mit routinemäßigem Vorgehen allerdings schnell ins Aus manövrieren. Andererseits ist es nicht einfach, immerzu und dauernd tolle Ideen aus dem Ärmel zu ziehen. Und Ideen, die Sie für bahnbrechend halten, müssen für Ihre Kunden nicht notwendig genauso glänzend aussehen. Veranstalten Sie mit anderen Leuten Ihres Unternehmens ein Brainstorming, um herauszufinden, was Sie den Kunden noch präsentieren können.

7. *Bringen Sie alles zu Papier*

Kontaktpersonen tragen Ihre Informationen an die Entscheidungsträger weiter. Sie müssen dafür sorgen, dass Ihr Angebot sich so gut und überzeugend wie möglich anhört, wenn es am Ende der Informationskette ankommt. Daher empfiehlt es sich, alles zu Papier zu bringen, denn so kann unterwegs nichts versickern. Wenn Sie Ihre Geschichte schriftlich erzählen, können Sie sicher sein, dass sie genauso ankommt, wie Sie es wollen. Aber sorgen Sie auf jeden Fall dafür, dass das Material, das Sie reinreichen, sich im Zweifelsfall allein verkauft. Das wird unter Umständen nötig sein.

8. *Schicken Sie Kopien Ihrer Briefe an andere Leute, die die Kaufentscheidungen mit beeinflussen*

Es ist vielleicht ungehörig, über jemandes Kopf hinweg zu handeln, aber es ist durchaus nicht verwerflich, Kopien Ihrer Korrespondenz mit Ihrer Ansprechpartnerin an andere Mitarbeiter des Kundenunternehmens zu schicken. Dadurch fühlt sich niemand auf den Schlips getreten, doch Ihnen hilft es möglicherweise, Ihre Botschaft klarer zu vermitteln.

9. *Ihre Gesprächspartnerin übergehen*

Haben Sie das Gefühl, Sie kämen nicht weiter, ohne Ihre Gesprächspartnerin zu übergehen? Über jemandes Kopf hinweg zu handeln, ist immer riskant, weshalb Sie genau abwägen sollten, was Sie damit gewinnen und was verlieren können. Ich meine nicht, dass Sie es niemals und unter keinen Umständen tun sollten. Irgendwann kommen wir im Verkauf alle einmal an den Punkt, wo wir jemanden übergehen müssen, um für unser Produkt und unser Unternehmen zu kämpfen. Die Frage ist also nicht die nach dem Ob, sondern nach dem Wie. Im Folgenden finden Sie einige Ansätze, über die Sie nachdenken sollten.

- ***Schaffen Sie Vertrauen.*** Ein Weg, wie Sie an jemandem vorbei zur nächsthöheren Instanz gelangen können, ist der, sich die Kooperationsbereitschaft der betreffenden Person zu sichern. Wenn Sie sich mit Ihrer Gesprächspartnerin gut verstehen und wissen, dass sie keine Entscheidungsbefugnis hat, können Sie irgendwann sagen: „Hören Sie, ich weiß, dass Sie mir keinen Auftrag geben können, sondern nur Ihre Vorgesetzte. Wäre es vielleicht möglich, dass Sie ein gemeinsames Gespräch mit ihr arrangieren können, damit wir drei uns zusammensetzen und darüber reden können, wie es weitergehen soll?" Ist Ihre Ansprechpartnerin auf Ihrer Seite und lässt sich durch den Vorschlag nicht verunsichern, wird sie Ihnen gewiss helfen, ein solches Treffen zu bekommen.

- ***Lassen Sie Ihren Chef den Kontakt für Sie herstellen.*** Das ist die mit Abstand „sauberste" Methode, die Sache zu arrangieren, wenn Sie weiterhin mit der jetzigen, nicht autorisierten Ansprechpartnerin verhandeln müssen. Wenn Ihr Boss ihren Boss anruft, bleibt das Gleichgewicht gewahrt und niemand fühlt sich übergangen. Diese Vorgehensweise empfiehlt sich immer dann, wenn Sie den Eindruck haben, mit Ihrem gegenwärtigen Kontakt nicht voranzukommen.
- ***Nutzen Sie die Urlaubszeit oder Tage, an denen Ihre eigentliche Ansprechpartnerin nicht da ist.*** Ich kann Ihnen natürlich nicht sagen, wie man es aufnehmen wird, wenn Sie die Abwesenheit Ihrer eigentlichen Ansprechpartnerin nutzen, um zu ihrer Vorgesetzten durchzudringen. Aber wenn Sie es probieren wollen, sollten Sie beim nächsten Besuch beiläufig auf Ferienreisen zu sprechen kommen, um zu erfahren, wann Ihre Gesprächspartnerin abwesend sein wird. Am besten erwähnen Sie bereits vorher, dass es einige Details gibt, die während der fraglichen Zeit zu klären wären. Normalerweise wird sie Sie dann direkt an ihre Vorgesetzte verweisen. Ist Ihnen das gelungen, sollten Sie Informationen oder bestimmte Anreize in petto haben, die für ihre Vorgesetzte von Interesse sind. Nutzen Sie die Gelegenheit, um sich einen Namen zu machen – und bauen Sie den direkten Kontakt anschließend weiter aus.
- ***Bewegen Sie sich erst einmal auf einer Ebene, bevor Sie weiter nach oben vordringen.*** Wenn Sie erfahren, dass bestimmte Einwände gegen Ihr Angebot bestehen, versuchen Sie zuerst einmal, mit anderen Leuten in dem Unternehmen darüber zu sprechen. Nur so finden Sie heraus, wie ernst die Vorbehalte zu nehmen sind, mit denen man Sie konfrontiert. Und erkundigen Sie sich, was Sie tun können, um sie aus dem Weg zu räumen.
- ***Probieren Sie den Frontalangriff.*** Sagen Sie beispielsweise: „Hören Sie, ich verstehe, was Sie meinen, aber ich stimme Ihnen nicht zu. Ich möchte Sie zwar nicht vor den Kopf stoßen, doch ich denke, ich sollte besser mit jemand anderem sprechen." So ein Ansatz ist direkt und ehrlich, funktioniert jedoch nur, wenn Sie bereits Kontakt zu dem Boss Ihres Gesprächspartners hergestellt haben. Wenn nicht, wird Ihr Ansprechpartner wahrscheinlich alle Register ziehen, Sie gar nicht erst bis dorthin vordringen zu

lassen. Ich selbst habe diese Taktik nie benutzt, weil sie meiner Meinung nach eine destruktive Wirkung auf die Beziehung zu der Person hat, mit der ich ja auch weiterhin zu tun haben werde. Aber ich habe schon Verkäufer erlebt, die damit Erfolg hatten. Die hatten allerdings in den meisten Fällen einen unsicheren Gesprächspartner vor sich *und* schon einen guten Kontakt zu dessen Vorgesetztem.

Strategien, wie Sie zum Abschluss kommen

Die Person, mit der Sie sprechen, ist nicht befugt, Ihnen irgendetwas abzukaufen. Trotzdem ist sie diejenige, mit der Sie sprechen müssen. Wie erhalten Sie Zusagen von jemandem, der Ihnen gar keine machen darf? Denken Sie daran, dass Unternehmensstrukturen immer beabsichtigt sind. Die Absicht wiederum ist gewiss nicht die, Käufe generell abzublocken, sondern eher, den Leuten, die schließlich die Entscheidung treffen, Zeit zu ersparen.

1. *Verfassen Sie all Ihre Angebote schriftlich, und händigen Sie sie der Person aus, die Sie empfängt. Fügen Sie Kopien bei, die sie weiterreichen kann*

Berücksichtigen Sie, dass alles, was Sie mit Ihrem Gesprächspartner besprechen, an höhere Stelle weitergetragen werden muss, wenn Sie einen Auftrag bekommen wollen. Also machen Sie es Ihrem Gegenüber so leicht wie möglich. Gehen Sie nicht davon aus, dass jemand anders Ihr Angebot so präsentieren kann, wie Sie es gern hätten. Reichen Sie es jedoch schriftlich ein und nutzen Ihren Gesprächspartner als Vermittler, können Sie zumindest sicher sein, dass die richtigen Informationen am Ende ankommen.

2. *Achten Sie auf das Timing*

Die Person, mit der Sie sprechen, ist von anderen abhängig, die die Entscheidungen treffen. Die wiederum haben Termine wahrzunehmen, Geschäftsreisen zu machen und eine Menge andere Aufgaben. Das bedeutet für Ihre Ansprechperson, sie muss einen möglichst günstigen Zeitpunkt wählen, wann sie um eine Entscheidung bitten kann. Stellen Sie ihr Fragen wie: „Wann wird Ihr Unternehmen eine Entscheidung treffen? Welche Leute werden Sie noch sprechen? Wissen Sie, wann Sie mit den betreffenden Leuten reden werden? Was schätzen Sie, wann ich ein Feedback von Ihnen bekommen kann, wie weit die Entscheidung gediehen ist?“ Das wirklich Unheimliche daran, mit einer Mittelsperson zu verhandeln, ist, dass Sie kaum überblicken, wie sich der Entscheidungsprozess entwickelt. Sie können Ihrer Ansprechpartnerin eine noch so tolle Präsentation geben, und dennoch geht sie vielleicht drei Wochen später in ein Meeting mit drei Geschäftsführern, die ihr Fragen zu Ihrem Angebot stellen, auf die sie keine Antworten hat. Zwei Tage später sollen alle Angebote geprüft sein und eine Entscheidung gefällt werden. Falls Sie innerhalb dieser beiden Tage die Chance haben, Ihrer Ansprechpartnerin zusätzliche Informationen zu geben, können Sie Ihr Angebot retten. Falls nicht, sind Sie wahrscheinlich aus dem Rennen. Sie müssen also versuchen, den Kontakt gerade während dieser kritischen Phase zu halten, da Sie ja keinen direkten Einfluss auf die Entscheidungsprozesse haben.

Ihr Job ist es, Wege zu finden, wie Sie indirekten Einfluss auf die Entscheidungsfindung ausüben.

5 *Der Kunde, der:*

Ihnen gern zuhört und dann doch nichts kauft

Aus der Umfrage:

Haben Sie mit solchen Kunden zu tun?

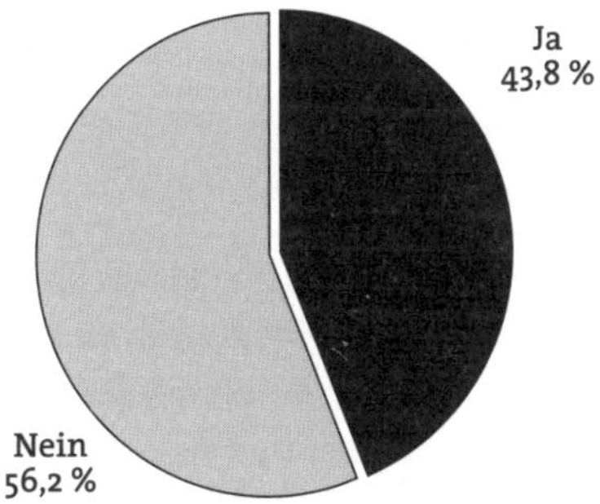

Fällt Ihnen der Umgang mit diesen Kunden schwer?

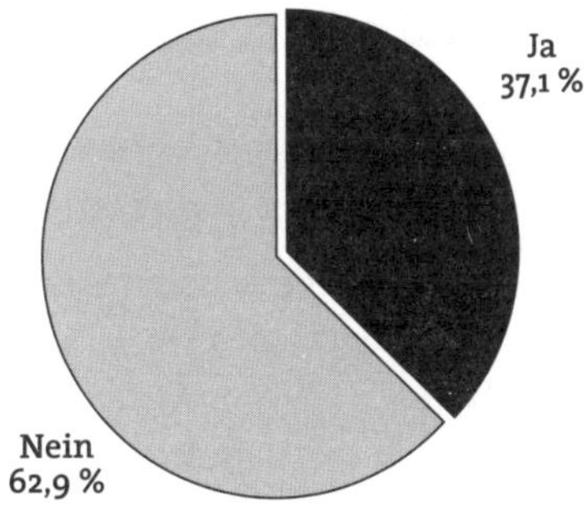

„Solche Gespräche sind enorm frustrierend. Die Kunden tun so, als wären sie drauf und dran zu unterschreiben, und dann ziehen sie sich unter irgendeinem Vorwand wieder zurück."

Verkäufer für Investmentservices,
Scranton-Wilkes Barre, Pa.

In einem Beruf, in dem man praktisch täglich Abfuhren kassiert, war ein Besuch bei ihr wie ein Kurzurlaub. Sie bot einem Kaffee an und bedankte sich für die Präsentation. Sie gab einem das Gefühl, richtig gut zu sein. Alles lief bestens, bis – Krawumm – sie losging und bei jemand anderem kaufte. Man hätte es eigentlich vorhersehen müssen, aber das tat man nicht. Vielleicht mochte sie einem nicht aufs Gesicht zu Nein sagen, scheute sich generell davor, jemanden vor den Kopf zu stoßen, oder hatte keine Lust, einem lang und breit zu erklären, warum das Angebot für sie uninteressant war, und sich daraufhin anzuhören, welche Nachbesserungen noch möglich wären oder warum was so ist wie es ist. Für sie war es einfacher, während des Gesprächs keinerlei Vorbehalte zu äußern, und anschließend still und leise zu jemand anderem zu gehen und dessen Produkte zu kaufen. Es ist Ihr Job, solche Ansprechpersonen schnellstmöglich zu durchschauen und das Verkaufsgespräch zu vertiefen, selbst wenn Sie sie damit zunächst in eine für sie womöglich unangenehme Position bringen. Erfahrene Verkäufer entwickeln eine sichere Antenne dafür, Kunden wie diese sofort zu erkennen. Das können Sie auch.

Stolpersteine

1. *Sie halten das Verhältnis zur Kundin irrtümlich für gut und harmonisch*

Je dichter Preise und Merkmale von Produkten unterschiedlicher Anbieter beieinander liegen, umso mehr wird die Entscheidung der Käufer von emotionalen statt von logischen Motiven gesteuert werden. Der Kunde kauft bei dem Unternehmen und dem Verkäufer, die ihm am sympathischsten sind. Und jetzt haben Sie einen Kunden vor sich, der sich praktisch auf Anhieb mit Ihnen anfreundet. Falls Sie dem äußeren Eindruck vertrauen, glauben Sie wahrscheinlich, Sie hätten den Auftrag so gut wie in der Tasche. Weit gefehlt! Mit solchen Kunden können Sie sich zwar leicht anfreunden, aber verkaufen werden Sie ihnen deshalb noch lange nichts.

2. *Sie glauben, den Auftrag so gut wie sicher zu haben, weil Sie keinerlei Einwände hören*

Bei den meisten Kunden wäre das Letzte, worauf Sie kommen, von sich aus auf bestimmte Haken aufmerksam zu machen. Warum sollten Sie Ärger heraufbeschwören, indem Sie Probleme ansprechen, die vielleicht gar nicht existieren? Doch jede ernst zu nehmende Käuferin wird Einwände äußern, sobald sie prüft, inwieweit Ihr Produkt den Erfordernissen des Unternehmens gerecht wird. Einwände, Vorbehalte und das Ansprechen von Schwachpunkten gehören einfach zum natürlichen Kaufprozess. Falls nichts dergleichen verlautbar wird, können Sie sicher sein, dass irgendetwas schief läuft.

3. Sie nehmen ihre Freundlichkeit als Zeichen dafür, dass Sie auf dem besten Wege zum Abschluss sind

Bei „normalen" Kunden sind positive Bemerkungen tatsächlich ein Indiz dafür, dass Sie kurz vor dem Abschluss stehen. Bei Kunden wie diesen allerdings nicht. Hier passiert etwas vollkommen anderes. Ihre Kundin hat möglicherweise ein lausiges Privatleben, niemand interessiert sich für sie. Und dann marschieren Sie herein, saugen begierig jedes Wort auf, das sie sagt, und sind unglaublich nett zu ihr. Vielleicht ist sie aber auch unsicher in ihrem Job und sucht händeringend nach jemandem, der ihr Selbstbewusstsein aufpoliert. Oder sie deckt nur einen anderen Entscheidungsträger, der nicht selbst auftreten will und es ihr übel nähme, sollte sie seinen Namen nennen. Ein anderer möglicher Grund könnte sein, dass sie von vornherein nicht vorhat, bei Ihnen zu kaufen, Sie aber sympathisch findet und deshalb besonders freundlich zu Ihnen sein will. Was immer die Beweggründe sein mögen, wenn Sie ihr Spiel mitspielen und sich so verhalten, wie es die traditionelle Verkäuferschule vorschreibt, haben Sie einiges zu verlieren. Sie müssen sie rechtzeitig erkennen und angemessen reagieren. Gehen wir noch mal die zentralen Merkmale durch:

- Die Kundin hat bei Ihrem Besuch keinerlei Einwände oder Vorbehalte geäußert.
- Das Gespräch war viel zu kurz, als dass es irgendjemanden hätte überzeugen können, einen Kauf tatsächlich zu erwägen. Und trotzdem hat die Kundin gesagt, sie dächte ernsthaft über das Angebot nach.
- Sie haben sich prächtig mit der Kundin verstanden, allerdings eher wenig über Geschäftliches gesprochen.
- Sie wirkte ein bisschen zu „nett", als wollte sie sich für irgendetwas entschuldigen.
- Sie hat keinen der Kritikpunkte angebracht, die Kundinnen wie sie normalerweise ins Gespräch bringen. Kurz: Sie wirkte zu schnell zu überzeugt.

Verkaufsstrategien

1. *Vertiefen Sie das Verkaufsgespräch, indem Sie von einer freundlichen Plauderei auf einen sachbezogenen Dialog umschalten*

Gegen die freundliche Fassade ist nichts einzuwenden, aber irgendwie müssen Sie das Gespräch auf das Thema lenken, um das es eigentlich geht. Sie brauchen niemanden vor den Kopf zu stoßen, doch Sie müssen die Unterhaltung auf eine geschäftlichere Ebene bringen. In den meisten Fällen habe ich die Erfahrung gemacht, dass meine Kundin sich bereitwillig darauf einlässt. Auch wenn sie sich zunächst den Anschein gibt, nicht gleich übers Geschäft sprechen zu wollen, wird sie erwarten, dass Sie von sich aus zum Thema kommen. Und sie wird bestens darauf vorbereitet sein. Den Übergang vom freundlichen Plaudern zum Verkaufsgespräch können Sie auf unterschiedliche Weise gestalten. Am reibungslosesten stellen Sie es an, indem Sie mit einer allgemeinen Frage über die Vergabepraktiken des Unternehmens beginnen und dann expliziter werden. „Mary, ich habe eine Frage. Planen Sie, dieses Jahr wieder einen Auftrag an uns zu vergeben, oder hat sich gegenüber dem Vorjahr etwas geändert?“ Oder: „John, darf ich Sie etwas fragen? Wenn Sie bei mir kaufen, wäre das dann das erste Mal, dass Ihr Unternehmen ein Produkt wie unseres kauft?“ Hierauf werden Sie eine allgemeine Antwort erhalten, die sich mittels Folgefragen präzisieren lässt. So landen Sie Schritt für Schritt bei dem Thema, um das es eigentlich geht.

Einen direkteren Übergang schaffen Sie natürlich, indem Sie eine direktere Frage stellen. „Mary, bevor ich gehe, müsste ich dringend ein paar Punkte klären“, oder: „Es gibt einiges, worüber wir unbedingt noch sprechen sollten“, und dann kommen Sie zum Geschäft. Eine andere Methode, das Gespräch auf eine geschäftlichere Ebene zu bringen, ist der, eine formelle Präsentation zu machen. Mit der hier beschriebenen Sorte Kunden kann man es meiner Erfahrung nach auf zweierlei Art anstellen. Manchmal arbeitet die freundliche Fassade für Sie. „Aber ja, nur zu, lassen Sie mich eine richtige Präsentation sehen!“ Doch manche Kunden lehnen formelle Präsentationen auch schlichtweg ab. Wenn das der Fall ist, müssen Sie sich darüber im Klaren sein, welche Punkte Sie erläutern wollen, und das Gespräch so strukturieren, dass Sie jeden einzelnen dieser Punkte ansprechen können. Im Grunde genommen verwandeln Sie Ihre Präsentation einfach in eine Unterhaltung und lassen die Flipcharts in der Tasche. Können Sie schon vorher absehen, dass Sie mit einer Präsentation nicht landen werden, dürfen Sie die Flipcharts auch gleich zu Hause lassen und stattdessen ein einzelnes Blatt Papier mitbringen, auf dem Sie fünf Punkte vermerken, die Sie heute ansprechen wollen. Legen Sie das Blatt auf den Schreibtisch der Kundin und arbeiten Sie es Punkt für Punkt im Gespräch mit ihr ab. Auf diese Weise verhindern Sie, dass die Unterhaltung sich wieder vom Thema wegbewegt.

2. *Sprechen Sie von sich aus die kritischen Punkte an*

Bei den meisten Kunden wäre ein solches Vorgehen reichlich riskant. Warum sollten Sie von sich aus Probleme und Einwände ansprechen, über die der Kunde vielleicht gar nicht nachdenkt? Der Haken bei dieser Sorte Kunden ist allerdings, das sie eventuell nicht selbst die Entscheidung treffen oder außerstande sind, sich wie ein richtiger Käufer zu verhalten. Nachdem Sie gegangen sind, wird Ihr Kunde womöglich zum Vorgesetzten gehen und sagen: „Mann, dieses Produkt würde ich wirklich gern kaufen." Woraufhin sein Vorgesetzter ihn natürlich fragt: „Haben Sie diese und jene Punkte geklärt?" Jetzt tauchen die Fragen auf, die Sie beantworten könnten, doch Sie sind ja nicht mehr da. Sie sollten deshalb Folgendes vorschlagen: „Hören Sie, vielleicht haben Sie später noch die eine oder andere Frage zu meinem Produkt, oder Sie stoßen durch ein Angebot der Konkurrenz auf Punkte, die Sie mit mir klären möchten. Ich könnte Ihnen einige typische Punkte nennen, die normalerweise bei der Angebotsprüfung auftauchen, und Sie sagen mir einfach, welche davon Sie näher erläutert haben möchten." Auf diese Weise geben Sie Ihrem Kunden die Chance, jene Aspekte zu klären, die für ihn besonders interessant sind, ohne ihm gleich einen ganzen Wust von Gründen zu liefern, weshalb er Ihr Produkt nicht kaufen sollte.

3. *Nehmen Sie im Gespräch auch einmal die Sichtweise Ihres Gegenübers ein*

Manchmal haben Kunden ihre Position erst seit kurzem inne und spielen das erste Mal auf der Seite der Käufer. Sie kennen die Regel noch nicht besonders gut, doch ihre Vorgesetzten werden sie danach beurteilen, wie clever sie ihren Job machen. Wenn Sie sie als Kunden behalten wollen, müssen Sie dafür sorgen, dass Ihr Gegenüber bei dem Geschäft eine gute Figur macht. Sie können ihm beispielsweise ein paar Tipps geben, wie er zu einem fähigen Einkäufer wird. „Wenn ich Sie wäre, würde ich meine Aufträge nur zu den und den Zeiten vergeben, weil

Sie dann die besseren Preise kriegen können." Oder Sie sagen Ihren Kunden, was andere Einkäufer tun, um einen guten Abschluss zu bekommen. Ich würde mich hier zwar nicht allzu weit aus dem Fenster hängen, aber ein paar wertvolle Ratschläge können sich am Ende durchaus zu Ihrem Vorteil auswirken.

4. *Schlagen Sie einen moderaten „Konfrontationskurs" ein*

Sie sprechen mit einer Kundin, und Ihr Instinkt sagt Ihnen, dass sie wahrscheinlich nicht kaufen wird, obwohl sie sagt, sie wäre von dem Angebot überzeugt. Mit wachsender Erfahrung entwickeln Sie in solchen Dingen einen ziemlich sicheren Instinkt. Wenn Sie bereit sind, einen milden „Konfrontationskurs" einzuschlagen, können Sie der Kundin direkt sagen, welchen Eindruck Sie haben. „Ich verstehe Sie also richtig, dass Sie mein Angebot durchaus interessant finden, und Sie dürfen nicht denken, ich würde Ihnen nicht glauben, aber ich würde gern klären ..." An dieser Stelle sollten Sie die Auftragsdetails ansprechen. Das kann zum Beispiel die Tatsache sein, dass man Ihnen keine verbindliche Zusage machen will, dass das Budget angeblich ausgeschöpft ist, dass das Unternehmen seit Jahren mit der Konkurrenz Geschäfte macht oder Sonstiges. Sagen Sie offen, was Ihnen Sorgen macht, und warten Sie ab, wie Ihre Kundin darauf reagiert.

5. *Holen Sie sie auf Ihre Seite*

Als Erstes müssen Sie Ihr Angebot an Ihre Ansprechpartnerin verkaufen, sprich: sie davon überzeugen, dass sich der Kauf Ihres Produkts lohnt. Dann nehmen Sie die Position des Ratgebers ein, der Ihrer Kundin hilft zu erreichen, was Sie beide wollen. Können Sie ihr glaubhaft vermitteln, dass ein Abschluss mit Ihnen sowohl ihr als auch ihrem Unternehmen zugute kommt, dürften Sie selbst die unsicherste Kundin gewonnen haben. Sobald Sie sie auf Ihre Seite geholt haben, können Sie folgende weitere Strategien überlegen. Probieren Sie es beispielsweise mit der „Nur Sie und ich"-Taktik: „Sie und ich sitzen im selben Boot. Was können wir tun, um gemeinsam die entscheidenden Leute in Ihrem Unternehmen davon zu überzeugen, mein Produkt zu kaufen?" Fragen Sie: „Gibt es noch jemanden, mit dem ich sprechen sollte?" „Kann ich etwas tun, um Ihnen zu helfen, sich an entscheidender Stelle durchzusetzen?" „Wäre es eventuell hilfreich, wenn ich mich noch mit jemand anderem in Ihrem Unternehmen zusammensetze?"

6. *Rechnen Sie damit, dass Ihre Ansprechpartnerin möglicherweise nicht lange in dem Unternehmen bleibt*

In all den Jahren, die ich im Verkauf war, habe ich die Erfahrung gemacht, dass Kunden sich vollkommen verwandeln, wenn sie im Begriff sind, die Stelle zu wechseln. Ihr Verhalten gegenüber Verkäufern verändert sich komplett. Harte Einkäufer werden plötzlich handzahm. Distanzierte Kunden sind auf einmal außergewöhnlich freundlich. Alle Reibungspunkte scheinen wie weggeblasen – allerdings sind es die Chancen auf einen tatsächlichen Abschluss ebenfalls. Sie kommen zu einer Kundin, die Sie bisher immer mit ausgefahrenen Krallen kannten, und sie überrascht Sie damit, dass sie Ihnen die persönlichsten Dinge erzählt. Was ist geschehen? Vielleicht hat Ihre Kundin vergangene Woche die Kündigung eingereicht und hat nur noch kurze Zeit in der Firma. Falls Sie der plötzliche Wandel einer Kundin irritiert, sollten Sie besser auf den Busch klopfen, indem Sie beispielsweise fragen, welches ihre Pläne für das kommende Jahr sind oder wo sie sich persönlich in fünf Jahren sieht.

7. *Vergewissern Sie sich, was genau Ihnen Ihre Kunden zusagen, bevor Sie den Raum verlassen*

Richtig. Bevor Sie gehen, müssen Sie ganz genau wissen, was Ihnen Ihre Kunden zusagen, sprich: inwieweit sie sich zum Kauf verpflichtet fühlen. Hier sind einige Anregungen, wie Sie es herausfinden.

a. ***Bitten Sie um eine Auftragsbestätigung.*** Haben Sie mit einem Produkt und einem Käufer zu tun, bei denen Zusagen grundsätzlich in Echtzeit gemacht werden, müssen Sie nach einer Auftragsbestätigung fragen und abwarten, ob Sie sie bekommen. Wenn man Ihnen irgendwas, aber keine konkrete Zusage anbietet, müssen Sie herausfinden, was die Kunden von der Zusage abhält und wie Sie diese Hindernisse aus dem Weg räumen können.

b. ***Fragen Sie nach dem Zeitlimit.*** Nun gut, Sie haben Ihren Ansprechpartner überzeugt. Wie lange kann es dauern, bis Sie eine feste Zusage bekommen? Vielleicht muss die betreffende Person sich mit einem Komitee absprechen oder andere Angebote einholen und prüfen. Finden Sie heraus, welches Zeitlimit sich das Unternehmen setzt, um besser einschätzen zu können, wie konkret die Kaufabsichten zum jetzigen Zeitpunkt sind.

c. ***Finden Sie Wege, wie Sie mit den Kunden im Gespräch bleiben können, nachdem Sie den Raum verlassen haben.*** Bevor Sie gehen, fragen Sie, wie es weitergeht. „Darf ich Sie wieder anrufen?" „Gibt es etwas, über das Sie von mir auf dem Laufenden gehalten werden möchten?" Versuchen Sie unbedingt, den Kontakt aufrechtzuerhalten. Ein Konkurrent könnte versuchen, Ihren Kunden umzustimmen. Deshalb müssen Sie mit ihm im Gespräch bleiben, selbst wenn es zu dem eigentlichen Abschluss gerade nichts zu sagen gibt. Rufen Sie ihn in der Woche drauf an und laden Sie ihn in das Restaurant ein, von dem er gesprochen hatte, oder schlagen Sie sonst was vor – Hauptsache, Sie bleiben in Kontakt. Und ganz beiläufig können Sie dann nachfragen, wie weit die Kaufentscheidung inzwischen gediehen ist.

8. Geben Sie sich über die Maßen überrascht, wenn Sie den Auftrag verlieren

Okay, dieser Auftrag ist Ihnen durch die Lappen gegangen. Sie dachten, Sie hätten ihn schon in der Tasche, und nun hören Sie, dass Ihre Kunden bei der Konkurrenz kaufen. Im Folgenden finden Sie eine Schritt-für-Schritt-Anleitung, wie Sie reagieren sollten.

a. ***Nutzen Sie alle Kontakte, die Sie haben, um Näheres zu erfahren.*** Zunächst einmal müssen Sie wissen, was genau geschehen ist, was schief gelaufen ist, wer mit wem geredet hat, was geredet wurde und welche Informationen Ihre Kundin bekam, die sie dazu brachten, bei jemand anderem zu kaufen. Setzen Sie auf Schuldgefühle: „Mary, ich bin bass erstaunt. Ich dachte, wir wären uns bereits einig gewesen. Ich kann gar nicht glauben, dass Sie losgehen und bei jemand anderem kaufen. Sie hätten doch wenigstens so freundlich sein können, mich kurz anzurufen." Schüchtern Sie Ihren Kunden ein: „Frank, ich kann kaum glauben, dass Sie mir gar keine Chance gegeben haben, bei diesem Auftrag mitzubieten. Denken Sie nicht, es wäre in Ihrem und im Interesse Ihrer Firma, sich auch unser Angebot anzusehen? Ich kann mir nicht vorstellen, dass Ihr Unternehmen nicht das bestmögliche Angebot will, das Sie kriegen können. Für Sie ist es doch nur von Vorteil, wenn Sie auch sehen, was die Konkurrenz anbietet, bevor Sie sich zum Kauf entschließen. Ich frage mich, wie Sie wohl dastehen werden, wenn an den Tag kommt, dass Sie nicht einmal unser Gegenangebot eingeholt haben." Seien Sie freundlich: „Chris, ich würde gern vorbeikommen und Ihnen noch einmal mein Produkt vorstellen. Sie wissen ja mittlerweile, dass ich Ihre kostbare Zeit nicht verschwenden will, aber ich kann dafür sorgen, dass Sie bei einem Abschluss mit uns eine wirklich gute Figur in Ihrem Unternehmen machen können. Was halten Sie davon?" Machen Sie eine Szene: „Tom, ich fasse nicht, was mir da zu Ohren kommt. Mein Boss wird nicht sonderlich erfreut sein, wenn er von der Sache Wind kriegt, und ich gehe davon aus, dass er sich umgehend an Ihre Vorgesetzten wenden wird. Ich kann gar nicht glauben, dass Sie mich nicht wenigstens angerufen haben, um mich über Ihren plötzlichen Sinneswandel zu informieren." Sie können aber auch eine rationale Herangehensweise wählen: „Julie, erzählen Sie mir bitte, was passiert ist." Und dann hören Sie sich genau an, wie sich alles abgespielt hat.

b. ***Fragen Sie nie „Ist es schon zu spät?"*** Wenn Sie mit Kunden verhandeln, die sich schwer damit tun, feste Zusagen zu machen, ist das Verkehrteste, was Sie machen können, diese Frage zu stellen. Die Antwort wird immer „Ja" lauten, weil Ihr Kunde den Weg des geringsten Widerstandes geht. Tun Sie einfach so, als wäre es noch nicht zu spät, und handeln Sie entsprechend.

c. ***Gehen Sie sofort hin.*** Wenn Sie versuchen wollen, eine Kaufentscheidung rückgängig zu machen, müssen sie unverzüglich aktiv werden. Meiner Erfahrung nach sind Entscheidungen umso unumkehrbarer, je länger sie unangefochten bleiben. Und wir reden hier über Stunden, maximal Tage. Eine Entscheidung, die eben erst getroffen wurde, lässt sich noch beeinflussen. Existiert sie erst einmal über mehrere Tage, lässt sich praktisch nichts mehr ausrichten. Timing ist alles. Sie müssen unverzüglich zu demjenigen gehen, der die Entscheidung getroffen hat. Falls man Ihnen mitteilt, „Es ist zu spät, die Entscheidung ist bereits durch, und Sie würden nur Ihre Zeit verschwenden", bleiben Sie hartnäckig und erklären Sie, dass Sie Ihre Zeit trotzdem gern verschwenden möchten. Ich habe mal einen Fall gehabt, bei dem ein großer Vertrag auslaufen sollte und man mir erzählte, ich hätte nicht den Hauch einer Chance, ihn zu verlängern. Ich bestand dennoch darauf, den Kunden zu besuchen, und erklärte ihnen, ich wolle nicht über einen Neuvertrag reden, sondern über die besten Einsatzmöglichkeiten meines Produkts und wie die Leute es im Allgemeinen am besten verwenden können. Kurz: Ich steuerte bewusst keine Konfrontation an, indem ich jemanden von einer Entscheidung abzubringen versuchte, die er bereits getroffen hatte. Ich wählte vielmehr eine Art Rekapitulation, schlüpfte in die Rolle des Beraters und brachte das Gespräch somit auf eine andere Ebene. Ich reiste bis nach Kanada – im tiefsten Winter. Die Leute in dem Unternehmen fühlten sich derart geschmeichelt, weil ich in einer Jahreszeit anreiste, zu der sich sonst niemand aus den Staaten zu ihnen aufmachte, dass sich die entscheidenden Personen richtig viel Zeit für mich nahmen. Ich konnte ihnen verschiedene Vorzüge meines Produkts erläutern, über die sie zuvor gar nicht weiter nachgedacht hatten. Es lief darauf hinaus, dass meine Kunden ihr Budget nicht nur für meines, sondern auch für alle anderen Produkte anhoben, und ich meinen Vertrag um ein weiteres Jahr verlängert bekam.

d. ***Fragen Sie, wie es weitergeht.*** Haben Sie einen Auftrag nicht bekommen, sollten Sie sich die Gründe, die gegen Ihr Angebot sprachen, eine Lehre sein lassen. Beim nächsten Mal – so es denn ein nächstes Mal gibt – können Sie dann besser argumentieren.

Strategien, wie Sie zum Abschluss kommen

1. *Seien Sie direkt und fragen Sie nach den genauen Bedingungen*

Fragen Sie: „Kriege ich den Auftrag?“ Falls Sie darauf eine ausweichende Antwort erhalten, erkundigen Sie sich nach den Einzelheiten, die noch zu klären wären. Gibt es einen festen Termin, zu dem der Abschluss unter Dach und Fach sein muss? Wer sonst hat mitzuentscheiden? Mit wem sollten Sie noch sprechen? Gehen Sie nicht, bevor nicht alle Details besprochen sind.

2. *Wenn die Kundin Ihnen sagt, sie wird kaufen, bitten Sie um eine genaue Erklärung*

Ich weiß, wie blöde das klingt, aber als Verkäufer bekommen wir wirklich oft zu hören, „Ja, keine Sorge. Ich werde selbstverständlich mit Ihnen abschließen“, und wir gehen dann davon aus, dass wir die Einzelheiten später klären werden. Mit dieser Kundin können Sie das Risiko nicht eingehen. Fragen Sie, wann der Auftrag kommt, in welcher Größenordnung und so weiter.

3. Sobald Sie zum wirklichen Verkaufsgespräch vorgedrungen sind, gehen Sie das Ganze wie eine normale Verkaufsverhandlung an

Sowie sich der Bühnennebel verzogen hat und Sie zum echten Verkaufsgespräch vorgedrungen sind, können Sie mit diesen Kunden genauso verfahren wie mit den weniger problematischen. Die Abschlussmodalitäten lassen sich jetzt meist zügig klären. Der Trick besteht nämlich einzig darin, die Nebelfront zu überwinden.

6 *Der Kunde, der:*
sich über alles und jedes beschwert

Aus der Umfrage:

Haben Sie mit solchen Kunden zu tun?

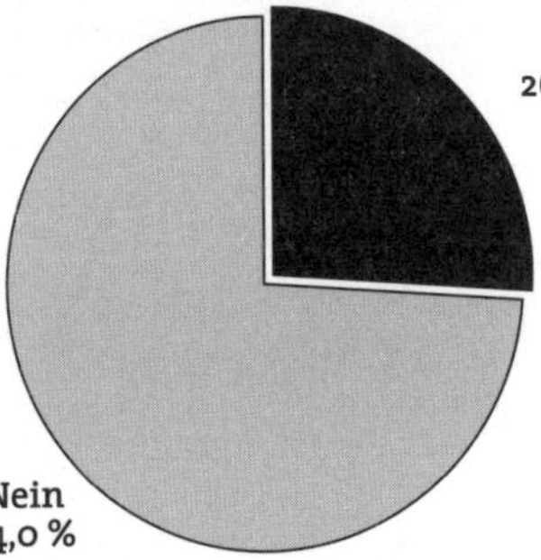

Fällt Ihnen der Umgang mit solchen Kunden schwer?

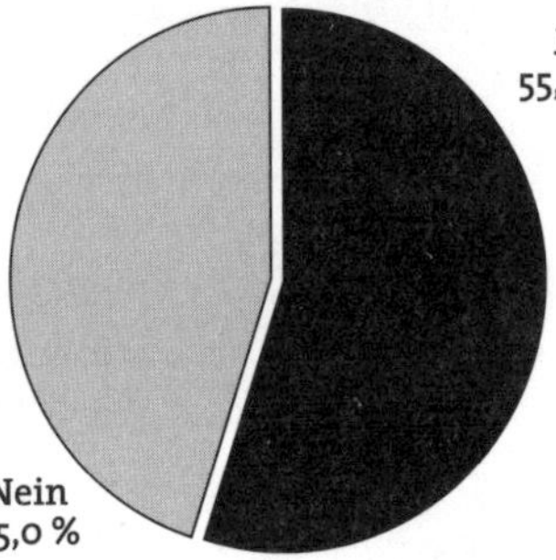

„Lächeln, zuhören und fragen, ‚Gibt es etwas, das ich jetzt gleich tun kann, um Ihnen zu helfen?'"

Unternehmensleiter, Marktforschungsservice,
Minneapolis, Minn.

Von Zeit zu Zeit hat jeder Ihrer Kunden einen Grund, sich über irgendetwas zu beschweren. Diese Kunden jedoch beklagen sich dauernd und über alles. Nichts scheint ihnen gut genug, und was immer Sie sagen, wird von ihnen ins Gegenteil verkehrt und Ihnen direkt wieder vorgehalten. Nach einer Weile graut Ihnen davor, so einen Kunden überhaupt noch zu sprechen. Jede Kleinigkeit wird bei ihm zu einem Riesenproblem.

Stolpersteine

1. *Sie stimmen dem Nörgler zu, dass die Beschwerden über Ihr Unternehmen und Ihr Produkt berechtigt sind*

Die meisten Nörgler beklagen sich über Ihre Produkte und erwarten dann, dass Sie ihnen Recht geben. Das kann ziemlich verlockend sein. Ihre Zustimmung würde das Verhältnis zu dem Kunden verbessern, was in Ihnen natürlich die Illusion wachruft, Sie könnten auf diese Weise einen weiteren Auftrag von ihm bekommen. Pflichten Sie ihm aber bei, machen Sie sich de facto seine negative Einstellung gegenüber Ihrem Produkt zu Eigen. Das wiederum dürfen Sie auf keinen Fall tun, denn Ihre Unterstützung seiner dauernden Klagen entwertet das Produkt, das Sie verkaufen. Ich habe schon mit Nörglern zu tun gehabt, die so versiert waren, dass sie zielstrebig die Schwächen meines Produktes herauspickten und nur noch darüber sprechen wollten. Doch wenn Sie mit Leuten zusammensitzen, mit denen Sie sich ausschließlich über die Schwachstellen Ihres Angebots unterhalten, bringt Sie das einem Abschluss keinen Schritt näher.

2. *Die dauernden Beschwerden für ernst gemeint halten*

Im Privatleben drückt jemand, der sich bei Ihnen über etwas beschwert, damit echte Gefühle aus. Im Geschäftsleben allerdings werden Beschwerden gezielt eingesetzt, um Ihre Position als Verkäufer zu schwächen und Sie auf diese Weise dazu zu bringen, einen günstigeren Preis anzubieten oder auf bestimmte Vertragsbedingungen zu verzichten. Im Geschäft sollten Sie Beschwerden eher als Verhandlungstaktik ansehen denn als echte Kritik.

Verkaufsstrategien

1. *Lassen Sie den Nörgler für sich arbeiten*

Ein guter Nörgler kann Ihnen sehr nützlich sein, wenn Sie ihn richtig einzusetzen wissen. Diese Sorte Kunde beschwert sich wirklich über alles. Und Sie können ihn für sich arbeiten lassen. Wählen Sie eine mehr oder minder taktvolle Methode, um das Gespräch auf die Konkurrenz zu lenken. Wenn Ihnen das gelingt, können Sie wertvolle Informationen über die Schwachpunkte des Konkurrenzprodukts erhalten, wie sie sich aus der Warte des potenziellen Käufers darstellen. Ein guter Nörgler kann Ihnen wertvolle Hinweise geben, wie Sie in einem heiß umkämpften Markt überleben. Und fragen Sie ihn unbedingt nach seiner Arbeit. Sein Nörgeln über Kollegen und Vorgesetzte verschafft Ihnen einen guten Einblick in die Unternehmenspolitik, und Sie erfahren, ob er unter dem Druck steht, bestimmte Produkte zu bestimmten Konditionen kaufen zu müssen. Meist dauert es eine Weile, bis ein Nörgler genug Vertrauen zu Ihnen gefasst hat, um sich bei Ihnen über die Konkurrenz oder die eigene Firma zu beschweren. Ist es aber erst einmal so weit, lohnt sich die Zeit, die Sie in das Gespräch mit ihm investieren, ganz gewiss. Nörgler finden sich in allen Branchen, und normalerweise können sie es gar nicht abwarten, vor Ihnen über die Schwächen des Konkurrenzprodukts herzuziehen. Sie sind mit die wertvollsten Informationsquellen, die Sie bekommen können – vorausgesetzt Sie verstehen sich darauf, diese Kunden richtig zu behandeln.

2. *Kontern Sie im Scherz*

Bei den meisten Nörglern gehört Meckern und Klagen zum persönlichen Stil und hat nichts mit der Firmenpolitik zu tun. Sie können sich ihren Respekt verdienen, indem Sie entsprechend kontern. Dafür sollten Sie Ihr Gegenüber allerdings schon etwas besser kennen, denn wenn Sie sich im Ton vergreifen, kann das böse ausgehen.

Nörgler: „Ich habe gerade eben Ihre letzte Lieferung bekommen. Ist es glatt bei Ihnen oder warum brauchen die Jungs in Ihrem Lager eine Ewigkeit, um die Sachen bis zur Tür zu karren?"

Antwort: „Das müssen ausgerechnet Sie sagen! Wann waren Sie denn das letzte Mal pünktlich? Zu unserem Mittagessen neulich kamen Sie eine glatte halbe Stunde zu spät."

Ich weiß, dass solche Dialoge in geschriebener Form nicht besonders spritzig wirken, weil das Augenzwinkern fehlt, doch ungefähr so sollten Sie es sich vorstellen. Im echten Leben jedenfalls kann es prima funktionieren – natürlich immer mit der Maßgabe, dass Sie Ihren Kunden gut kennen.

3. Fragen Sie sich: „Was genau erwartet er eigentlich von mir?“

Ich habe schon mit vielen Nörglern Geschäfte gemacht, die alles andere als abschlussfreudig waren. Diese Leute denken – aus welchen Gründen auch immer – niemand würde ihnen wirklich zuhören, weshalb sie jede Kleinigkeit maßlos übertreiben. Wer diesen Kunden etwas verkaufen will, muss eine Beziehung zu ihnen aufbauen, in der sie das Gefühl haben, ernst genommen zu werden. Normalerweise brauchen sie mehr Aufmerksamkeit und weniger reines „Verkaufen“. Ihr Job besteht also eher darin, das Vertrauen der Kunden zu gewinnen statt konkrete Vorbehalte auszuräumen. Wollen Sie einem Nörgler etwas verkaufen, müssen Sie ein Gespür dafür entwickeln, was sich hinter ihren dauernden Beschwerden verbirgt, und darauf entsprechend reagieren. Häufig signalisieren sie mit ihren Klagen „Sie hören mir nicht zu“ oder „Sie nehmen mich nicht ernst“.

4. Passen Sie die Kundenbeziehung den Gegebenheiten an

Als Verkäufer suchen Sie sich Ihre Kunden nicht aus. Einen Nörgler müssen Sie nehmen können wie er ist. Nörgeln ist Teil seiner Persönlichkeit und entsprechend wirkt es sich auf Ihre Verkäufer-Käufer-Beziehung aus. Nun können Sie zwar den Menschen nicht ändern, der Ihnen gegenübersitzt, aber durchaus die Kundenbeziehung, die Sie zu ihm haben. Werden Sie also mal wieder mit einer nicht enden wollenden Flut von Beschwerden bombardiert, müssen Sie eventuell überlegen, Ihr Verhalten grundlegend zu verändern. Gaben Sie sich bisher eher zurückhaltend, sollten Sie vielleicht selbstbewusster auftreten. Manche Nörgler interpretieren Zurückhaltung als Zeichen von Schwäche und überhäufen Sie mit Klagen, um Ihre Belastbarkeit zu testen. Traten Sie bislang eher forsch auf, versuchen Sie es mal mit etwas sanfteren Tönen. Einige Nörgler kommen nämlich nach außen wie Choleriker daher, sind im Grunde aber sehr unsichere Menschen, die sich von Ihrem forschen Auftreten eingeschüchtert fühlen. Das wiederum hat zur Folge, dass sie zum Gegenangriff ansetzen, indem sie sich immer noch mehr beschweren. Die beste Methode, Ihre Kundenbeziehung zum Nörgler zu ändern, ist allerdings nicht die, das eigene Verhalten zu ändern, sondern sich vor allem in das Gegenüber hineinzuversetzen und zu versuchen, seine Sichtweise zu verstehen. Gelingt es Ihnen, Ihren Kunden wirklich zu verstehen, seine echten von vorgeschobenen Beschwerden zu unterscheiden und zwischen berechtigten Vorwürfen und dem Heischen um Aufmerksamkeit zu differenzieren, dann befinden Sie sich in einer starken Position und können die Kundenbeziehung nachhaltig verbessern. Verstehen kostet jedoch Zeit, und manchmal haben Sie vielleicht nicht die Zeit, sich richtig mit Ihrem Kunden vertraut zu machen. Versierte Verkäufer erkennen intuitiv, mit wem sie es zu tun haben. Solche Dinge lernt man aus Erfahrung.

5. *Lieben Sie ihn*

Ich habe festgestellt, dass Nörgler, mit denen man sich anfreundet, häufig das Nörgeln aufgeben. Manche Beschwerden sagen nichts anders aus als: „Ich habe noch nie bei Ihnen gekauft, und ich versuche, Sie auf Distanz zu halten und keine Geschäfte mit Ihnen zu machen." Ignorieren Sie die Klagen und verhalten Sie sich betont nett und freundlich. Sagen Sie beispielsweise: „Ich verstehe Ihre Einwände und finde sie durchaus berechtigt. Vielleicht können wir uns mal zusammensetzen und uns ausführlicher darüber unterhalten. Was halten Sie von einem Mittagessen?" Sie werden wahrscheinlich überrascht sein, wie viel Sie mit einem persönlicheren Ton erreichen können.

6. *Trennen Sie berechtigte Vorwürfe von solchen, mit denen man Sie bloß in die Defensive zwingen will*

Erfahrene Verkäufer tun dies rein intuitiv. Falls Sie darüber zuvor noch nicht nachgedacht haben, sollten Sie sich folgende Fragen stellen: „Was bezweckt er mit diesem Verhalten bei mir? Ist er vollkommen wahnsinnig oder nur ein bisschen verrückt?" Na gut, Ihr Kunde zwingt Sie in die Defensive. Er macht Sie wahnsinnig mit seinen dauernden Beschwerden über jede Kleinigkeit. In den meisten Fällen will er Sie damit lediglich verpflichten, sich persönlich darum zu kümmern, dass sein Auftrag perfekt ausgeführt wird. Vielleicht ist er ein Perfektionist, der hohe Ansprüche an sich selbst stellt und diese einfach auf Sie überträgt. In dem Fall sollten Sie wirklich dafür sorgen, dass sämtliche Auftragsdetails genauestens beachtet werden. Die andere Möglichkeit wäre, dass er tatsächlich nur verrückt ist. Manche Unternehmen stecken Mitarbeiter, die unkündbar sind, aber schlecht mit anderen zusammenarbeiten können, in den Einkauf. Es ist kein Geheimnis, dass Verkaufen weit schwieriger ist als Kaufen, deshalb werden Einkäuferposten häufig an Leute vergeben, die man aus politischen oder familiären Gründen unmöglich entlassen kann. Sollte das auf Ihren Nörgler zutreffen, haben Sie es möglicherweise auch noch mit jemandem zu tun, der gar nicht autorisiert ist. Dann sollten Sie nochmals Kapitel 4 lesen. Eine weitere Frage, die Sie sich stellen müssen, lautet: „Ist dieser Nörgler jemand, der Verträge bricht?" Nach einer gewissen Zeit sollten Sie sich in Ihrer Branche gut genug auskennen, um die Verhaltensmuster der Kunden zu durchschauen. Hören sich die Beschwerden echt an oder will man Ihnen bloß mal wieder den Marsch blasen? Im Folgenden finden Sie ein paar Tipps, wie sie berechtigte Klagen von willkürlichen unterscheiden können.

a. ***Fragen Sie einfach.*** Sagen Sie zu Ihrem Kunden: „Ich bin froh, dass Sie mich darauf ansprechen. Ist Ihnen dieser Punkt besonders wichtig oder haben Sie lediglich den Eindruck, dass ich es wissen sollte?"

b. ***Bitten Sie den Kunden, die Beschwerde schriftlich einzureichen.*** Falls Sie nicht sicher sind, wie ernst zu nehmen die Beschwerde ist, sie aber unter Umständen durchaus für gewichtig halten, bitten Sie Ihren Kunden, sich die Mühe zu machen, sie schriftlich an Ihr Unternehmen weiterzugeben. Vor einem Verkäufer zu toben ist einfach, und einen kurzen Brief zu diktieren dürfte auch keine große Arbeit sein. Bei ungefähr einem halben Dutzend Kunden von mir hörten sich die Beschwerden an, als ginge es um Leben und Tod. Also bat ich sie, direkt an meinen Boss zu schreiben. Kein einziger Brief kam, aber dafür war meine Beziehung zu dem Kunden gewissermaßen „bereinigt". Wann immer das Thema wieder aufkam, fragte ich einfach: „Hatten Sie damals eigentlich an meinen Boss geschrieben?", und sofort war die Sache vom Tisch.

c. ***Fragen Sie, ob Ihr Kunde sofort kaufen würde, wenn die Beschwerdegründe ausgeräumt sind.*** Bejaht er und gibt Ihnen eine mündliche Zusage, handelt es sich wahrscheinlich wirklich um etwas, um das Sie sich kümmern sollten. Weicht er jedoch aus und windet sich, haben Sie es mit blanker Willkür zu tun.

7. Spielen Sie die Beschwerde herunter

Nörgler können begnadet verhandeln. Ich habe schon welche erlebt, die sich auf einen bestimmten Schwachpunkt meines Produktes einschossen und endlos daran herummäkelten, um mir die tollsten Zugeständnisse zu entlocken. Wenn Sie Ihren Job gut machen, und Sie wissen, worüber Sie reden, können Sie ihre Beschwerden nicht einfach ignorieren. Sie können Produktschwächen nicht übergehen, ohne dabei Ihre Glaubwürdigkeit zu verlieren. Also sollten Sie sie besser herunterspielen, indem Sie zum Beispiel sagen: „Stimmt, unser Produkt ist ein bisschen größer und klobiger als das der Konkurrenz. Aber welche Rolle spielt das im täglichen Arbeitsablauf?" Sie können nicht leugnen, dass Ihr Produkt irgendwelche Schwächen aufweist, doch Sie können deren Wichtigkeit infrage stellen.

8. Fragen Sie sich, ob Ihr Kunde eventuell wegen einer anderen Sache aufgebracht ist

Ich hatte einmal einen Kunden, der aus heiterem Himmel anfing, sich über alles und jedes zu beschweren. Zunächst ging ich auf sämtliche Beschwerden ein und investierte viel Zeit und Mühe, um mich jeder einzelnen anzunehmen. Nach einer Weile jedoch stellte ich fest, dass sich unsere Geschäftsbeziehung verändert hatte, auch wenn mir nicht klar war, was genau anders war. Solche Dinge lassen sich am Telefon meist schlecht ergründen. Erst als ich den Kunden zum Essen einlud und unsere Unterhaltung vom Geschäftlichen zu persönlicheren Themen wechselte, erfuhr ich Näheres. „Wissen Sie, Josh, ich würde gern mit Ihnen über etwas sprechen, dass mir schon ziemlich lange auf dem Magen liegt. Sie erinnern sich doch an die kleine Panne vor drei Monaten? Sie haben uns damals einen Rabatt auf unsere nächste Bestellung gegeben. Nun denken in meiner Firma viele Leute, Ihre Firma wäre ziemlich billig davongekommen, und seitdem stehe ich permanent unter dem Druck, mehr Druck auf Sie ausüben zu müssen." Wenn Sie einen guten Kunden haben, der plötzlich zu einem Nörgler wird, halten Sie einen Moment inne und überlegen Sie, was in Ihrer Beziehung zu ihm vorgefallen ist, das die Dinge verändert haben könnte. Manchmal wirken Probleme, die offiziell als gelöst gelten, noch Monate nach. Ihr Job ist es in solchen Fällen, den Psychoanalytiker zu spielen und zu erkennen, welche Gefühle Ihren Kunden bewegen.

9. Fragen Sie sich, ob Sie es möglicherweise mit einem Telefonnörgler zu tun haben

Ich hatte im Laufe der Jahre zahlreiche Kunden, die am Telefon entsetzliche Nörgler waren, sich von Angesicht zu Angesicht aber wie wahre Gentlemen benahmen. So verrückt es auch klingen mag: Am Telefon ist es viel einfacher, sich bei jemandem zu beschweren, als wenn man ihm gegenübersitzt. Telefonate sind unpersönlicher. Am Telefon ist es leichter, jemanden harsch anzufahren und aufzulegen. Im persönlichen Gespräch fällt das schon deutlich schwerer. Bei einigen

Kunden sind die Beschwerden wie weggeblasen, sobald man vor ihnen steht. Haben Sie mit dieser besonderen Sorte von Nörglern zu tun, sollten Sie unbedingt darauf achten, wichtige Verhandlungen ausschließlich vor Ort zu führen. Benutzen Sie das Telefon lediglich, um Termine abzusprechen.

10. Sollten die Beschwerden anhalten und Sie sich dabei zusehends unwohl fühlen, probieren Sie eine der folgenden Methoden aus:

a. Ignorieren Sie sie.

b. Hören Sie sich die Beschwerden an und erwähnen Sie, in welch schwierige Position Sie der Kunde bringt. „Ich verstehe ja, was Sie meinen und dass Sie verärgert sind. Es ist richtig von Ihnen, mir das zu erzählen, und ich werde es umgehend an die Firmenleitung weitergeben. Aber Sie begreifen sicher auch, dass Sie mich damit in eine unglückliche Position bringen. Ich repräsentiere dieses Unternehmen, und ich gefährde meine Stellung, wenn ich Ihnen zustimme oder diese Unterhaltung fortsetze. Natürlich möchte ich gern mit Ihnen Geschäfte machen, doch sehen Sie bitte ein, in welche Lage Sie mich bringen."

c. Bitten Sie offen darum, aus bestimmten Diskussionen herausgehalten zu werden. Sollte Plan „B" versagen, müssen Sie deutlicher werden. „Ich schätze Ihre Offenheit und habe mir Ihre Beschwerde notiert. Allerdings möchte ich mich nicht in diese Diskussion einmischen, da sie sich schlecht mit meiner Stellung als Repräsentant meiner Firma vereinbaren ließe. Selbstverständlich werde ich die Angelegenheit an die entsprechenden Stellen weiterleiten. Mehr kann ich leider nicht für Sie tun, und ich würde es zu schätzen wissen, wenn Sie mich zukünftig aus dieser Diskussion heraushalten. Danke."

d. Falls immer wieder dieselben Beschwerden kommen, müssen Sie ebenfalls den Papageien spielen und darauf hinweisen, dass Sie über diese Punkte bereits informiert wurden.

Strategien, wie Sie zum Abschluss kommen

Obwohl Nörgler meist anstrengende Menschen sind, wenn man mit ihnen zusammenleben muss, ist der Umgang mit ihnen als Verhandlungspartner oft unkompliziert. Sie haben wenigstens kein Problem damit, ihre Vorbehalte offen zu äußern. Sehen Sie die Klagen des Nörglers als Vorbehalte, die Sie aus dem Weg räumen und so zum Abschluss zu kommen.

1. *Sagen Sie: „Ich verstehe, was Ihre Sorge ist. Wenn wir dieses Problem ausschließen könnten, würden Sie dann kaufen?“*

Bejaht Ihr Kunde, müssen Sie nur noch das Problem beseitigen und haben den Abschluss.

2. *Lenken Sie die Aufmerksamkeit für einen Moment auf die Konkurrenz*

Beklagen Sie sich gemeinsam mit Ihrem Kunden über die Schwachstellen der Konkurrenz. Dann bitten Sie um einen Auftrag für Ihr Produkt.

3. *Finden Sie heraus, was wirkliche Probleme machen kann, und korrigieren Sie diese Punkte*

Sie müssen nicht nur die Probleme beseitigen, die Ihr Kunde benennt, sondern auch solche ansprechen, die er möglicherweise noch nicht entdeckt hat. Im Grunde tun Sie damit nichts anderes, als den Nörgler im Nörgeln noch zu übertreffen. Anschließend bitten Sie um den Auftrag. Im Normalfall werden Sie ihn ohne weiteres bekommen.

7

Der Kunde, der:

sagt, „Das gibt unser Budget nicht her“

Aus der Umfrage:

Haben Sie mit solchen Kunden zu tun?

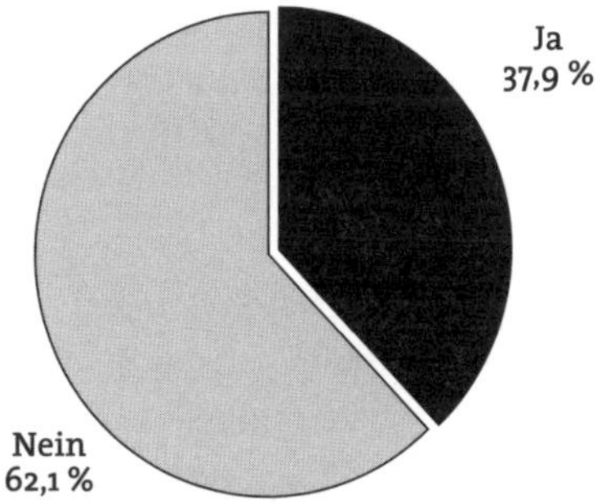

Fällt Ihnen der Umgang mit solchen Kunden schwer?

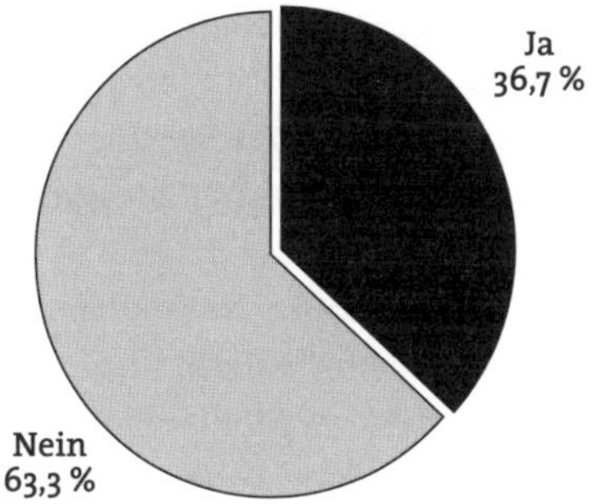

„Man steckt jede Menge Arbeit in das Projekt und dann wird es doch nur abgelehnt.“

Verkaufs- und Marketingmanager, Fernsehtechnik, Toronto, Ont.

Diesen Kunden brauche ich nicht ausführlicher darzustellen. Er beschreibt sich selbst hervorragend mit seinen berühmten Worten: „Tut mir Leid, aber in meinem Budget fehlen die Mittel, Ihr Produkt zu kaufen.“ Aber auch wenn man ihn auf Anhieb erkennt, lässt er sich schwer in eine bestimmte Kategorie einsortieren. Es kann viele Gründe geben, weshalb er in seinem Budget kein Geld für Ihr Projekt hat. Bevor Sie ihm also irgendetwas verkaufen können, müssen Sie herausfinden, welche Art von Kein-Geld-Kunden Sie vor sich haben. Sicher geht er davon aus, dass in dem Moment, da er mit dem Kein-Geld-Argument kommt, das Gespräch mit Ihnen beendet ist. In Wahrheit aber fängt Ihr Job jetzt gerade erst an.

Stolpersteine

1. *Das Kein-Geld-Argument für bare Münze nehmen*

Meiner Erfahrung nach können Sie bei höchstens zwanzig Prozent der Leute, die diesen Satz sagen, davon ausgehen, dass sie Ihnen tatsächlich erzählen wollen, das Budget des laufenden wie des kommenden Jahres wäre erschöpft. Die meisten aber meinen in Wahrheit etwas ganz anderes. Es gibt die verschiedensten Gründe, weshalb kein Geld für Ihr Produkt da sein kann. Sobald Sie hören, das Geld wäre nicht da, sollten Sie sofort nachhaken und ein paar Fragen stellen, anhand derer Sie die Situation besser einschätzen können. Im Folgenden finden Sie vier Fragen, mit denen Sie eine nähere Begründung des Einwands einfordern, auf die Sie dann entsprechend reagieren können:

a. ***Fragen Sie Ihren Kunden: „Kaufen Sie das Produkt momentan bei jemand anderem?“*** Falls er bejaht, geht es hier nicht wirklich um das Budget. Verstehen Sie? Momentan ist kein Geld im Budget, um Ihr Produkt zu kaufen, für das Ihres Konkurrenten aber durchaus. Ihre Aufgabe besteht nun darin, gegen die Konkurrenz zu bieten und dafür zu sorgen, dass die vorhandenen Mittel für Ihr Produkt und nicht für das der Konkurrenz aufgewandt werden. Lesen Sie dazu Kapitel 10.

b. ***Fragen Sie Ihren Kunden: „Was kann ich tun, um Sie davon zu überzeugen, dass Sie unser Produkt testen sollten?“*** Antwortet er Ihnen daraufhin in Richtung: „Bieten Sie mir einen Preis, der für mich den Test lohnenswert macht“, dann ist hier weniger das Budget Thema als das richtige Angebot. In diesem Fall ist der Kein-Geld-Einwand ein Verhandlungstrick, um einen besseren Preis herauszuholen. Über den Umgang mit Preiskillern erfahren Sie mehr im Kapitel 1.

c. ***Fragen Sie Ihren Kunden: „Sehen Sie in Zukunft Verwendung für mein Produkt in Ihrem Geschäft?“ oder „Planen Sie, zukünftig Produkte wie meines zu kaufen?“*** Wenn er für Ihr Produkt keine Zukunft sieht, hat er noch nicht verstanden, welchen Nutzen es ihm bringen kann. Das hat nichts mit dem Budget zu tun, sondern er ist einfach nicht von dem Produkt überzeugt. Stellen Sie ein paar weitere Fragen, um herauszufinden, ob Ihr Produkt wirklich seinen Bedürfnissen gerecht wird. Dann beginnen Sie wieder bei „Los" und versuchen, ihm Ihr Produkt zu verkaufen.

d. ***Fragen Sie sich: „Kann sich dieses Unternehmen überhaupt leisten, was ich verkaufe?"*** Bei der Neukundenwerbung kann es Ihnen passieren, dass Sie ein Unternehmen irrtümlich für viel versprechend halten. Wenn Ihnen diese Kunden sagen, sie hätten kein Geld, dann deshalb, weil es wirklich so ist oder weil sie für Ihr Produkt keine Verwendung haben. Auch hier geht es eigentlich nicht ums Budget, sondern um die Größe beziehungsweise den Bedarf des Unternehmens. Mit solchen Kunden können Sie wertvolle Zeit verschwenden, wenn sie Ihnen nicht gleich zu Anfang erklären, dass sie zu klein sind oder Ihr Produkt nicht brauchen.

2. *Einen Preisnachlass anbieten, wenn Sie hören, es wäre kein Geld mehr da*

Wie bereits oben erwähnt, gibt es eine Menge Gründe, die sich hinter dem Kein-Geld-Argument verbergen können. Vielleicht beabsichtigt Ihr Gegenüber damit, Ihnen einen Rabatt zu entlocken, vielleicht aber auch nicht. Das Problem bei voreiligen Preiszugeständnissen ist, dass Ihr Kunde sie nun von Ihnen erwartet, obwohl er eventuell zum Normalpreis gekauft hätte. Finden Sie heraus, ob es tatsächlich um Kosten oder eher um das richtige Timing geht. Möglicherweise spielt beides eine Rolle, doch falls nur das Timing ungünstig ist, haben Sie ihm Zugeständnisse gemacht, die Sie nicht hätten machen müssen. Sinnvoller ist es allemal, zuerst zu ergründen, mit welcher Art Kein-Geld-Kunden Sie es zu tun haben.

3. *Ein Prestige verkaufen wollen*

Manche Kunden, die gleich mit dem Kein-Geld-Argument kommen, haben echte Erbsenzählerqualitäten. Für den Erbsenzähler ist „Kein Geld" ein allzeit gern angebrachter Einwand gegen jedwedes Angebot. Ihm ein bestimmtes Prestige verkaufen zu wollen, kann ein ausgesprochen frustrierendes Erlebnis sein. Viele Kunden streben danach, das Beste vom Besten zu kaufen, aber nicht der Erbsenzähler. Für ihn geht es ausschließlich um Zahlen und Fakten. Der fantastische Ruf Ihres Unternehmens ist ihm herzlich egal.

Verkaufsstrategien

1. *Heben Sie den finanziellen Nutzen Ihres Produktes hervor*

Sollten Sie niedrigere Preise anbieten als die Konkurrenz, liegt der finanzielle Vorteil auf der Hand. Sie können einfach einen Block und einen Stift nehmen und dem Kunden in Zahlen vorrechnen, was er spart, wenn er bei Ihnen kauft. Was aber, wenn Ihr Produkt nicht das günstigste ist? Dann müssen Sie bei diesem Kunden hieb- und stichfeste Beweise dafür liefern, dass ihm trotzdem ein finanzieller Nutzen entsteht.

- Kann Ihr Produkt etwas schneller, dann beschreiben Sie anhand einer typischen Arbeitssituation, wie viel Geld er durch schnellere Abläufe einsparen kann.
- Ist Ihr Produkt qualitativ anderen überlegen und deshalb haltbarer, müssen Sie in Zahlen nachweisen, welche Einsparungen sich aus der längeren Haltbarkeit ergeben.
- Ist Ihr Produkt „zukunftssicher", kann also neuen Technologien angepasst werden, fragen Sie ihn, mit welchen Kosten er wohl rechnen muss, wenn er zukünftige Technologien nicht so reibungslos einsetzen kann.
- Stellt Ihr Produkt eine neue potenzielle Umsatzquelle dar, sollten Sie in Zahlen darlegen können, welchen Zugewinn es dem Kunden bringen kann.

2. *Gehen Sie auf die Zeitkomponente ein*

Bezieht sich der Kein-Geld-Einwand in erster Linie auf das Timing, müssen Sie diesen Punkt klären. Fragen Sie: „Wann wird Ihnen das Budget fürs nächste Jahr vorliegen?" oder „Wann werden Sie das Budget fürs kommende Jahr verplanen?" Sobald Sie wissen, wann Ihr Kunde sein Geld bekommen wird, planen Sie mit Blick auf diesen Zeitpunkt. Rechnen Sie damit, dass Ihre Konkurrenten sich ebenso eifrig wie Sie um das Budget bemühen werden. Daher sollten Sie versuchen, möglichst viele Vertragspunkte zu klären, bevor der Rest der Meute einfällt. Falls Sie bislang noch nicht mit dem Kunden gearbeitet haben, müssen Sie davon ausgehen, dass Ihre Konkurrenz ein ganzes Jahr Zeit hatte, ihre Präsenz zu stärken. Außerdem hat Ihr Kunde möglicherweise in dem Moment, da sein Budget frei wird, mehrere wichtige Entscheidungen gleichzeitig zu treffen. Dann könnten Sie in der Menge untergehen. Zur Party zu gehen bedeutet eben noch lange nicht, dass man auch zum Tanz aufgefordert wird.

3. *Schlagen Sie einen Testlauf vor*

Der nächste Budgetzyklus beginnt vielleicht erst in sechs Monaten, aber warum fragen Sie Ihren Kunden nicht einfach: „Haben Sie eventuell ein bisschen Geld übrig, um einen Testlauf zu machen?" Erzählen Sie ihm, Sie verstünden, dass momentan kein Geld da ist, doch bevor er die Mittel bekommt und sich entscheiden muss, könnte er sich von der Qualität Ihres Produktes überzeugen. Wenn er feststellt, dass es so gut ist, wie Sie sagen, könnte sein Unternehmen davon enorm profitieren. Was also spräche dagegen, jetzt ein bisschen Geld für einen Testlauf auszugeben?

4. *Helfen Sie Ihrem Kunden, Geld aufzutreiben*

Sobald Sie Ihrem Kunden den Wert Ihres Produktes verkauft haben, könnten Sie ihm Ihre Hilfe anbieten, was die Beschaffung der finanziellen Mittel angeht. In dieser Phase sollten Sie sensibel sein und als Berater statt als Verkäufer agieren. Andernfalls wird Ihr Kunde kaum gewillt sein, Ihnen Einblick in die Arbeitsweise seiner Firma zu gewähren. Es ist ausgesprochen schwierig, diese Form der Arbeitsbeziehung zu einem Käufer aufzubauen. Sie müssen sich mit der Tätigkeit seines Unternehmens auseinander setzen, sein Vertrauen gewinnen und ein Verhältnis zu ihm entwickeln, in dem er sich von Ihnen abhängig fühlt oder zumindest viel auf das gibt, was Sie sagen und tun. Falls Ihnen das gelungen ist, können Sie ihm folgende Fragen stellen: „Kann man den Budgetanteil für Produkte wie unseres erhöhen?" Fragen Sie ihn auch, welche Informationen er von Ihnen gebrauchen könnte, um eine solche Erhöhung durchzusetzen. In diesem Zusammenhang ist es hilfreich, wenn Sie ihm erzählen können, wie andere Firmen Ihr Produkt Gewinn bringend eingesetzt haben.

- Fragen Sie zum Jahresende: „Haben Sie in Ihrem Budget noch Geld übrig?"
- Fragen Sie: „Kann das Geld für mein Produkt eventuell aus einem anderen Topf genommen werden?" Wissen Sie über das Unternehmen Ihres Kunden gut Bescheid, können Sie ihm vorschlagen, wie sich die Mittel umverteilen lassen.
- Fragen Sie: „Lassen sich die Mittel für mein Produkt aus dem Budgetpos-

ten nehmen, der für ein ähnliches Produkt der Konkurrenz vorgesehen ist?" Lesen Sie hierzu auch Kapitel 10.

- Fragen Sie: „Können Sie irgendwo anders Geld einsparen, um es für mein Produkt zu verwenden?" Auch hier gilt, dass Sie einiges über das Geschäft Ihres Kunden wissen müssen.
- Fragen Sie: „Sollen wir Ihnen die Rechnung vielleicht erst später schicken?" Behindert nur das Timing den Abschluss, schlagen Sie Ihrem Kunden eine spätere Rechnungsstellung vor. Befindet das Unternehmen sich gerade am Ende eines Geschäftsjahres und akzeptiert eine solche Lösung, sollten Sie die Möglichkeit prüfen, inwieweit der Käufer vor Freigabe über das nächste Budget verfügen kann.

5. *Bieten Sie eine finanzielle Garantie an*

Zögert der Kunde, weil er noch nicht von Ihrem Produkt überzeugt ist, kann das Angebot einer finanziellen Garantie hilfreich sein. Falls der betreffende Kunde sein Budget mit Argusaugen überwacht, wird er sich vielleicht eher zum Kauf bewegen lassen, wenn Sie ihm versprechen, dass ihm im Falle ausbleibenden Erfolges keine Kosten entstehen.

6. *Setzen Sie beim Erbsenzähler auf Psychologie*

Der Erbsenzähler ist ein einmaliges psychologisches Phänomen. Er sieht aus, als käme er direkt von einer Schauspieleragentur, bei der ein Buchhalter geordert wurde, und landete dann versehentlich im Einkauf – Ihnen gegenüber. Ich habe mir zu diesem Kunden folgende Gedanken gemacht:

- ***Stellen Sie sich auf ein sachlich-nüchternes Gespräch ein.*** Von „Beziehung" kann hier eigentlich keine Rede sein, sondern eher von Zahlen, Zahlen, Zahlen. Begrenzen Sie den freundlichen Austausch von Nebensächlichkeiten auf ein Minimum, halten Sie alles Persönliche zurück und kommen Sie möglichst ohne Umwege zur Sache. Ich habe festgestellt, dass Erbsenzähler sehr praktische Denker sind. Ihnen ein abstraktes Konzept zu verkaufen, ist so gut wie unmöglich. Normalerweise reagieren solche Kunden ausgesprochen positiv auf alle Produkte und Angebote, bei denen sie Geld *sparen*. Weit schwieriger wird es hingegen, ihnen etwas zu verkaufen, mit dem sie Geld *verdienen* können. Erbsenzähler leben ganz im Hier und

Jetzt: „So sieht unsere Kalkulation gegenwärtig aus. Wenn ich an dieser Stelle zehn Prozent kürze, wie sieht sie dann aus?" Sie haben allerdings ein echtes Problem damit, sich auszumalen, wie ihre Kalkulation im nächsten Jahr aussehen könnte, wenn Ihr Produkt eingesetzt wird und damit ein nicht hundertprozentig vorauszuberechnender Umsatzzuwachs eintritt. Bleiben Sie also so konkret wie möglich. Haben Sie ein Produkt, das Sie vorführen können, tun Sie es unbedingt.

Strategien, wie Sie zum Abschluss kommen

1. *Sprechen Sie übers Geld*

Das ist die Sprache, die diese Kunden verstehen. Für sie dreht sich alles ums Geld. Am besten stützen Sie sich auf eine der folgenden zwei einfachen Fragen: a) Wie können wir Geld sparen? oder b) Wie sorgen wir dafür, dass Sie mehr Geld verdienen?

2. *Schreiben Sie die Zahlen auf*

Erstellen Sie ein Angebot, in dem Sie konkrete Zahlen nennen. Sagen Sie Ihrem Kunden, auf was genau sich sein finanzieller Vorteil beläuft. Zeigen Sie ihm, „Das genau wird es Sie kosten, mein Produkt zu kaufen" und „Das wird Ihr finanzieller Nutzen sein", und bitten Sie dann um den Auftrag. Normalerweise lautet die Antwort darauf: „Gut, wir werden uns die Zahlen ansehen müssen. Und wenn sie uns überzeugen, kommen wir ins Geschäft."

8 *Der Kunde, der:* unentschlossen ist

Aus der Umfrage

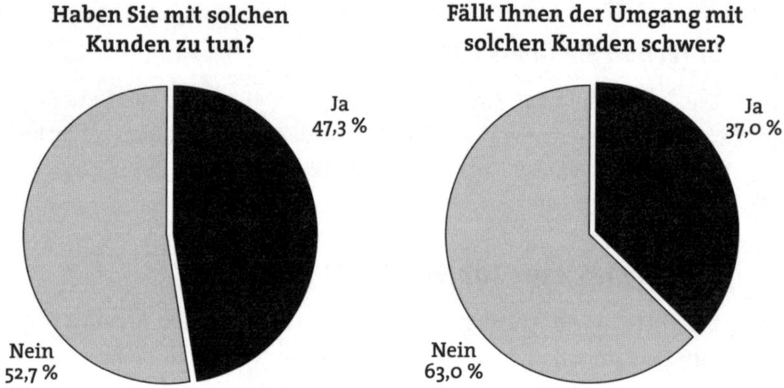

„Man muss herausfinden, ob sie vielleicht das Neue oder Andersartige abschreckt. Außerdem muss man herausfinden, ob er oder sie vielleicht um den Job fürchtet, weil überall Stellen abgebaut werden."

Marketingmanager, Online-Service,
New York, N.Y.

Entscheidungen zu treffen kann Furcht einflößend sein, erst recht wenn es sich um eine Kaufentscheidung handelt. Sie wirkt sich unmittelbar auf den sie tätigenden Mitarbeiter aus, und ihr Erfolg oder Misserfolg wird wahrscheinlich in die nächste Personalbeurteilung einfließen.

Entscheidungen können auch langweilig sein. Wenn Personalknappheit herrscht, jeder hoffnungslos überlastet ist und Entscheidungen aufgeschoben werden können, wird man davon weidlich Gebrauch machen und sich nicht gerade darum reißen, von sich aus auf das Thema zurückzukommen.

Entscheidungen können unbeliebt sein. Wenn mehrere Personen in den Entscheidungsprozess involviert sind, die sich nicht besonders grün sind, gehen Entscheidungen mit internen Konflikten einher, weshalb jeder sie möglichst zu umgehen versucht.

Mit einem unentschlossenen Kunden zu verhandeln, kann enervierend und zeitraubend sein. In manchen Fällen ist es weit einfacher, mit einer prompten Ablehnung zu leben. Lautet die Antwort Nein, fragen Sie nach dem Grund und entscheiden Sie dann, ob Sie weiterkämpfen oder zum nächsten Kunden mit mehr Potenzial weiterziehen wollen. Bei dem unentschlossenen Kunden jedoch befinden Sie sich in einer Situation, in der die Verhandlungen sich unendlich hinziehen, ohne dass irgendetwas dabei herauskommt. Ihr Job ist es, dafür zu sorgen, *dass* etwas dabei herauskommt.

Stolpersteine

1. *Auf einen Auftrag drängen, obwohl deutliche Widerstände zu erkennen sind*

Sie haben Ihren Job bekommen, um auf Aufträge zu drängen. Doch bei unentschlossenen Kunden kann es Ihnen passieren, dass die Widerstände umso größer werden, je mehr Sie drängen. Ab einem gewissen Punkt wirkt Ihre Beharrlichkeit kontraproduktiv und Sie drängen sich praktisch selbst aus dem Geschäft. Sobald Sie das Gefühl haben, einem unentschlossenen Kunden gegenüberzusitzen, sollten Sie Ihre Vorgehensweise neu überdenken. Widerstände lassen sich nur überwinden, wenn man weiß, warum sie existieren. Also: Hören Sie auf zu drängen und stellen Sie lieber Fragen.

2. *Die Einwände als rein sachliche, nicht auch emotionelle deuten*

Wenn Sie Ihr Produkt schon eine Weile verkaufen, sollten Sie wissen, welche Einwände sich direkt auf das Produkt beziehen und welche in Angst oder Unsicherheit gründen. Bringt Ihr Kunde wiederholt Gegenargumente an, die darauf schließen lassen, dass er sich vor der Entscheidung fürchtet, hören Sie ihm zu und reagieren Sie entsprechend. Sagen Sie ihm beispielsweise: „Hören Sie, ich verstehe, was Ihre Bedenken sind. Doch ich habe schon Tausenden von Leuten dieses Produkt verkauft, ohne dass sie dadurch irgendwelche Probleme bekamen. Ich bin sicher, dass es in Ihrem Fall nicht anders sein wird."

3. *Die Geduld verlieren*

Natürlich ist es leicht, die Hände über dem Kopf zusammenzuschlagen und zu sagen: „Dieser Mensch hat keine Ahnung, und ich muss mich bei ihm absabbeln und ihm Schritt für Schritt erklären, was er zu tun hat. Ich muss praktisch seinen Job für ihn machen." Haben Sie Geduld. Manchmal bedeutet die Arbeit mit einem unentschlossenen Kunden, dass Sie im Verkaufsgespräch an Punkten ansetzen müssen, die Sie bei anderen Kunden einfach überspringen können. Aber vergessen Sie niemals, dass Ihr Kunde zwar unentschlossen sein mag, aber er ist dennoch Ihr Kunde – auch wenn er noch so lange braucht, um sich zu einer Entscheidung durchzuringen. Sein Mangel an Entscheidungsfreude heißt schließlich nicht, dass er am Ende nicht doch kauft oder vielleicht bei einem Konkurrenten kauft, der ihm mehr Aufmerksamkeit zukommen lässt.

Verkaufsstrategien

1. *Setzen Sie Ihrem Kunden eine Frist, innerhalb derer er sich entscheiden muss*

Ich habe einen sehr guten Kunden, der mir noch nie etwas abgekauft hat, wenn nicht gerade eine Krise herrschte oder er eine Frist einhalten musste. Das Unternehmen ist dramatisch knapp an Personal, und die Leute, die sie haben, reagieren in erster Linie nur noch auf Krisen, anstatt wirklich zu planen. Uns allen ist der Umgang mit festgesetzten Fristen vertraut. Man kann sie begründen, indem man sie mit einem Extranutzen wie beispielsweise Rabatten, Zusatzleistungen, zusätzlichen Produktverbesserungen oder Mustern eines neuen Produktes verspricht. Und dann sagt man seinem Kunden, er könne die Extras nur bekommen, wenn er bis zu einem bestimmten Termin den Auftrag unterschreibt. Manchmal ist Ihnen derjenige, mit dem Sie verhandeln, sogar dankbar dafür, dass Sie eine Frist setzen, weil er sie intern nutzen kann, um den Entscheidungsprozess zu beschleunigen. Ich habe schon Verkaufssituationen erlebt, in denen ich eine Frist an Zusagen koppelte, die nicht besonders großartig waren. Allein das Wort „Frist" hat meist schon eine enorme psychologische Wirkung.

2. *Bringen Sie die Konkurrenz zur Sprache*

Viele Unternehmen beobachten die Konkurrenz stärker als die eigene Kundschaft. Solche Kunden entscheiden sich manchmal schon allein deshalb zum Kauf, weil sie damit verhindern wollen, dass die Konkurrenz ihnen etwas wegschnappt. Bringen Sie begrenzte Produktverfügbarkeit ins Spiel (es sind nur so und so viele Produkte da, unsere Kapazitäten sind begrenzt, wir bekommen nur eine bestimmte Zahl geliefert, es ist nur noch ein Produkt am Lager, wir haben noch fünf alte Modelle, die wir besonders günstig verkaufen und so weiter). Und dann sagen Sie Ihrem Kunden, dass Sie ihm bis nächsten Dienstag ein Vorkaufsrecht einräumen. Danach verkaufen Sie an den, der als Erster bietet, und das kann natürlich die direkte Konkurrenz sein.

3. *Sorgen Sie dafür, dass der Kunde den Kauf zu bestimmten Zeiten für selbstverständlich hält*

Haben Sie einen Kunden, der es hasst, Kaufentscheidungen zu treffen, kann dieser Ansatz funktionieren. Nehmen Sie ihm die Entscheidung ab, indem Sie dafür sorgen, dass bestimmte Käufe selbstverständlich werden. Überlegen Sie, nach welchem Muster der Kunde bisher kauft und ob Sie ihn dazu bringen können, jedes Jahr zur selben Zeit bei Ihnen zu kaufen. Handeln Sie beispielsweise mit Schulmaterialien, wäre wohl der Schuljahresbeginn ein geeigneter Zeitpunkt. Bei Erkältungsarzneien ist es wahrscheinlich der Winteranfang. Sprechen Sie mit Ihrem Kunden nicht über den einzelnen Auftrag, sondern überzeugen Sie ihn davon, jedes Jahr um diese Zeit bei Ihnen zu kaufen. Versuchen Sie ihn dazu zu bringen, dass er den festen Auftragstermin als Selbstverständlichkeit ansieht. Auf diese Weise ersparen Sie ihm die Kaufentscheidung. Und haben Sie erst einmal einen „festen" Kauftermin durchgesetzt, werden Sie sicher auch weitere vereinbaren können.

4. *Beginnen Sie sechs Monate im Voraus um einen Auftrag zu bitten*

Unentschlossene Kunden brauchen manchmal eine halbe Ewigkeit, um sich zu einer Entscheidung durchzuringen. Das ist nicht weiter schlimm, solange

Sie vorausschauend planen und ihnen die Zeit lassen, die sie brauchen. Erklären Sie ihnen, wie sinnvoll es ist, zu einem bestimmten Zeitpunkt bei Ihnen zu kaufen, und fragen Sie sie, wann sie am ehesten kaufen würden. Am besten verständigen Sie sich mit ihnen auf einen Termin, bis zu dem es noch einige Monate hin ist. Dann melden Sie sich regelmäßig jeden Monat und erinnern daran, dass der fragliche Zeitpunkt näher rückt. So kann sich der Kunden langsam mit dem Gedanken an die bevorstehende Entscheidung vertraut machen.

5. *Bitten Sie um einen größeren Auftrag*

Wenn jemand Schwierigkeiten damit hat, sich zu kleineren Aufträgen durchzuringen, ist es dann nicht verrückt, ihn um einen großen zu bitten? Nein, denn bei manchen unentschlossenen Kunden können Sie einen großen Auftrag eher durchsetzen, weil er dafür wahrscheinlich die Zustimmung seiner Vorgesetzten einholen muss, während man bei kleinen Aufträge von ihm erwartet, dass er allein entscheidet. Das ist allerdings leichter gesagt als getan. Ich hatte einmal mit einem unentschlossenen Kunden zu tun, der hin und wieder kleinere Aufträge an mich vergab. Er war jedes Mal sehr verunsichert, da er bei jeder Bestellung die Unterschriften mehrerer Abteilungsleiter brauchte. Als ich ihn mal wieder besuchte, fragte ich ihn, ob für ihn die Situation ebenso frustrierend wäre wie für mich. Natürlich bejahte er prompt, denn er hatte faktisch keine Entscheidungsgewalt, sondern musste mit jedem Angebot von Abteilungsleiter zu Abteilungsleiter rennen, um sich jeden noch so kleinen Auftrag absegnen zu lassen. Es war eine entsetzliche Zeitverschwendung. Ich habe dann mit ihm besprochen, wie wir etwas verändern könnten. Gemeinsam arrangierten wir ein Meeting mit den fünf Abteilungsleitern, die über den Kauf mitentscheiden sollten. Nach meiner Präsentation bat ich um einen Vertrag, der feste Käufe zu festen Terminen vorsah. Als ich diesen Auftrag bekam, war mein frustrierter Kunden genau so glücklich darüber wie ich.

6. *Gehen Sie zum Kunden*

Ich hatte einen Kunden, der sich am Telefon grundsätzlich nicht zum Kauf durchringen konnte, bei jedem persönlichen Besuch von mir jedoch einen Auftrag für mich hatte. Eines Tages ging ich zu ihm, um ihn von einem großen Programm zu überzeugen, dass sich über mehrere Monate hinziehen würde. Ich hatte nicht vor, ihn zu einem kleineren Kauf zu bewegen. Nach meiner großen

Präsentation aber zückte er ein Angebotsschreiben von mir, dass er wenige Tage zuvor bekommen hatte, und bestellte die kleinste Anzeige, die man sich nur vorstellen kann. Manchen Kunden fällt es leichter, eine Entscheidung zu treffen, wenn man ihnen gegenübersitzt. Haben Sie Probleme, einen Gesprächstermin mit einem Kunden zu bekommen, lesen Sie noch einmal das zweite Kapitel.

7. *Berücksichtigen Sie die Unsicherheit Ihres Kunden*

Ein unentschlossener Kunde ist zumeist ein unsicherer. Laut Jim Wattenmaker, Chef von Wattenmaker Advertising, brauchen unsichere Kunden weit mehr Zuwendung als andere. „Man muss ihnen sehr viel mehr Informationen und Zusatzmaterialien geben als anderen. Genau genommen muss man solche Kunden praktisch mit Informationen überfluten, damit ihnen eine Entscheidung leichter fällt." Dabei kommt es natürlich auch auf das Timing an, wie Wattenmaker sagt. „Es gibt Zeiten, in denen jeder durchschnittliche Kunde verunsichert sein kann – wenn Unternehmen gerade ein schreckliches viertes Quartal hinter sich haben, ist die Stimmung reichlich im Keller. Manchmal lassen sich Ideen oder Produkte zu so einem Zeitpunkt überhaupt nicht verkaufen, sehr wohl aber zu einem späteren, nachdem sich das Klima wieder beruhigt hat." Gemäß Wattenmaker steht und fällt alles damit, wie überzeugt man selbst von seinem Produkt und welches Risiko man einzugehen bereit ist. Spürt der Kunde, dass man einiges riskieren will, wird auch er mehr Risikobereitschaft zeigen. Als Wattenmaker sich mit seiner Agentur einmal um den Auftrag zur Veranstaltung einer großen Verkaufveranstaltung für ein Unternehmen bewarb, konnte sein dortiger Ansprechpartner den Vertrag nicht allein unterzeichnen. Also organisierte er ein Treffen mit sämtlichen Führungskräften, einschließlich des Inhabers. Nach Wattenmakers Präsentation herrschte zunächst Totenstille im Raum. Schließlich blickten alle zum Inhaber, der sagte: „Na gut, Jim, aber Sie wissen wohl, dass Sie bei dieser Sache einen Großteil der Verantwortung übernehmen." In diesem Augenblick musste Jim sich entscheiden, ob er die Verantwortung annahm oder nicht. Jemand, der nicht hundertprozentig hinter seinem Produkt steht, hätte an so einem Punkt sicher einen Rückzieher gemacht. Jim machte keinen, und er bekam den Auftrag. Wenn Ihre Kunden unsicher sind, müssen Sie ihnen deutlich machen, dass Sie an das glauben, was Sie anzubieten haben, und ihnen Ihre volle Unterstützung zusichern.

8. *Fragen Sie sich: „Wartet sie darauf, dass ich ihr einen Deal anbiete?“*

Manche Kunden schützen Unentschlossenheit vor, um einen besseren Preis herauszuschlagen. Sie erzählen Ihnen, sie könnten sich nicht entscheiden, sie wüssten nicht, was sie tun sollten, und dabei warten sie nur darauf, dass Sie im Preis nachgeben. Solche Kunden sind insofern schwer zu durchschauen, als sie Ihnen nicht klipp und klar sagen, was sie wollen. Sie müssen quasi erahnen, worum es ihnen wirklich geht. Ich habe einmal eine Verkaufsverhandlung geführt, während derer die Kundin alle möglichen Einwände gegen das Produkt vorbrachte. Wir haben stundenlange Diskussionen geführt. Zuweilen sprachen wir über die Vorteile meines Angebots gegenüber dem der Konkurrenz auf einer Ebene, die ins Philosophische lappte. Ich hielt unterdes meinen Vorgesetzten auf dem Laufenden über den aktuellen Stand der Verhandlungen, in der Meinung, er wäre beeindruckt, wie wacker ich mich hielt. Dabei waren die Details, um die unsere Gespräche kreisten, letztlich vollkommen unbedeutend. Irgendwann sagte mir mein Vorgesetzter: „Josh, Sie verschwenden entschieden zu viel Zeit an diese Kundin. Warum schlagen Sie ihr nicht einfach einen besseren Preis vor?“ Ich besuchte die Kundin, und sie nahm die Diskussion wieder genau an dem Punkt auf, wo wir in der vorigen Woche stehen geblieben waren. Dann sagte ich: „Warten Sie, ich möchte Ihnen etwas vollkommen anderes vorschlagen.“ Ich nannte einen niedrigeren Preis und bekam den Auftrag sozusagen vom Fleck weg. Manche Kunden sind zu unsicher, um direkt einen Preisnachlass zu fordern. In diesen Fällen ist Unentschlossenheit nur eine Methode, Sie hinzuhalten. Falls Sie das Gefühl haben, so einem Kunden gegenüberzusitzen, lesen Sie nochmals das erste Kapitel 1.

9. *Fragen Sie sich, ob es an Ihrer Kundin liegt oder an dem Unternehmen*

Manchmal hat die Unentschlossenheit, mit der Ihre Kunden Ihnen begegnen, wenig mit deren eigener Person zu tun als vielmehr mit dem Unternehmen. Eventuell stößt Ihre Kundin auf jede Menge Unentschlossenheit, wenn sie einen Auftrag in ihrer Firma durchsetzen will. Näheres über den Umgang mit solchen Kunden erfahren Sie in Kapitel 4.

10. *Fragen Sie sie: „Heißt das vielleicht Nein und Sie wollen es mir nicht sagen?“*

Sollten Sie den Eindruck haben, dass Ihre Gespräche mit einem Kunden nirgendwo hinführen, können Sie mit dieser Frage einen echten Durchbruch erreichen. Bestätigen sie Ihre Vermutung, wissen Sie zumindest, woran Sie sind und können aufhören, Zeit an diese Kunden zu verschwenden. Winden sie sich aber oder wirken schockiert, können Sie diese Reaktion nutzen, um dem Abschluss ein gutes Stück näher zu kommen.

Strategien, wie Sie zum Abschluss kommen

Beim Verhandeln mit unentschlossenen Kunden dreht sich alles darum, sie irgendwie zum Abschluss zu bekommen. Sie können ein noch so gutes Verkaufsgespräch mit ihnen führen, aber für eine Zusage müssen Sie einiges mehr bieten.

1. *Vorbereitung, Vorbereitung, Vorbereitung*

Zunächst einmal sollten Sie den Abschluss möglichst persönlich vornehmen können. Sprechen Sie mit Ihren Vorgesetzten, bevor Sie in die Verhandlungen gehen, und stimmen Sie mit ihnen ab, welche Zugeständnisse Sie machen dürfen und welche nicht. Seien Sie darauf vorbereitet, Ihre Kunden gegebenenfalls an alle bisher geklärten Punkte erinnern zu müssen. Denken Sie daran, welche Einwände Sie bisher von ihnen gehört haben, und überlegen Sie sich, ob sie hinreichend geklärt wurden. Versuchen Sie, in dem Gespräch eine verbindliche Zusage zu bekommen. Sollte Ihr Gegenüber ausweichen und gehen, ohne Ihnen einen Auftrag unterschrieben zu haben, war's das womöglich.

2. *Fragen Sie: „Möchten Sie es in Blau oder Grün?“*

Das ist eine der alten Methoden, bei der Sie die Kunden nicht fragen, ob sie kaufen wollen oder nicht, sondern lediglich, welche von zwei möglichen Varianten sie kaufen wollen. In den Fünfzigern war diese Verkaufsstrategie sehr beliebt, und ich persönlich denke, dass die meisten heutigen Kunden zu clever sind, um darauf hereinzufallen. Bei unentschlossenen Kunden sollten Sie sie aber trotzdem ruhig einmal entmotten. Sie mag dreist und durchschaubar wirken, doch manchmal mögen es unentschlossene Kunden, wenn man sie offensichtlich zu manipulieren versucht. So verdreht es klingen mag: Wenn Sie ihnen die grundsätzliche Entscheidung abnehmen, fühlen sie sich, als wären sie vom Haken.

3. Präsentieren Sie Ihr Angebot als die „offensichtlich beste Wahl"

Falls Sie sich in einer marktführenden Position befinden, können Sie diese Variante ausprobieren. Entwerfen Sie eine Tabelle, in der Sie alle Gründe aufführen, warum dieser Kunde gerade Ihr Produkt kaufen sollte. Listen Sie Merkmale wie Produktqualität, Langlebigkeit des Unternehmens, Preisgestaltung, Kundenservice, Produktgeschichte etc. auf. Daneben führen Sie für jeden Punkt auf, wo die Konkurrenz im Vergleich zu Ihnen steht. Gehen Sie die Tabelle Zeile für Zeile mit Ihren Kunden durch, um sie davon zu überzeugen, dass Ihr Produkt die offensichtlich beste Wahl ist. Anschließend bitten Sie um den Auftrag. Machen Sie Ihren Kunden klar, dass sie gar nicht anders können, als bei Ihnen zu kaufen.

4. Sagen Sie Nein

Normalerweise setze ich auf eher sanfte Verkaufsmethoden, doch bei einer Kundin verhielt ich mich vollkommen anders. Ich hob die Arme und sagte: „Warten Sie mal, das können Sie nicht machen! Wir haben alle Details besprochen, sind sämtliche Optionen durchgegangen, und Sie haben mir gesagt, dass Sie genau das wollen, was ich Ihnen anbiete. Jetzt können wir doch nicht wieder bei null anfangen!" Ich reagierte emotional. Meine Kundin gab nach, überlegte kurz und kaufte. Manchmal muss man eben aufbrausen und seinen Standpunkt klar machen.

5. Laden Sie Ihre Kunden ein und bitten Sie dann um den Auftrag

Unentschlossene Kunden brauchen das Gefühl, Sie würden sie persönlich unterstützen. Manchmal können Sie ihnen helfen, ihre Unsicherheit zu überwinden, indem Sie sie einladen und das Gespräch etwas persönlicher gestalten. Natürlich ist der Trick alt, nach dem Auftrag zu fragen, während man die Restaurantrechnung bezahlt, doch worum es meiner Ansicht nach wirklich geht, ist, sich persönlich stärker zu engagieren.

6. *Den Abschluss auf die sanfte Tour sichern*

Bemühen Sie sich um das Vertrauen der Kunden, von denen Sie einen Auftrag wollen. Wenn Sie ihnen das Gefühl vermitteln können, sie würden sie in allem und jedem unterstützen, sind sie eher bereit, Ihnen etwas abzukaufen. Gehen Sie sämtliche Punkte des Angebots mit Ihnen durch. Beweisen Sie ihnen, wie viel Geduld Sie aufbringen, um ihnen alles genau darzulegen. Und weisen Sie sie darauf hin, dass Sie Extramühe und -zeit aufgewandt haben, um ihre Fragen zu beantworten. Überzeugen Sie sie davon, dass Sie während der gesamten Verhandlungen auf ihrer Seite stehen – und dann bitten Sie um den Auftrag.

7. *Den Abschluss auf die harte Tour sichern*

Wenden Sie dieselben Methoden wie oben an, aber üben Sie dabei Druck aus. Einige unentschlossene Kunden brauchen einen gewissen Druck, um sich zum Abschluss durchzuringen. Sie sind sogar regelrecht erleichtert, wenn Sie ihnen praktisch die Entscheidung abnehmen. Eine Technik, die Sie bei solchen Kunden anwenden können, ist die, auf Angst und Gier zu setzen. Näheres dazu erfahren Sie in Kapitel 19.

9

Der Kunde, der:

den Auftrag eventuell wieder zurücknimmt

Aus der Umfrage:

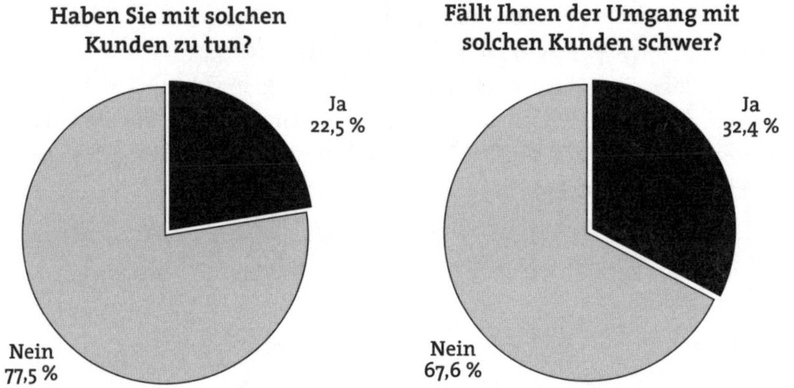

„Jeder meiner Kunden kann mich jederzeit anrufen und den Vertrag mit mir kündigen. Das bringt mich manchmal um den Schlaf."

Marktforschungsberater, New York, N. Y.

Einmal hatte ich es nach zahlreichen Verkaufsgesprächen und langen zähen Verhandlungen geschafft, die Konkurrenz abzuhängen und einen Vertrag über einen Großauftrag zu bekommen, der mit Beginn des Folgejahres wirksam werden sollte. Es war ein toller Abschluss und der größte Auftrag, den uns dieser Kunde je gegeben hatte. Als der Januar kam und das Geschäft anlief, waren wir bester Dinge. Doch einen Monat später wurde der Manager entlassen und ein neuer berufen, der sogleich erklärte, das Unternehmen wäre ein finanzielles Desaster. Drakonische Budgetkürzungen wurden vorgenommen, das Unternehmen gänzlich restrukturiert und 25 Prozent der Belegschaft entlassen. Ein eher unbedeutendes Detail der umfassenden Sanierungsmaßnahmen war die Kündigung meines Vertrags.

Szenarien wie diese sind es, die Verkäufer nachts um den Schlaf bringen. Das sollten sie aber nicht, denn die meisten Verträge verliert man nicht, weil groß angelegte Restrukturierungsmaßnahmen vorgenommen werden, sondern weil man seine Kunden vernachlässigt. Die fantastischsten Geschäftsbeziehungen sterben meist einen unspektakulären, schleichenden Tod. Natürlich macht es viel mehr Spaß, neue Abschlüsse an Land zu ziehen, als sich um die bereits gewonnenen Kunden zu bemühen. Dagegen kämpfe ich täglich an. Und die Sache wird nicht leichter, wenn die Vorgesetzten von Verkäufern ihnen deutlich signalisieren, dass sie neue Geschäfte weit mehr schätzen als Berichte darüber, wie wunderbar man mit den bestehenden Geschäftspartnern zusammenarbeitet. Als Verkäufer lassen wir uns gern dazu hinreißen, ständig neue Kunden aufzutun, statt uns um die bereits vorhandenen weiterzubemühen. Doch damit unterschätzen wir den Zeitfaktor. Zum Zeitpunkt des Vertragsabschlusses hatten wir mit dem Kunden alle Einwände geklärt, Zugeständnisse gemacht und optimale Preise angeboten. Die Kunden hatten unser Angebot mit dem der Konkurrenz verglichen, und wir hatten besser abgeschnitten. Aber schon eine Woche oder ein Jahr später können die Dinge ganz anders aussehen.

Stolpersteine

1. *Die Kundenbeziehung einschlafen lassen*

Sie haben versucht, mit Ihren Kunden ins Geschäft zu kommen, indem Sie sie besuchten, sie umwarben, mit ihnen essen gingen und eine Beziehung zu ihnen aufbauten. Dann bekamen Sie einen großen Auftrag von ihnen und fortan hörten sie nichts mehr von Ihnen. Wie sieht das wohl aus der Kundenperspektive aus? Kunden halten im Allgemeinen nichts von der „Geld her und Tschüss"-Mentalität bei einigen Verkäufern.

2. *Annehmen, das Geschäft wäre sicher, weil der Kunde unterschrieben hat*

Verträge bedeuten heute nicht mehr, was sie früher einmal bedeutet haben. Vor zehn Jahren war ein Vertrag noch richtig etwas wert; heute haben viele Unternehmen neu definiert, was eine Kaufverpflichtung tatsächlich beinhaltet. Meiner Erfahrung nach steht sie heutzutage eher für ein „Kaufvorhaben" als für einen abgeschlossenen Handel. Inwieweit ein Kunde sich einem Unternehmen und seiner gemachten Zusage verpflichtet fühlt, steht und fällt mit der Wahrnehmung des Produktwertes und der Verkäuferfirma. Ist der ihnen beigemessene Wert erst einmal im Keller, fühlt sich kein Kunde mehr an Verträge gebunden.

3. *Zu sehr Gentleman oder Dame sein, um über die Konkurrenz zu sprechen*

Auf meinen Reisen begegne ich immer wieder Oldtimern, die mir von den guten alten Zeiten vorschwärmen, als unser Job darin bestand, „unser eigenes Produkt" zu verkaufen und nicht über die Konkurrenz zu reden. Diese Zeiten sind vorbei. Sie müssen davon ausgehen, dass die Konkurrenz alle Hebel in Bewegung setzt, um Ihnen die Kunden abzujagen. Tun Sie nicht praktisch dasselbe? Wenn Sie Ihre Konkurrenz nicht im Auge behalten, werden Sie nicht mitbekommen, wann sie Ihnen gefährlich wird.

4. *Annehmen, dass der Kunde, der bereits gekauft hat, sich nichts mehr verkaufen lässt*

Sie leben Ihr Produkt, aber der Kunde kauft es bloß. Wie schnell kann es passieren, dass Ihr Kunde schlicht vergisst, warum er ausgerechnet Ihr Produkt gekauft hat. Ich habe schon Kunden besucht, die Jahr für Jahr aufs Neue vergaßen, welche wesentlichen Merkmale sie an meinem Produkt überzeugten – auch wenn sie es immer noch kauften.

Verkaufsstrategien

1. *Halten Sie die Beziehung am Leben*

Viele Verkäufer – ich bilde da keine Ausnahme – lieben das besondere Erfolgskribbeln, der mit der Gewinnung eines Neukunden einhergeht. Dabei haben wir weit mehr zu gewinnen, wenn wir die Kundenbeziehungen ausbauen, die wir bereits haben. Natürlich ist es leicht für mich, Ihnen zu sagen, Sie sollten sich um Ihre bestehenden Kunden bemühen, aber in der Praxis reduziert es sich alles auf eine Frage der Zeit. Woher nehmen Sie die Zeit, sich um Ihre bereits gewonnenen und die neu zu gewinnenden Kunden zu bemühen? Wenn Sie Prioritäten setzen müssen, wo setzen Sie sie? Manchmal ist eine objektive Antwort auf solche Fragen schwerer zu finden, als man zunächst denkt. Wie viel Umsatz ein neuer Auftrag bringt, lässt sich leicht nachrechnen. Alles was über null liegt, ist immer ein Gewinn. Die Möglichkeiten jedoch, die Ihnen der bereits vorhandene Kundenstamm bietet, lassen sich ungleich schwerer einschätzen

Im Folgenden finden Sie ein paar Anregungen, wie Sie Ihre bestehenden Kundenbeziehungen am Leben erhalten:

a. ***Klären Sie die heiklen Details gleich zu Beginn.*** Zu Beginn der Geschäftsbeziehung gibt es eine Art „Flitterwochenperiode“, während derer das Einverständnis mit dem Kunden noch vollkommen ist. Der Kunde hat nicht nur Ihr Produkt gekauft, sondern auch Sie. Und kein Kunde möchte das Gefühl gewinnen, er hätte ein schlechtes Geschäft gemacht, also sollten Sie gleich zu Anfang alle möglichen Schwierigkeiten ansprechen, die eventuell später auftreten könnten.

b. ***Pflegen Sie den persönlichen Kontakt.*** Segeln, Ballett, Baseball, Golf oder Essen: Wir wissen alle, dass es funktioniert.

c. ***Besuchen Sie den Kunden auch dann, wenn Sie ihm nichts zu verkaufen haben.*** Indem Sie den Kontakt halten, ohne jedes Mal etwas verkaufen zu wollen, signalisieren Sie dem Kunden: „Sie bedeuten mir mehr als nur ein Auftrag“. Erkundigen Sie sich, ob die Lieferung problemlos vonstatten ging, oder geben Sie ihm einen Tipp, welche Verwendungsweisen Ihres Produkts er bisher vielleicht noch nicht nutzt, aber nutzen könnte. Schreiben Sie ihm einen Brief, in dem Sie sich dafür bedanken, ihn als Kunden gewonnen zu haben. Und wenn Sie ihn besuchen, sollten Sie ihm klar machen, dass es sich um einen Höflichkeitsbesuch handelt und Sie ihm nichts verkaufen wollen.

d. ***Schicken Sie handgeschriebene Briefe.*** Sollte Ihre Zeit gerade sehr knapp bemessen sein, bietet sich diese Variante an, um den Kunden davon zu überzeugen, dass Ihnen an ihm liegt. Schicken Sie ihm einen Zeitungsartikel mit einem handschriftlichen Vermerk, ein kurzes Dankesschreiben oder schreiben Sie ihm etwas Persönliches auf die Weihnachtskarte.

2. Hören Sie nicht auf zu verkaufen

Als ich begann, mit Ann Belle Rosenberg für das *Video Systems*-Magazin zu arbeiten, war ich zunächst beinahe verlegen, wenn wir gemeinsam loyale Kunden besuchten. Ann Belle führte harte Verkaufsgespräche mit ihnen, als würden sie bisher grundsätzlich nur bei der Konkurrenz kaufen. Manchmal zwinkerten mir die Kunden zu und sagten lachend: „Hören Sie sich die verrückte Ann Belle an. Sie tut gerade so, als hätte ich ihr noch nie etwas abgekauft." Doch diese Leute ahnten schlicht noch nicht, was Ann Belle bereits voraussah. Im Laufe der Jahre fiel mir auf, dass ihre Kontrakte sich als besonders langlebig erwiesen, während andere – auch einige von meinen – irgendwann still und leise ausliefen. Ann Belle scherte sich nicht darum, dass sie ihre Gegenüber bereits überzeugt hatte. Indem sie weiter im Verkaufsdialog blieb, schaffte sie es, ihre Vereinbarung über Personalfluktuationen, Budgetkürzungen, Unternehmensverkleinerungen und Aufkäufe hinweg zu retten. Es mag auf den ersten Blick verrückt erscheinen, einem Raum voller bereits gewonnener Kunden sein Produkt wieder und wieder zu verkaufen, dabei ist es so verrückt dann doch nicht.

3. Achten Sie auf die Konkurrenz

Wenn Sie einen Kunden gewinnen wollen, dürfen Sie in Ihren Präsentationen ruhig gegen die Konkurrenz wettern. Ich habe allerdings festgestellt, dass Kunden, mit denen man ins Geschäft gekommen ist, sich ungern auf die Konkurrenz ansprechen lassen. Aus der Verkäuferwarte ergibt diese Sichtweise keinen Sinn: Bevor Ihr Kunde bei Ihnen kaufte, brauchten Sie nicht zu fürchten, etwas zu verlieren, weil ein Konkurrent in Ihrem Revier auftauchte. Nun aber, da Sie bereits im Geschäft sind, haben Sie einiges zu verlieren, sollte die Konkurrenz Ihren Kunden direkt ansprechen. Deshalb müssen Sie die Tatsache nutzen, dass Sie ja bereits den Kontakt haben, und den Dialog pflegen. Wir sprechen hier von „defensivem Verkaufen", was so viel heißt wie: die bestehende Kundenbeziehung nutzen, um die Konkurrenten auf Abstand zu halten.

Beim defensiven Verkaufen geht es im Wesentlichen darum, regelmäßig (und unauffällig) zu beobachten, was Ihr Kunde über die Konkurrenz denkt. Sie müssen Methoden entwickeln, wie Sie Ihren Kunden beiläufig entlocken, ob Ihr Konkurrent irgendwelche Chancen hat. Dabei darf die Konkurrenz niemals das eigentliche Thema des Gesprächs sein. Sehr gut eignen sich Situationen, in denen Sie harmlos mit dem Kunden plaudern – etwa bei einem gemeinsamen Mittagessen. Mögliche Einstiege wären:

- Mit Humor: „Und, wie überzeugt sind Sie inzwischen von all dem, was die Konkurrenz so über mich erzählt?"
- Über die Hintertür: „Wie sind Sie denn mit unserem Produkt zufrieden? Können wir noch irgendetwas verbessern? Hält es dem Vergleich mit den Produkten stand, die andere Ihnen anbieten?"
- Direkt: „Kann ich mich darauf verlassen, dass wir auch weiterhin im Geschäft bleiben? Überlegen Sie eventuell, auch mit der Konkurrenz zusammenzuarbeiten?
- Sollten Sie herausfinden, dass Ihre Konkurrenz bereits mit einem Fuß in der Tür steht, können Sie dieselben Strategien verfolgen, die Sie in der herkömmlichen Wettbewerbssituation ebenfalls einsetzen.

4. *Verkaufen Sie defensiv*

Wenn Sie die Konkurrenz im Auge behalten, werden Sie über kurz oder lang hören, dass sie ein neues Produktmerkmal anbietet, eine neue Preisstrategie verfolgt, ein neues Produkt auf den Markt bringt, neue Serviceleistungen bietet oder irgendetwas, dass den Wettbewerbsvorteil ihres Angebots gegenüber Ihrem erhöht. Beim nächsten Treffen mit Ihrem Kunden sollten Sie ihn direkt darauf ansprechen, ob er dieses Merkmal für wichtig hält oder nicht. Dabei müssen Sie ihm nicht sagen, dass die Konkurrenz es bereits anbietet; falls Ihr Kunde davon nichts weiß, ist es sinnlos, wenn Sie es ihm erzählen. Halten Sie das Gespräch möglichst abstrakt, denn so drängen Sie Ihr Gegenüber nicht gleich in die Defensive. Vielleicht können Sie ein paar Argumente einbringen, weshalb dieses oder jenes Produktmerkmal weniger wichtig ist, als manche glauben mögen. Oder Sie erzählen Ihrem Kunden, Ihr Unternehmen würde gerade an einer gleichwertigen Verbesserung arbeiten, die in circa drei Monaten zu haben wäre. Wenn Sie mit Ihrem

Kunden darüber reden, bevor es die Konkurrenz macht, stärken Sie dadurch Ihre Position.

5. *Achten Sie auf Anzeichen einer Verschlechterung der Kundenbeziehung*

Sie sind sehr beschäftigt und meinen, genug Zeit mit einem Kunden verbracht zu haben, aber Sie können schließlich nicht alles über Ihren Kunden wissen. Vielleicht schätzen Sie einige Dinge vollkommen falsch ein. Klassische Warnzeichen dafür, dass sich Ihre Kundenbeziehung verschlechtert, wären folgende:

a. ***Sie erfahren bestimmte Details nicht mehr.*** Sie fragen nach zukünftigen Aufträgen und erhalten schwammige Antworten. Weiß Ihr Kunde noch nichts Genaueres oder will er Ihnen nichts sagen, weil er eventuell schlechte Neuigkeiten für Sie hat?

b. ***Sie haben Schwierigkeiten, Ihren Kunden direkt ans Telefon zu bekommen.*** Ist er einfach zu beschäftigt oder ist er zu beschäftigt, um mit Ihnen zu reden?

c. ***Ihr Kunde spricht mit Ihnen in einem anderen Ton als sonst.*** Hört sich Ihr Kunde am Telefon an, als würde er sich über Ihren Anruf freuen, oder klingt er eher abweisend?

d. ***Ihr Kunde gibt Ihnen keinen Termin.*** Hat er keine Zeit, Sie zu empfangen, oder will er sich keine Zeit für Sie nehmen?

e. ***Er sagt: „Keine Sorge."*** Wenn ich von einem Kunden, den ich respektiere und dem ich vertraue, „Keine Sorge" zu hören bekomme, glaube ich ihm aufs Wort. Höre ich dieselben Worte jedoch von jemandem, den ich nicht gut kenne, gerate ich sofort in Panik. „Keine Sorge" ist häufig die Kurzform für: „Gehen Sie doch in die Wüste! Ich entscheide selbst, was ich kaufen will, und das kaufe ich bestimmt nicht bei Ihnen. Deshalb habe ich keine Lust, Ihre und meine Zeit zu verschwenden. Die Sorge sind Sie also los."
Falls Sie den Eindruck haben, Ihr Verhältnis zu einem Kunden habe sich verschlechtert, sollten Sie so schnell wie möglich einen Termin mit ihm machen. Was wirklich los ist, erfahren Sie am ehesten im persönlichen Gespräch. Außerdem bietet Ihnen ein Treffen die Möglichkeit zu korrigieren, was immer schief gelaufen ist.

6. *Entwickeln Sie eine gesunde Paranoia*

Spitzenverkäufer sind Menschen, die beständig in einer gewissen Furcht leben. Nach außen hin strahlen sie genau die positive Einstellung aus, auf die man sie geschult hat. Aber dahinter verbirgt sich eine Grundbesorgtheit. Wenn ich Verkäufer einstelle, achte ich auf diese besondere Eigenschaft, denn Verkäufer müssen Probleme voraussehen, statt sich von ihnen eiskalt erwischen zu lassen.

7. *Führen Sie feste Traditionen ein*

Falls Sie langfristige Kundenbeziehungen pflegen müssen, können feste Traditionen die Geschäftsbeziehungen enorm bereichern. Wählen Sie einen bestimmten Feiertag oder eine Jahreszeit, in der Sie regelmäßig etwas mit Ihrem Kunden unternehmen – möglichst kurz bevor die nächste Vertragsverlängerung ansteht. Das kann ein Neujahrskonzert sein, das erste Golfspiel des Jahres, eine Einladung in das Lieblingsrestaurant kurz vor Thanksgiving oder ein gemeinsames Mittagessen an einem festen Tag. Ann Belle Rosenberg lud bei einer großen Messe regelmäßig am zweiten Abend zum Essen. Die geladenen Gäste wurden bald „der Videoclub" genannt. Sie trafen sich einmal pro Jahr. Binnen kurzer Zeit etablierte sich dieses Dinner so fest, dass sogar Mitgliedskarten ausgegeben wurden. Frühere Gäste, die inzwischen in andere Stellungen gewechselt hatten, tauchten sogar gelegentlich wieder hier auf, um alte Freunde wiederzusehen.

8. *Bedanken Sie sich*

Bringt ein Kunde Ihnen 2.000 Dollar ein, halten Sie ihn vielleicht für einen kleinen Kunden, der Ihr Produkt zu einem fairen Preis bekommt und damit zufrieden sein sollte. Der Kunde allerdings kann darüber anders denken: „Ich habe dem Kerl gerade 2.000 Dollar gegeben, und der hat sich nicht mal bedankt." Es handelt sich dabei in den seltensten Fällen um sein Geld, doch er kontrolliert es und fühlt sich daher persönlich involviert. Käme im Privatleben jemand auf Sie zu und gäbe Ihnen 2.000 Dollar, würden Sie sich doch auch bedanken. Also laden Sie Ihren Kunden zu einem Mittagessen ein, schicken Sie eine Dankesnote, Blumen oder sagen Sie Danke. Wenn Sie es nicht tun, vermitteln Sie eine negative emotionelle Botschaft.

Strategien, wie Sie zum Abschluss kommen

1. *Versuchen Sie, mehr zu verkaufen – Angriff ist die beste Verteidigung*

Wenn Sie um einen größeren Auftrag bitten, treten verborgene Vorbehalte offen zu Tage. Jetzt erfahren Sie, ob Sie eventuell kurz davor standen, das Geschäft zu verlieren, und Sie können darauf reagieren.

2. *Holen Sie sich eine mündliche Zusage für künftige Aufträge*

Sollte es zu früh sein, um einen neuen Auftrag zu bekommen, weil die Budgets noch nicht feststehen oder die Planung noch nicht abgeschlossen ist, können Sie um eine mündliche Zusage bitten. Damit verpflichtet sich Ihr Kunde, auch weiterhin als Ihr Fürsprecher zu fungieren. Wer sich Ihnen persönlich verpflichtet hat, wird härter für Sie kämpfen, sobald er sich mit den Vorgesetzten hinter verschlossene Türen zurückzieht, um Kaufentscheidungen zu treffen. Niemand ist erpicht darauf, Ihnen sagen zu müssen: „Hören Sie, ich weiß ja, was ich Ihnen versprochen habe, aber mein Boss hat das Budget radikal zusammengestrichen und ich konnte nichts tun." Das ist nicht nur peinlich, sondern auch ein Anzeichen für mangelnde Autorität. Eine andere Form, Ihren Kunden in die Pflicht zu nehmen, wäre die, ihn zu bitten, die Entwicklung der internen Angebotsprüfung genau im Auge zu behalten. Fragen Sie ihn: „Falls es aussieht, als würde man sich gegen mein Produkt entscheiden, könnten Sie mir dann zeitig Bescheid geben, damit ich rechtzeitig reagieren kann?"

3. *Arbeiten Sie sich in der Nahrungskette nach oben*

Setzen Sie sich ein Ziel für Ihre künftigen Verkaufsbemühungen, indem Sie beispielsweise fragen: „Wer ist gegenwärtig Ihr Hauptlieferant für das Produkt, das ich Ihnen anbiete?" Sollten Sie nicht selbst dieser Hauptlieferant sein, wartet einiges an Arbeit auf Sie. Ihr Kunde mag jetzt bei Ihnen kaufen, doch was passiert, wenn das Budget gekürzt wird? Wenn Sie sich jetzt zum Hauptlieferanten hocharbeiten, können Sie Ihr Geschäft gegen zukünftige Widrigkeiten absichern.

10 *Der Kunde, der:*

woanders kauft, weil ihm das Konkurrenzprodukt besser gefällt

Aus der Umfrage:

Haben Sie mit solchen Kunden zu tun?

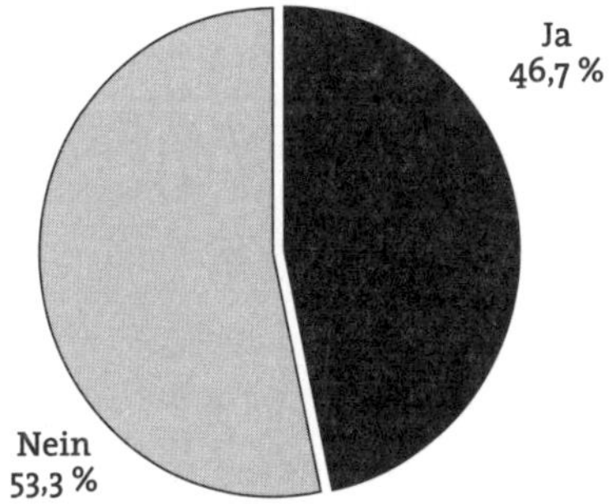

Fällt Ihnen der Umgang mit solchen Kunden schwer?

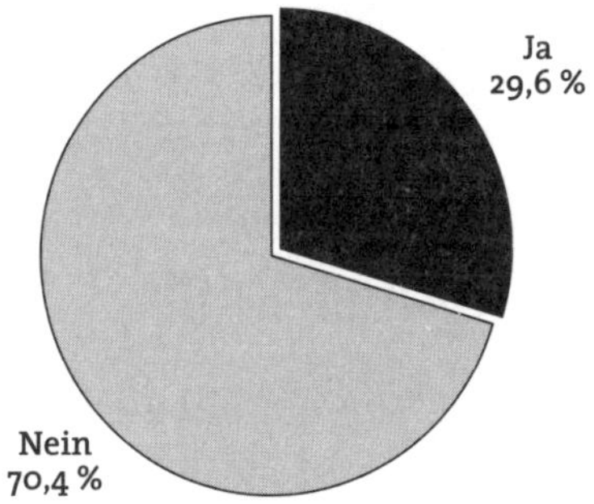

„Sie sind nicht bereit, eine neue und bessere Methode auszuprobieren, selbst wenn sie sich nachweislich bewährt hat. Sie wollen partout alles beim Alten lassen."

Eigner / „Cheerleader", Finanzdienstleistungen
San Antonio, Texas

Ihr Kunde braucht Ihr Produkt, kauft aber ein vergleichbares bei jemand anderem. Er erzählt Ihnen, Sie würden bloß Ihre Zeit verschwenden, denn er wäre sehr zufrieden mit dem, was er hat. „Warum sollte ich wechseln?", fragt er Sie. Nun ist die Versuchung groß, heulend und zähnefletschend über das Konkurrenzprodukt herzufallen, um mit dem Kunden ins Geschäft zu kommen. Doch so angenehm auch das Gefühl sein mag, für seine Sache gekämpft zu haben – mit diesem Vorgehen erreichen Sie unter Umständen das Gegenteil von dem, was Sie damit bezwecken. Hat sich Ihr Gegenüber zum Kauf des Konkurrenzproduktes entschlossen und Sie setzen alles daran, das Produkt in Grund und Boden zu reden, dann attackieren Sie damit gleichzeitig das Urteilsvermögen des Kunden.

Natürlich lehnen Kunden wettbewerbsorientierte Verkäufer nicht grundsätzlich ab. Sie brauchen Informationen über die Konkurrenz, um Produkte besser einschätzen zu können. Und wenn Sie sie nicht über die Schwachpunkte des Konkurrenzproduktes aufklären, wer soll es dann tun? Kluge Einkäufer, die Sie respektieren, werden Sie von sich aus nach Ihrer Meinung über Konkurrenzprodukte fragen.

Ein erster Schritt in Richtung Verdrängung der Konkurrenz ist der, herauszufinden, warum der Kunden deren Produkt überhaupt kauft. Auf die direkte Frage bekommen Sie jedoch häufig logische Erklärungen geliefert, die Ihnen wenig Aufschluss darüber geben, welche emotionalen Motive den Käufer bewegen. Und gerade die sollten Sie kennen.

Stolpersteine

1. *Den Kunden in die Defensive zwingen*

Wenn ein Kunde ein bestimmtes Produkt kauft, verpflichtet er sich damit diesem Produkt. Selbst wenn ihn keinerlei emotionale Motive antreiben, wird er sich insofern persönlich gebunden fühlen, als er ja nach seinen Entscheidungen bewertet wird. Aus welcher Warte man auch immer es betrachten mag: Wer ein Produkt kauft, dem „gehört" dieser Kauf. Sollte sich die Entscheidung als falsch erweisen, wird sich das negativ auf das Ansehen des Käufers auswirken. Ich habe schon viele Verkäufer gesehen, die ihren potenziellen Kunden als Erstes mitteilten, das Konkurrenzprodukt zu kaufen wäre eine Fehlentscheidung gewesen, dann den Kauf in der Luft zerrissen und zig Gründe nannten, weshalb sie lieber ihr Produkt kaufen sollten. Selbst wenn Sie mit einer enormen Überzeugungskraft gesegnet sind, haben Sie mit dieser Methode kaum Aussichten auf Erfolg. Vielmehr werden Sie damit dreierlei erreichen: 1. Ihre Kunden werden sofort nach möglichst guten Gründen suchen, warum ihre Entscheidung kein Fehler war; und selbst wenn Sie all diese Gründe im Gespräch wie Seifenblasen zerplatzen lassen, wird der Kunde abends nach Hause gehen, sich mit dem Partner darüber unterhalten und am nächsten Morgen neue und bessere Gründe parat haben. Für Ihren Kunden bedeutet ein Unterliegen in dieser Diskussion einen Gesichtsverlust. 2. Sie verlieren die Chance auf ein Gespräch, in dem Sie vorsichtig erkunden können, welche emotionellen Beweggründe Ihr Kunde hatte, bei der Konkurrenz zu kaufen. 3. Ihr Kunde wird Ihnen wahrscheinlich nicht mehr zuhören wollen. Vielleicht fühlen Sie sich wohl dabei, die Konkurrenz zu vernichten, aber ich rate Ihnen dringend davon ab. Beißen Sie sich notfalls auf die Zunge, wenn Sie sich anders nicht bremsen können, oder treten Sie sich selbst vors Schienbein. Indem Sie die Konkurrenz verteufeln, handeln Sie gegen Ihre eigenen Interessen.

2. *Sich in den Wettbewerbskampf stürzen, bevor Sie überhaupt wissen, warum der Kunde bei der Konkurrenz kauft*

Es gibt Gründe, weshalb der Kunde nicht bei Ihnen kauft. Vielleicht ist ihm die Qualität Ihres Produktes nicht wirklich klar, oder er nimmt Ihr Angebot verzerrt wahr, weil er bestimmte Dinge falsch interpretiert. Wenn Sie direkt auf Angriff schalten, verstärken Sie eventuell nur das falsche Bild, das dieser Kunde sich bisher von Ihnen und Ihrem Produkt macht, was ihn naturgemäß noch mehr abschreckt.

Verkaufsstrategien

1. *Vergleichen Sie, aber vernichten Sie nichts und niemanden*

Eine wirkungsvolle Methode ist die eines Vergleichs aller Produkte. Statt gezielt den Konkurrenten anzugreifen, der gegenwärtig im Rennen ist, sollten Sie sämtliche Angebote präsentieren und vergleichen. Das heißt, Sie zeigen Ihre Zahlen im Vergleich zu denen anderer Anbieter, Ihre Produktmerkmale im Vergleich zu denen anderer, Ihre Position, Ihre Leistungsstärke, Ihre Umfrageergebnisse und so fort. Lassen Sie die Fakten die anderen attackieren, aber machen Sie es nicht selbst. Am Ende läuft es wahrscheinlich darauf hinaus, dass im Gespräch Sie gegen den Konkurrenten stehen, doch den Einstieg finden Sie nur über das Gesamtbild. Da Sie damit nicht die Entscheidung anfechten, die der Kunde ja bereits getroffen hat, wird er sich auch nicht gleich in die Defensive gedrängt fühlen. Bei einer richtig guten Vergleichspräsentation geben Sie dem Kunden Informationen, mittels derer er besser die Stärken und Schwächen der verschiedenen Konkurrenzprodukte einschätzen kann. Anschließend wird er von Ihnen wissen wollen, was Ihr Produkt den anderen überlegen macht. Meiner Erfahrung nach sollte diese Frage allerdings vom Kunden ausgehen. Sie müssen sie gar nicht von sich aus aufbringen, da sie unweigerlich kommen wird.

2. *Bleiben Sie abstrakt*

Wenn Sie schon angreifen müssen, dann sollten Sie es auf einer möglichst abstrakten Ebene tun. Auf diese Weise schonen Sie das Ego des Kunden lange genug, um ihn überzeugen zu können.

Vertreten Sie beispielsweise einen überregionalen Büromaterialienanbieter und wollen einen Kunden gewinnen, der seit zehn Jahren bei einem örtlichen Anbieter kauft, müssen Sie sich auf Schwierigkeiten gefasst machen, die vor allem mit emotionaler Bindung zu tun haben. Daher müssen Sie unbedingt abstrakt bleiben. Sprechen Sie über die Vorteile, der mit dem Einkauf bei großen Ketten im Allgemeinen verbunden sind. Erzählen Sie, welchen finanziellen Nutzen Ihr Kunde davon haben könnte. Reden Sie über den Kreditrahmen, den große Ketten, nicht aber kleine Einzelhändler einräumen können. Sie unterhalten sich hier nicht nur über Ihr Unternehmen, sondern über jede beliebige überregionale Kette im Vergleich zu lokalen Einzelhändlern. Lassen Sie Ihr Unternehmen und den Tante-Emma-Laden erst einmal beiseite und versuchen Sie zunächst, auf abstrakter Ebene zu punkten. Erst dann dürfen Sie vorsichtig konkreter werden. Starten Sie aber mit dem direkten Vergleich, wird der Kunde nicht Ihnen zuhören, sondern vielmehr dasitzen und sich überlegen, wie er den Leuten, mit denen er seit Jahren zusammenarbeitet, zu denen er eine enge Beziehung aufgebaut hat, erklären will, dass sie keine weiteren Aufträge von ihm bekommen werden. Oft können Sie nur gewinnen, indem Sie die emotional befrachtete Wirklichkeit so lange wie möglich außen vor lassen. Allerdings ist bei dieser Methode Vorsicht geboten: Ich habe schon Kunden erlebt, die keine abstrakten Denker sind und mit dieser Methode überhaupt nichts anfangen können. Sie brauchen greifbarere Ansatzpunkte und reagieren auf abstrakte Beispiele eher verwirrt.

3. *Setzen Sie auf die Andersartigkeit Ihres Produktes*

Zeigen Sie detailliert auf, inwiefern Ihr Produkt sich von den Konkurrenzprodukten unterscheidet. Bevor Sie jemanden davon überzeugen können, dass Ihr

Produkt besser ist als andere, müssen Sie erst einmal bewiesen haben, dass es anders ist. Sie beschäftigen sich den ganzen Tag lang mit nichts anderem als Ihrem Produkt, aber der Kunde kauft es lediglich. Es ist mehr als wahrscheinlich, dass er davon ausgeht, zwischen Ihrem und den Konkurrenzprodukten bestünde kein nennenswerter Unterschied. Manchmal lohnt es sich, einen Gesprächstermin ausschließlich diesem Thema zu widmen. Ich habe schon mit einem Großkunden zusammengesessen, mit dem ich über nichts anderes sprach als darüber, wie sich mein Produkt von denen der Konkurrenten unterscheidet. Zum Schluss bat ich den Kunden nicht um eine Kaufzusage, sondern nur um seine Bestätigung, dass mein Produkt deutlich anders ist als die der Konkurrenz. Für mich war dieses Gespräch sehr befriedigend, denn ich war dem Auftrag einen Schritt näher gekommen. Dabei hatte ich nichts weiter getan, als ihm eine neutrale Auflistung der unterschiedlichen Merkmale vorzustellen. Ich hatte mich nicht auf eine Diskussion darüber eingelassen, welche Merkmale schlechter oder besser wären. Wann immer dieser Aspekt zur Sprache kam, lenkte ich das Gespräch wieder in die ursprüngliche Richtung zurück und betonte, dass meine Absicht bei dem Besuch nicht wäre, mein Produkt als das bessere darzustellen, sondern auszuführen, inwieweit es sich von anderen unterschied. Bei meinem nächsten Besuch erklärten ich dem Kunden: „Während unseres letzten Gesprächs waren wir ja schon überein gekommen, dass mein Produkt anders ist als das, das Sie im Moment kaufen und auch als vergleichbare Produkte, die andere anbieten. Ich habe Ihnen nun ein paar Punkte zusammengestellt, aus denen Sie ersehen können, welcher Nutzen Ihrem Unternehmen entstehen kann, wenn Sie mein Produkt kaufen." Am Ende bekam ich den Auftrag. Näheres dazu, wie Sie Ihr Produkt von anderen unterscheiden, finden Sie in Kapitel 1.

4. *Begeistern Sie den Kunden für Ihr Produkt*

Meiner Meinung nach gibt es entschieden zu viele Bücher, in denen behauptet wird, sobald Sie sich für Ihr Produkt begeistern, wird auch der Kunde begeistert sein. Ihr Enthusiasmus ist zwar per se etwas sehr Schönes, reicht aber selten aus. Bei Verkäufern sollte Enthusiasmus als selbstverständlich vorausgesetzt werden. Falls Sie sich nicht für das Produkt begeistern können, das Sie verkaufen, sollten Sie eventuell etwas anderes verkaufen. Und Sie müssen immer davon ausgehen, dass Ihre Konkurrenten sich für ihre Produkte nicht minder begeistern. Ich habe schon Verkäufer erlebt, die mit so viel Enthusiasmus daherkamen, dass sie ihre Kunden regelrecht verschreckten, weil sie sich wie die Affen aufführten. Wenn Sie einen Kunden für Ihr Produkt begeistern wollen, müssen Sie sich damit auseinander setzen, wie Ihr Gegenüber denkt, statt ihn mit der eigenen Begeisterung im Sturm erobern zu wollen. Hören Sie dem Kunden aufmerksam zu, achten Sie darauf, was ihn emotional anspricht. Nur so erfahren Sie, wofür der Kunde wie zu begeistern ist.

Enthusiasmus ist immer emotional und nie rational gesteuert. Ich habe einmal versucht, einen Anzeigenkunden für mein Magazin zu werben, der bisher in einem anderen Blatt inserierte. Bei unserem ersten Treffen erklärte mir der Kunde, er schaltete seine Werbung bei der Konkurrenz, weil die Auflagenzahl höher wäre und sich der redaktionelle Teil häufiger mit Themen rund um sein Produkt befasste. Da keine der beiden Behauptungen der Wahrheit entsprach, glaubte ich, den Auftrag mit Leichtigkeit gewinnen zu können. Ich zückte Umfrageergebnisse, die eindeutig nachwiesen, dass unser Magazin die größere Auflagenzahl hatte und häufiger Themen aufgriff, die mit seinem Produkt zu tun hatten. Doch anstatt gleich bei mir zu kaufen, sagte er: „Na ja, das mag alles stimmen, aber ich habe trotzdem das Gefühl, dass das andere Magazin besser für uns ist." Antworten auf logische Fragen wie: „Warum kaufen Sie gegenwärtig dieses oder jenes Produkt?" werden Ihnen wenig Aufschluss über die emotionalen Motive des Käufers geben. Jeder Kunde hat seine eigenen Gründe, warum er sich für ein bestimmtes Produkt begeistert, und das sind nicht Ihre Gründe. Enthusiasmus ist etwas sehr Persönliches, das zumeist nichts mit dem Produkt an sich zu tun hat. Wenn Sie sich für die einzelnen Merkmale Ihres Produkts begeistern können, ist das eine feine Sache, doch der Kunde interessiert sich vor allem dafür, welchen Nutzen diese Merkmale seinem Unternehmen bringen und wie er speziell davon profitieren kann. Finden Sie heraus, welche Vorteile ihm wichtig sind, und begeistern Sie ihn für die Merkmale, mit denen er etwas anfangen kann. Prüfen Sie, ob Sie richtig liegen, indem Sie beispielsweise fragen: „Was finden Sie an unserem Produkt am besten?" oder „Was an unserem Produkt bringt Ihrem Unternehmen den meisten Nutzen?" Sie werden immer wieder Kunden erleben, die „Pluspunkte" bei Ihrem Produkt ausmachen, die Ihnen nachgerade lächerlich nebensächlich erscheinen. Das macht nichts. Stellen Sie sich darauf ein, die verrücktesten Dinge zu hören zu bekommen.

5. *Brechen Sie einen Streit vom Zaun*

Ich persönlich favorisiere diese Methode ganz und gar nicht, habe allerdings schon bei anderen gesehen, dass sie funktionieren kann. Haben Sie einen unsicheren Kunden vor sich und meinen, ihm stichhaltige Begründungen geben zu können, weshalb ein Kauf bei der Konkurrenz ein entsetzlicher Fehler wäre, kann eine Konfrontation eventuell helfen, die Dinge zu Ihrem Vorteil zu wenden. Ich habe das noch nie getan und denke, dass es für die meisten Verkäufer eine recht riskante Vorgehensweise ist. Doch ich kenne welche, die wahre Meister in dieser Technik sind. Ihre Technik sieht folgendermaßen aus: Sie besuchen einen Kunden und erfahren, dass die Konkurrenz den Zuschlag bekommen soll. Daraufhin brausen sie auf, lassen alle Professionalität außen vor, erzählen dem Kunden, er machte einen schrecklichen Fehler und nötigen ihn förmlich, die Sache noch einmal zu überdenken. Falls er sich weigert, machen sie eine Szene, bedrängen den Kunden und weigern sich, ein Nein zu akzeptieren, ehe der Kunde nicht entweder klein beigibt oder sie auffordert zu gehen. Erstaunlicherweise scheuen sich die meisten Menschen, einen Verkäufer, der sich so verhält, einfach rauszuschmeißen. Unsichere Kunden fürchten Konfrontationen, die sich eventuell schlecht auf ihr Image auswirken, mehr als alles andere. Deshalb sind sie tatsächlich oft bereit, ihre Entscheidung zu überdenken, wenn der Verkäufer nur laut genug danach schreit. Manchmal funktioniert es allerdings auch anders: Der Kunde sieht, wie vehement sich ein Verkäufer für sein Produkt einsetzt und schließt daraus, dass an dem Produkt etwas sein muss. Erfolg haben Sie mit dieser Methode jedoch nur, wenn Sie sicher sein können, anderen Angebote überlegen zu sein, und einem Kunden gegenübersitzen, der in keiner wirklich gefestigten Position ist. Wenn Sie mit einem solchen Auftritt siegen, wird man Ihnen Ihr Verhalten wohl kaum nachtragen. Sollten Sie aber ohne Auftrag wieder gehen müssen, klappt man hinter Ihnen wahrscheinlich die Zugbrücke für immer hoch.

6. *Lassen Sie sich von Ihrem Kunden zu einer vergleichenden Präsentation einladen*

Die beste Chance, der Konkurrenz einen Kunden abzujagen, haben Sie, wenn Sie einen direkten Vergleich zwischen Ihrem und dem Konkurrenzprodukt anstellen dürfen. Allerdings halten Kunden in der Regel nichts von solchen „Wir-gegen-die-anderen"-Veranstaltungen. Der Kunde identifiziert sich nicht nur mit seiner vorherigen Entscheidung für das andere Produkt, sondern fühlt sich unter

Umständen sogar gefordert, das Konkurrenzprodukt zu verteidigen. Wenn Sie mit dem Kunden in einem Raum sind und über das Konkurrenzprodukt herziehen, kann das bei ihm durchaus den Gedanken wecken: „He, dieses Produkt ist gar nicht sooo schlecht, aber niemand ist hier, um es in Schutz zu nehmen. Also sollte ich vielleicht etwas sagen." Das ist natürlich fatal, denn Sie haben nun einen Kunden vor sich, der sich zum Verteidiger des Konkurrenzprodukts berufen wähnt. Dieser Effekt lässt sich am ehesten vermeiden, indem Sie dafür sorgen, dass Ihr Kunde Sie „einlädt", einen direkten Vergleich zwischen Ihrem und dem anderen Produkt anzustellen. Nur so können Sie sicher sein, dass Ihr Kunde bereit ist anzuhören, was immer Sie zu sagen haben. Zwar wird er sich nach wie vor mit seiner vorherigen Kaufentscheidung identifizieren, aber eben auch mit seiner Entscheidung, „sein" Produkt mit einem anderen zu vergleichen. Damit sind Sie in einer besseren Position. Es gibt verschiedene Methoden, wie Sie eine Einladung zu einer vergleichenden Präsentation bekommen können:

a. Fordern Sie den Kunden heraus. Ich habe einmal eine Einladung zu einer vergleichenden Präsentation bekommen, indem ich mit dem Kunden wettete, ich könnte beweisen, dass mein Vorführprodukt besser wäre als das Produkt, das er seinerzeit kaufte. Er bezweifelte es, und so arrangierten wir, dass mein Konkurrent und ich jeweils eine Stunde Zeit bekommen sollten, um die Überlegenheit unserer Produkte zu demonstrieren. Natürlich ließ sich mein Kunde auf dieses Kopf-an-Kopf-Rennen zum Teil auch deshalb ein, weil er sehen wollte, wie ich jämmerlich unterlag, aber das störte mich nicht weiter. Am Ende konnte ich mich mit meiner Präsentation durchsetzen und bekam den Auftrag.

b. Machen Sie dem Kunden klar, dass es nur zum Besten seines Unternehmens ist, so viele Informationen wie möglich einzuholen. Sagen Sie beispielsweise: „Ich weiß, dass Sie das bestmögliche Produkt kaufen müssen, also warum sehen Sie nicht einmal, was bei einem direkten Vergleich herauskommt? Für Ihr Unternehmen wäre es nur von Vorteil."

c. Sollten Sie mitbekommen, dass ein Konkurrent Ihr Produkt absichtlich falsch dargestellt hat, rufen Sie laut „Foul" und bitten um eine vergleichende Präsentation.

d. Falls Ihre Konkurrenz Sie offen attackiert, sollten Sie sich dafür bedanken. Ihr Konkurrent macht Ihnen damit praktisch ein Kompliment (sprich: „Sie sind ein ernst zu nehmender Gegner, den wir als Bedrohung empfinden.").

Dann sagen Sie dem Kunden, dass Sie sich gern gegen diesen Angriff verteidigen würden. Und sobald Sie alle fehlerhaften Kritikpunkte der Gegenseite korrigiert haben, können Sie einige eigene Punkte anführen, weshalb Sie Ihr Produkt dem gegnerischen überlegen halten.

7. *Sorgen Sie dafür, dass man Ihrer Produktkategorie ein höheres Budget bewilligt*

Ihr Kunde kauft bei der Konkurrenz. Schön und gut. Nun können Sie entweder versuchen, sich das verfügbare Budget für Ihr Produkt statt für das des Konkurrenten zu sichern, oder aber Sie sorgen dafür, dass Sie beide ein Stück vom Kuchen abbekommen. Dafür muss der Kuchen zwangsläufig größer werden. Natürlich hängt alles davon ab, welche Art Produkt Sie anbieten, doch bei den meisten ist es durchaus möglich, den Kunden mittels guter Beratung dahin zu bringen, mehr Produkte einer bestimmten Kategorie zu kaufen. Überzeugen Sie den Kunde, indem Sie neue Ideen einbringen, wie er mit mehr Produkten mehr Gewinn erzielen kann.

8. *Sprechen Sie über Ihre Konkurrenz*

Ich werde hier nicht den moralischen Zeigefinger heben und Ihnen erzählen, was Sie über Ihre Konkurrenz sagen dürfen und was nicht. Das ist keine Frage der Ethik, sondern eine der Effektivität. Wahrscheinlich haben Sie aus Erfahrung Ihre eigenen Vorstellungen davon, was angemessen ist. Außerdem variieren Verkaufsregeln von Branche zu Branche. Ich kenne sehr erfolgreiche Verkäufer, die bei jedem Kundenbesuch ihrer Konkurrenz an die Gurgel gehen und keine Gelegenheit auslassen, den Konkurrenten in Grund und Boden zu stampfen. Und ich kenne andere sehr erfolgreiche Verkäufer, die von sich aus nie die Konkurrenz erwähnen würden, sondern höchstens, wenn man sie direkt darauf anspricht. Wie Sie vorgehen wollen, sollten Sie danach entscheiden, mit welchen Kunden Sie reden. Ich habe einige Kunden, die selbst sehr wettbewerbsorientiert sind und dem Konkurrenzkampf eine Menge abgewinnen können. Sie wollen, dass ich um mein Geschäft kämpfe, weshalb für Sie ein Nicht-Erwähnen der Konkurrenz entweder ein Zeichen für Arroganz oder für Desinteresse darstellt. Andere Kunden hassen es, wenn man in ihrer Gegenwart über die Konkurrenz herfällt, und halten Kritik an deren Produkten für ein billiges Mittel, das eigene schönzureden. Lernen Sie, die Signale richtig zu erkennen, die die Leute und Unternehmen aussenden, mit denen Sie zu tun haben, und verhalten Sie sich entsprechend. Vieles können Sie daraus ableiten, wie Kunden ihr eigenes Unternehmen und ihre Produkte verkaufen. Wie sie andere behandeln, wollen sie auch selbst behandelt werden. Nehmen Sie sich die Zeit, die Firmenbroschüren in Ruhe zu studieren. Lesen Sie die Werbeanzeigen, die Ihr Kunde schaltet. Besuchen Sie seinen Messestand.

Strategien, wie Sie zum Abschluss kommen

1. *Zeigen Sie dem Kunden Wege, wie er seine bisherige Entscheidung revidieren kann, ohne das Gesicht zu verlieren*

Dieses Problem ist mit Abstand das größte, wenn es darum geht, einen Kunden zu gewinnen, der bisher bei der Konkurrenz gekauft hat. Sorgen Sie dafür, dass er sich neu orientieren und zugleich sein Gesicht wahren kann, indem Sie ihm vermitteln: „Es war vollkommen in Ordnung, dass Sie in der Vergangenheit das Konkurrenzprodukt gekauft haben, aber inzwischen hat sich einiges verändert, so dass Sie jetzt besser beraten wären, mein Produkt zu kaufen." Im Folgenden finden Sie ein paar Vorschläge, wie Sie sich sicher an einen Abschluss herantasten.

a. ***„Das war damals, heute gilt etwas anderes."*** Nennen Sie Punkt für Punkt, was sich verändert hat, welchen Wandel der Markt, die Produkte, die Unternehmen oder die Bedürfnisse durchgemacht haben. Führen Sie genau aus, warum es früher okay war, bei der Konkurrenz zu kaufen, es heute allerdings nicht mehr ist, weil sich die Dinge verändert haben.

b. ***„Wir reden heute über eine völlig andere Sache."*** Nehmen Sie ein paar Verbesserungen oder Erweiterungen, die an Ihrem Produkt vorgenommen wurden, und bauschen Sie sie richtig auf. Lassen Sie es so klingen, als ginge es heute um etwas viel, viel Größeres als je zuvor. Führen Sie aus, inwiefern diese Veränderungen eine komplett neue Wertbemessung des Produkts nötig machen. Auch hier verfahren Sie nach dem Motto „Gestern war damals, heute ist die Situation ganz anders".

c. ***„Die anderen sind einfach nicht mehr das, was sie einmal waren."*** Beschreiben Sie dem Kunden, warum die Konkurrenz heute nicht mehr dieselbe Marktpräsenz darstellt wie früher. Erklären Sie, dass diese Veränderung eine vollkommen neue Einschätzung der Konkurrenz nötig macht –

aber immer mit Betonung darauf, dass es nur logisch und verständlich war, wenn der Kunde bei ihnen kaufte, als sie noch wirklich groß waren.

2. *Sagen Sie: „Sie wollen doch sicher nicht, dass Ihr gegenwärtiger Lieferant das Geschäft mit Ihnen als Selbstverständlichkeit sieht."*

Erklären Sie dem Kunden, welchen Vorteil ein zweiter Lieferant für sein Unternehmen darstellt. Er vermittelt seinem ersten Lieferanten damit die Botschaft, dass er sich schon bemühen muss, wenn er weiterhin Geschäfte mit dem Kunden machen will.

3. *Bieten Sie dem Kunden einen Probelauf mit Ihrem Produkt zum Preis der Konkurrenz an, bei dem sich der Kunde selbst entscheiden kann, wo er den besten Gegenwert für sein Geld bekommt*

Wenn Sie alle entscheidenden Personen des Unternehmens von einer solchen „Proberunde" überzeugen können, wird es zwangsläufig auf einen direkten Produktvergleich hinauslaufen. Und da Ihr Produkt das bessere ist, können Sie dabei nur gewinnen.

4. *Erklären Sie dem Kunden, dass er irgendwann einen zweiten Lieferanten brauchen wird*

Was passiert, wenn der gegenwärtige Lieferant plötzlich Produktionsprobleme oder Materialengpässe hat, wenn ihn ein Feuer, ein Tornado oder absurd hohe Importtarife heimsuchen? Es ist immer gut, einen zweiten Lieferanten in petto zu haben – und warum sollten das nicht Sie sein?

5. *Sagen Sie: „Es ist mein Fehler."*

Sagen Sie dem Kunden, es wäre allein Ihr Fehler, dass er bislang gar nicht wusste, welches Produkt ihm mit Ihrem entgeht, weil Sie es schlicht verschlafen haben, ihn früher darauf hinzuweisen. „Ich weiß selbst nicht, was mit mir los war, dass ich Sie nicht schon vor Jahren besucht habe. Aber nur weil ich mir da einen wirklich groben Patzer geleistet habe, muss das für Sie ja nicht heißen, dass Sie sich Ihre Entscheidung nicht noch einmal überlegen können und mein Produkt in Erwägung ziehen."

6. Bitten Sie um ein Kopf-an-Kopf-Rennen

Bitten Sie den Kunden um die Chance, sich dem direkten Vergleich mit der Konkurrenz zu stellen. Schlagen Sie ihm vor, eine einstündige Produktpräsentation von Ihnen mit einer gleich langen der Konkurrenz zu vergleichen.

11 *Der Kunde, der:*

woanders kauft, weil er sich auf alte Geschäftsbeziehungen beruft

Aus der Umfrage:

Haben Sie mit solchen Kunden zu tun?

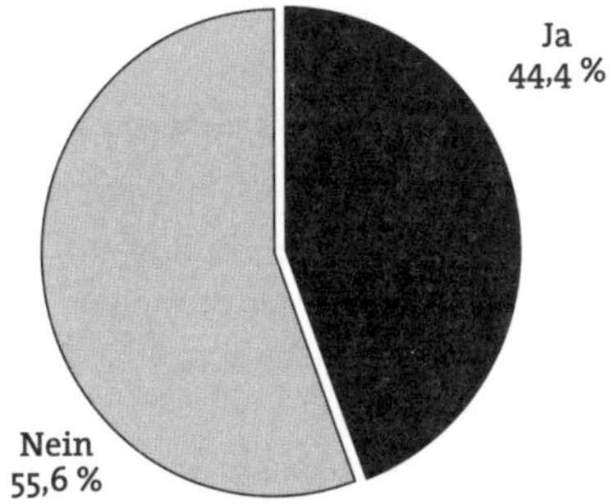

Fällt Ihnen der Umgang mit solchen Kunden schwer?

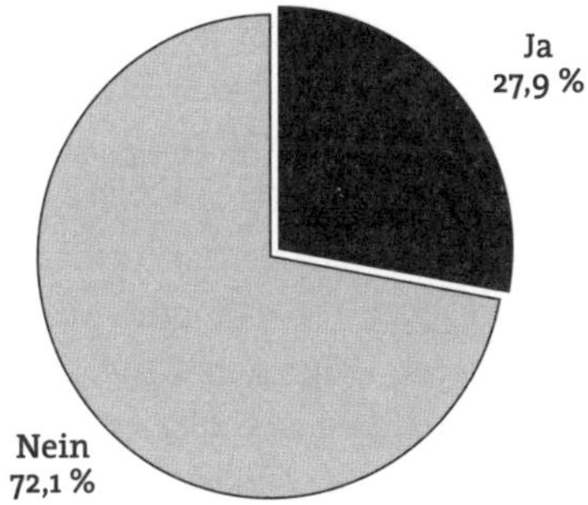

„Das ist der einzige Moment, in dem ausschließlich die Persönlichkeit entscheidet. Solche Vorbehalte zu überwinden ist sehr schwierig und zeitraubend."

Eignerin/Verkäuferin, Sicherheitsprodukte,
Fort Lauderdale, Florida

Gegen eine langjährige Geschäftsbeziehung an zu verkaufen, ist wirklich hart. Hier befindet sich Ihr Konkurrent in einem so deutlichen Vorteil, dass von Fairplay gar keine Rede mehr sein kann. Er hat den besseren Zugang zu dem Kunden, und wenn er schlau ist, wird er das Mehr an Zeit und Aufmerksamkeit, das der Kunde ihm zuwendet, nutzen, um Eindringlinge wie Sie abzuhalten.

Von außen können etablierte Geschäftsbeziehungen wie uneinnehmbare Festungen wirken, aber von innen sind sie vielleicht nicht annähernd so sicher, wie sie scheinen. Gewiss haben auch Sie Kunden, mit denen Sie seit Jahren zusammenarbeiten, obwohl die Konkurrenz nicht müde wird, Ihnen diese Geschäfte abspenstig machen zu wollen. Dank Ihres guten Kundenkontakts erfahren Sie immer genau, was die anderen tun, und können entsprechend reagieren. Das verschafft Ihnen zwar einen klaren Vorteil, kann jedoch nicht als Garantie gewertet werden. Wenn ich mich in der Position befinde, gegen eine fest etablierte Geschäftsbeziehungen anbieten zu müssen, denke ich vor allem an zwei Aspekte, die mir helfen, meinen Optimismus zu wahren. Zum einen sind es die vielen „unzerbrechlichen" Beziehungen von Kunden zu Verkäufern, die irgendwann pensioniert wurden. Frage ich diese Kunden, wie es dem ehemaligen „Verkäufer ihres Vertrauens" geht, höre ich häufig Sätze wie: „Ach, der ist nach Florida übersiedelt und spielt Golf. Wir haben eigentlich kaum noch Kontakt." Wenn die Beziehung tatsächlich so gut war, warum ist der Kontakt dann nicht geblieben? Beziehungen zwischen Kunden und Verkäufern können auf den ersten Blick wie intakte Ehen wirken, doch dem ist nicht so. Es sind reine Geschäftsbeziehungen, die auf geschäftlichen Transaktionen aufbauen. Sie unterscheiden sich grundlegend von zwischenmenschlichen Beziehungen und bleiben immer den Schwankungen ausgeliefert, die mit Veränderungen am Markt einhergehen.

Der zweite Aspekt, an den ich denke, ist der, dass ich viele Verkäufer gesehen habe, die mit ihren Kunden „ganz eng" waren, dann von einem Konkurrenzunternehmen abgeworben wurden und ebendiese Kunden mitnehmen sollten und wollten. Zwar bekamen die neuen Arbeitgeber so die Chance, Kundenkontakte zu gewinnen, an die sie ohne diese Verkäufer nicht herangekommen wären, doch die dazugehörigen Aufträge waren ihnen damit noch lange nicht sicher. Ich jedenfalls habe gesehen, dass diese Strategie mehr spektakuläre Flops hervorgebracht hat als Erfolge. Wenn man im Verkauf oder Kundendienst arbeitet, scheint mit der Kundenbeziehungen alles zu stehen und zu fallen. Ich habe schon unzählige Gespräche mit anderen Verkäufern geführt, in denen wir Name für Name und Region für Region daraufhin abgeklopft haben, wo welche etablierten Kontakte die Geschäfte bestimmen. Hätte einer der betroffenen Kunden diese Gespräche mitangehört, sie wären ihm völlig absurd vorgekommen. Aus der Kundenperspektive ist eine gute Beziehung zum Verkäufer zwar wichtig, aber gewiss nicht alles.

Das Gute an Leuten, die sich in ihren Kaufentscheidungen von Beziehungen leiten lassen, ist, dass sie zumeist in absolut sicheren Positionen sitzen. Müssten sie nämlich jede ihrer Kaufentscheidungen gegenüber anderen rechtfertigen, würden sie sich vielmehr mit den Details jeder einzelnen Transaktion beschäftigen. Deshalb können Sie häufig darauf zählen, dass Sie die Aufträge sicher haben, sobald Sie diese eine Person für sich gewinnen konnten.

Stolpersteine

1. *Auf die Konkurrenz losgehen, bevor man von sich selbst überzeugt hat*

Wenn Sie gegen eine etablierte Geschäftsbeziehung bieten müssen, kann vorzeitiges aggressives Abwerben ausgesprochen schädlich sein. Sie sollten damit rechnen, dass jedes Gegenangebot von Ihnen nicht nur von dem Kunden, sondern auch von Ihrem Konkurrenten geprüft wird. Drängen Sie sich ins Geschäft, solange Ihr Konkurrent den Fuß noch fest in der Tür hat, riskieren Sie, für immer außen vor zu landen.

Mir ist das einmal passiert, als ich einen großen Antennenhersteller bewarb. Ich wusste, dass mein Produkt deutlich besser war als das, das der Kunde zum fraglichen Zeitpunkt kaufte, und ich stieg gleich bei meinem ersten Besuch mit einem direkten Vergleich ein. Der Kunde sagte, er wäre von meinen Ausführungen überzeugt und wolle das Angebot mit einigen anderen Leuten durchgehen. Mir war gar nicht klar, dass diese „anderen Leute" die Konkurrenz waren, mit denen ihn eine sehr enge Geschäftsbeziehung verband. Der Verkäufer des Konkurrenten hätte das Geschäft verloren, hätte sich der Kunde für mein Angebot entschieden. Also ließ er sich gar nicht erst darauf ein, mein Produkt infrage zu stellen, sondern attackierte mich persönlich, indem er darauf hinwies, dass ich in der Branche relativ neu war und niemand wüsste, wie glaubwürdig ich wäre. Plötzlich war alles anders und der Kunde nahm meine Anrufe nicht mehr entgegen. Monate später begegnete ich ihm auf einer Messe, doch als ich auf seinen Stand zukam, ging er auf die andere Seite. Auch bei mehreren weiteren Versuchen, mit ihm ins Gespräch zu kommen, wich er mir konsequent aus. Schließlich begriff ich, dass es mit mir zu tun haben musste, und wandte mich an meinen Manager. Der ging zum Kunden und hörte als erstes den Satz: „Halten Sie mir Josh vom Leib!“ Mein Boss konnte die Sache zwar klären, doch den Kunden bekam ich erst, nachdem der Einkäufer zu einer anderen Firma gewechselt hatte.

Wenn Sie gegen einen Konkurrenten bieten, der schon lange einen guten Draht zu dem betreffenden Kunden hat, müssen Sie darauf gefasst sein, dass Ihr Gegner diesen Draht auch nutzen wird. Und falls Sie für den Kunden jemand sind, den er nicht einschätzen kann, helfen Ihnen Ihre Argumente herzlich wenig. Ihr Konkurrent ist einfach in der besseren Position, und aus dieser Position heraus kann er sich besonders leicht gegen Leute verteidigen, die den Kunden noch nicht von ihrer persönlichen Glaubwürdigkeit überzeugt haben.

2. *Jeden noch so albernen Einwand widerlegen*

Kontakte zu Kunden, die langen und guten Kontakt zur Konkurrenz pflegen, können einen schier in den Wahnsinn treiben. Man wird Sie mit Einwänden und Vorbehalten gegen Ihr Angebot bombardieren, die teilweise ins Lächerliche lappen. Und selbst wenn Sie imstande sind, jeden einzelnen dieser Punkte zu widerlegen, werden daraufhin nur neue auftauchen. Bei solch einem Kunden geht es nämlich viel weniger darum, seine Einwände zu widerlegen, als vielmehr darum, ihm das Gefühl zu vermitteln, dass es angenehm ist, mit Ihnen Geschäfte zu machen. Konzentrieren Sie Ihre Bemühungen lieber darauf, eine Beziehung zu ihm aufzubauen – dann verschwinden die nichtigen Einwände von selbst.

3. *Sich auf das Produkt der Konkurrenz konzentrieren*

Gehen wir einmal davon aus, dass der Kunde, den Sie bewerben, gegenwärtig bei Ihrem Konkurrenten Joe kauft. Was er kauft, ist aber nicht das eigentliche Produkt, sondern Joe selbst. Leider können Sie nicht gegen Joe bieten, denn er und der Kunde sind befreundet. Bei diesem Kontakt geht es nicht ums Produkt, sondern um Beziehungen.

4. *Zu früh aufgeben*

Wer gegen eine etablierte Kundenbeziehung bieten will, muss Monate, wenn nicht gar Jahre einkalkulieren. Sichern Sie sich kleine Zwischenerfolge, setzen Sie auf den langfristig zu erzielenden Durchbruch und bleiben Sie am Ball.

Verkaufsstrategien

1. *Bauen Sie eine Beziehung zum Kunden auf*

Gegen einen Konkurrenten anzukommen, der eine langjährige gute Beziehung zum Kunden unterhält, braucht Zeit, sagt Evan Krachman von Nikon: „Man kann nicht einfach hereinmarschieren und erwarten, dass sie sofort kaufen. Sie müssen dich persönlich kennen lernen, dich als Freund begreifen, der mehr ist als ein bloßer Verkäufer, der Familie hat, persönliche Interessen etc." Vielleicht fangen Sie mit der Frage an, was der Kunde von einer guten Geschäftsbeziehung erwartet. Unterschiedliche Kunden haben auch unterschiedliche Vorstellungen davon, wie eine gute Verkäufer-Kunden-Beziehung aussehen sollte. Gelingt es Ihnen, zu erkennen, worauf der Kunde besonderen Wert legt, werden Sie umso schneller zum Ziel gelangen. Einige Beispiele wären:

a. ***„Ich kaufe bei der Firma, die mir die glaubwürdigsten Verkäufer schickt."*** Was der Kunde meint, ist: „Ich will wissen, bei wem ich kaufe. Da ich mir aber nun mal nicht jeden einzelner Mitarbeiter in jedem Unternehmen ansehen kann, richtet sich mein Urteil danach, wen mir die Leute ins Haus schicken." Das ist an sich gar kein unvernünftiger Ansatz, denn wenn man einen gut ausgebildeten und motivierten Verkäufer vor sich hat, kann man davon ausgesehen, dass auch die Mitarbeiter in der Produktion gut ausgebildet und motiviert sind. Für diesen Kunden sind Sie die Firma. Wollen Sie eine Beziehung zu ihm aufbauen, sollten Sie vor allem auf Professionalität und Produktkenntnis setzen.

b. ***„Ich kaufe bei Leuten, denen ich vertraue."*** Dieser Kunde hat normalerweise nicht die Zeit, sich detailliert mit jedem einzelnen Kauf zu befassen. Er kauft bei Leuten, denen er zutraut, das Geschäft reibungslos abzuwickeln, ohne seine Aufmerksamkeit über Gebühr zu strapazieren. Er erwartet von Ihnen, dass Sie das tägliche Verhandlungsgeschäft für beide Seiten übernehmen. Eine Beziehung zu ihm bauen Sie am ehesten auf, indem Sie ihn bevorzugt behandeln – beispielsweise einen Preisnachlass anbieten, ohne dass er Sie extra darum bitten muss. Und geben Sie ihm das Gefühl, Sie würden sich persönlich um den Kundendienst und alles Weitere kümmern.

c. ***„Ich kaufe bei Leuten, mit denen ich befreundet bin."*** In der Geschäftswelt gibt es viele Menschen, die praktisch kein Privatleben haben und infolgedessen gern bei Leuten kaufen, die ihr Bedürfnis nach Freundschaft befriedigen. Ihnen ist verhältnismäßig egal, welches Produkt sie kaufen. Für sie sind ein nettes Essen oder eine sonstige gemeinsame Unternehmung entscheidend fürs Geschäft. Eine Beziehung zu ihnen baut man auf, indem man sie einlädt. Worauf es hier ankommt, ist, beliebt zu sein und als Freund wahrgenommen zu werden – selbst wenn man nicht unbedingt das beste Angebot bringt.

d. ***„Ich kaufe bei Leuten, die mich verstehen."*** Bei vielen Geschäften entscheidet das Verhältnis zwischen Firma und Verkäufer die Produktwahl maßgeblich mit. Der Kunde muss vor allem das Gefühl haben, Sie verstünden ihn und seine Bedürfnis, um bereit zu sein, mit Ihnen Geschäfte zu machen.

e. ***„Ich kaufe bei dem, der mir hilft, eine gute Figur zu machen."*** Wenn Sie Ihre Rolle vor allem in der Beratung sehen und dem Kunden helfen können, mit dem Kauf Ihres Produktes zugleich etwas für sein Ansehen in der Firma zu tun, wird sich der Mehrnutzen auch zu Ihren Gunsten auswirken.

2. Überlegen Sie, ob Ihr Kunde ehrgeizig ist und nach einer Geschäftsbeziehung sucht, die seiner Karriere förderlich ist

Ob ein Kunde einsam ist und auf der Suche nach Freundschaft, ob er zu beschäftigt ist und jemanden braucht, der sich an seiner statt um die Details kümmert, oder ob ihm einfach egal ist, bei wem er kauft, solange der Verkäufer ein Freund von ihm ist – das alles sind Variationen ein und desselben Themas. Und in allen Fällen ist die Beziehung zum Kunden der Zusatznutzen, der den Zeiger an der Waage in Ihre Richtung ausschlagen lässt. Je eher und besser Sie verstehen, welche Motive den Kunden veranlassen, enge Geschäftsbeziehungen zu knüpfen, umso schneller kommen Sie mit ihm ins Geschäft.

3. Stellen Sie sich vor, Sie gewinnen den Kunden

Gegen etablierte Geschäftsbeziehungen anzubieten kann weit mehr Zeit in Anspruch nehmen, als wir uns gern ausmalen. Je nach Kaufzyklen des jeweiligen Produkts kann es Monate, ja sogar Jahre dauern. Im Folgenden finden Sie meinen Zeitplan für die erfolgreiche Werbung eines Kunden, der eng mit der Konkurrenz verbandelt war. Insgesamt zog sich der Prozess über drei Jahre hin.

Phase 1: Aufs Spielfeld gelassen werden – sechs Monate. Zunächst wollte niemand mich empfangen. Ich verhielt mich professionell und tat alles, was uns die Bücher übers Verkaufen lehren. Ich war freundlich, gab mich offen und hilfsbereit, verschwendete niemandes Zeit, notierte mir alle persönlichen Informationen über die Leute, die ich bekommen konnte, und hielt den Kontakt, indem ich nette Briefe schrieb oder informative Artikel schickte. Der Dialog begann langsam und immer wieder hörte ich von Joe, dem Mann, dem ich den Kunden abwerben wollte. Im Gespräch fielen des Öfteren Sätze wie „Joe sagt dies" und „Joe sagt das". Nach ungefähr sechs Monaten fingen die Leute an, mich zu respektieren, nahmen meine Anrufe entgegen, empfingen mich, wenn ich in der Stadt war, und riefen sogar zurück, wenn ich sie nicht erreicht hatte. Damit war die Grundlage für eine Käufer-Verkäufer-Beziehung geschaffen.

Phase 2: Gelegenheit zu einem persönlicheren Gespräch bekommen – ein Jahr. Schließlich ging ich mit dem Kunden zum Mittagessen und verbrachte das erste Mal Zeit mit ihm außerhalb der Firma. Zunächst war die Unterhaltung etwas schleppend und recht geschäftsmäßig, doch am Ende unterhielten wir uns über unsere Kinder und unsere Hobbys. Kurz bevor wir uns wieder trennten, sagte mein Kunde: „Na, warten Sie, bis Joe hört, dass wir zusammen essen waren! Junge, wird der sauer sein." Der Kunde begann, in mir den Menschen und nicht nur den Verkäufer zu sehen.

Phase 3: Einen Fuß in die Tür bekommen – sechs Monate. Der „Fuß in der Tür" war ein ganz kleiner Auftrag, eine winzige Chance, aber immerhin ein Anfang. Ich habe richtig was draus gemacht, um dem Kunden das Gefühl zu geben, er hätte meiner Firma einen Riesenauftrag zukommen lassen. Die winzige Bestellung machte ich zu einem Ereignis, das es an Bedeutsamkeit leicht mit der Mondlandung aufnehmen konnte. Unterdes schlief die Konkurrenz süß und selig. Joe war so fest davon überzeugt, seine Beziehung zum Kunden würde ihm das Geschäft auf ewig sichern, dass er gar nicht darauf achtete, wie sich der Kontakt zwischen mir und seinem Kunden entwickelte.

Phase 4: Fuß fassen – sechs Monate. Als sie mich schließlich kennen gelernt und mein Produkt getestet hatten, begannen sie, mein Angebot ernst zu nehmen. In jenem Jahr habe ich den Auftrag noch nicht bekommen, aber alle, mit denen ich sprach, drückten mir ihr ehrliches Bedauern darüber aus. Ich gewann zusehends an Boden, und das gefiel dem Verkäufer, gegen den ich hier verhandelte, überhaupt nicht. Er konnte nicht fassen, dass seine langjährigen Freunde auch nur darüber nachdachten, bei einem Konkurrenten zu kaufen, der doch all die Jahre ausgesperrt gewesen war. Einmal sagten meine Kunden zu mir: „Junge, Joe hat sich mächtig darüber aufgeregt, dass wir die letzte Bestellung an Sie zu vergeben überlegten, aber wir müssen schließlich tun, was für die Firma am besten ist."

Phase 5: Den Auftrag bekommen – sechs Monate. Letztlich kauften sie dann. Sie teilten das Geschäft zu gleichen Teilen zwischen Joe und mir auf. Ich habe die Erfahrung gemacht, dass das Bieten gegen etablierte Geschäftsbeziehungen anfangs extrem schwierig sein kann, doch sobald man die „engen" Verbindungen ein wenig gelöst hat, zerfallen sie geradezu erschreckend schnell. Ich habe jedenfalls Sätze gehört wie: „Wir müssen ja bekloppt gewesen sein, all die Jahre die Aufträge ausschließlich an Joe zu vergeben. Was haben wir uns bloß dabei gedacht?" Und ich habe auch schon Verkäufer gesehen, die das Zerfallen solcher Beziehungen persönlich nahmen, beleidigt reagierten und ein Szene machten, mit der sie sich endgültig ins Aus manövrierten.

Ein paar Strategien, die Ihnen in der Schlussphase helfen können:

a. *Sagen Sie den Kunden, dass es ums Geschäft geht.* Evan Krachman von Nikon hat einmal erfolgreich einen neuen Kunden gewonnen, indem er ihm unumwunden sagte: „Hören Sie, lassen wir einmal Beziehungen beiseite, denn Profit ist Profit. Sie können mit den Verkäufern der anderen Anbieter noch so befreundet sein, aber Geschäft muss Geschäft bleiben." Dann machte er dem Kunden ein tolles Angebot, bat um den Auftrag und bekam ihn.

b. *Spannen Sie Ihren Boss ein.* Manchmal ist Ihr Boss eher imstande, Hindernisse wie lang etablierte Geschäftsbeziehungen zu überwinden. Hier haben wir es wieder einmal mit der traditionellen Taktik des Jemanden-Übergehens zu tun, was in solchen Fällen zuweilen nötig wird, weil immerhin die Möglichkeit besteht, dass die guten Beziehungen sich nicht auf die nächsthöhere Ebene erstrecken. Eventuell geht man im Management die Sache objektiver an und findet sich eher bereit, neue Angebote wohlwollend zu prüfen. Nichtsdestotrotz sollte man sich gut überlegen, ob und wann man seinen direkten Ansprechpartner auf diese Weise übergeht. (Siehe auch Kapitel 4)

c. *Finden Sie heraus, ob der Kunde eventuell mehr Informationen über das Produkt braucht.* Häufig verlassen sich Kunden beim Kauf auf altbewährte

Geschäftsbeziehungen, weil sie den Unterschied zwischen einzelnen Produkten überhaupt nicht begreifen. Vielleicht hat der Kunde einfach keine Zeit, sich hinzusetzen und mit den verschiedenen Angeboten zu beschäftigen. In dem Fall weiß er es wahrscheinlich zu schätzen, wenn Sie seine Hausaufgaben erledigen. Es gibt allerdings auch Kunden, die einen Grund dafür haben, sich nicht mit Produkteinzelheiten auseinander zu setzen. Eventuell interessieren sie sie gar nicht, oder sie arbeiten gerade auf einen gehobeneren Posten hin, für den sie derlei Wissen ohnehin nicht brauchen.

d. ***Suchen Sie den Kontakt zu den engeren Mitarbeitern des Kunden.*** Richtet ein Kunde seine Kaufentscheidungen an seinen Beziehungen zu den betreffenden Verkäufern aus, wird er sich auch in anderen Belangen auf Leute berufen, mit denen er in freundschaftlichem Kontakt steht. Möglicherweise engagiert er sich in dem einen oder anderen Branchen- oder Unternehmensverband. Sie können sich ebenfalls solchen Verbänden anschließen oder herausfinden, mit wem er dort befreundet ist, und den Kontakt zu den betreffenden Personen suchen. Empfiehlt ihm ein Freund, Sie anzuhören, wird er gewiss leichter zu überzeugen sein.

e. ***Bitten Sie um einen objektiven Angebotsvergleich.*** Enge Geschäftsverbindungen bleiben solange intakt, wie sie niemand anrührt. Eine Methode, sie aus dem Dornröschenschlaf zu wecken, ist die, einen direkten Angebotsvergleich vorzuschlagen. Falls ein solches Kopf-an-Kopf-Rennen die Aufmerksamkeit anderer entscheidender Personen im Unternehmen erregen kann, wird der Kunde es ungleich schwerer haben, bei seiner bisherigen Einkaufspolitik zu bleiben.

f. ***Sehen Sie sich genau an, mit welcher Sorte Geschäftsbeziehung Sie es zu tun haben.*** Das sollten Sie schon etwas geschickt anstellen. Lassen Sie den Namen Ihres Konkurrenten so ins Gespräch einfließen, dass er sich irgendwie dazu äußern muss. Geschäftsbeziehungen durchlaufen genauso Hoch- und Tiefphasen wie andere Beziehungen auch, und selbst die solidesten Beziehungen werden auf die Probe gestellt, wenn Pannen auftreten. Wenn Sie mitbekommen, dass die Loyalität gerade schwächelt, können Sie aktiver werden. Ein Gegenangebot, das in einem Moment kommt, da der bisherige Geschäftspartner sich einen üblen Schnitzer geleistet hat, wirkt umso attraktiver.

g. ***Planen Sie vorausschauend, um die Folgen von Restrukturierungen nutzen zu können.*** Käufe, die aufgrund von Beziehungen zustande kommen, sind besonders angreifbar. Ihr Konkurrent hat beispielsweise einen guten Kontakt zu einem Kunden aufgebaut, der in Pension geht, zu einer anderen Firma wechselt oder befördert wird – und der Kontakt geht mit ihm. Manchmal fragt der Nachfolger als Erstes, warum das Unternehmen bei diesem Verkäufer oder diesem Unternehmen gekauft hat. Vielleicht legt er Wert darauf, die Dinge auf seine eigene Weise zu regeln – sozusagen ein eigenes Markenzeichen zu setzen. Zu solchen Zeiten sollten Verkäufer grundsätzlich besonders aufmerksam und aktiv sein. Hat der Vorgänger allerdings seine Kaufentscheidungen nach persönlichen Kontakten ausgerichtet, dürfte sein Nachfolger ganz besonders empfänglich für neue Angebote sein, die ihm eine Entscheidung nach logischen Gesichtspunkten nahe legen. Vielleicht fragen die neuen Leute: „Warum haben wir all die Jahre alles immer nur bei Joe gekauft?" Und eventuell erhält er daraufhin die Antwort: „Ach so, na, weil Tom und Joe Golfpartner waren."

Strategien, wie Sie zum Abschluss kommen

1. *Bringen Sie sich auf Augenhöhe mit der Konkurrenz*

Zeigen Sie dem Kunden, dass Sie seine enge Geschäftsbeziehung mit dem Konkurrenten durchaus respektieren, und bitten Sie ihn, sich beide Angebote – Ihres und das des anderen – objektiv anzusehen. Fragen Sie ihn, wie sein objektives Urteil, losgelöst von persönlichen Beziehungen, ausfallen würde.

2. *Setzen Sie auf den „Willkommen im Club"-Effekt*

Präsentieren Sie dem Kunden eine Liste aller Leute, die Ihr Produkt benutzen und mit denen er in Kontakt steht. Dann bitten Sie um den Auftrag. Wenn der Kunde seine Geschäfte nach Beziehungen ausrichtet, kann diese Methode sehr überzeugend sein.

3. *Laden Sie den Kunden ein und bitten Sie dann um den Auftrag*

Bei einem Kunden, der Wert auf gute Beziehungen legt, ist Entertainment der Schlüssel zum Erfolg. Natürlich dringt nicht jeder Verkäufer weit genug vor, um überhaupt die Gelegenheit zu bekommen, einen Kunden einzuladen. Und für einige ist die Zusage des Kunden, mit ihnen zu Mittag zu essen, schon gleichbedeutend mit einem Auftrag. Dabei sollten die ersten Einladungen lockere Zusammenkünfte sein, bei denen der Kunde und Sie sich besser kennen lernen können.

Bei Kunden, die auf Beziehungen setzen, sind harte Verhandlungen beim Mittag- oder Abendessen nicht unbedingt geschickt. Ich halte es für gewöhnlich so, dass ich, wenn überhaupt, eine allgemeine Zusage zu bekommen versuche und mit dem Kunden vereinbare, die Einzelheiten später im Büro zu erörtern.

Meine Angebote liegen normalerweise wochenlang auf dem Schreibtisch des Kunden, bevor ich ihn zum Essen einlade. Während des Essens sprechen wir nur allgemein über das Angebot und vereinbaren erst zum Ende hin, uns später über die Details zu einigen. Die Einladung sorgt gewissermaßen nur für die „private" Übereinkunft, gemeinsam ins Geschäft zu kommen.

12 *Der Kunde, der:*

woanders kauft, weil die internen Machtverhältnisse ihn dazu nötigen

Aus der Umfrage:

Haben Sie mit solchen Kunden zu tun?

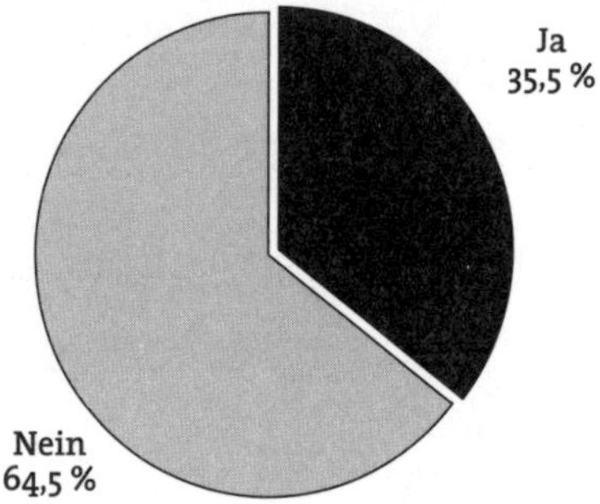

Fällt Ihnen der Umgang mit solchen Kunden schwer?

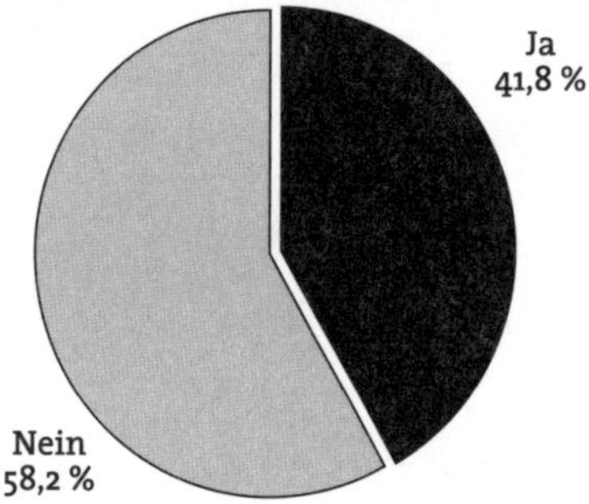

„Als Lieferant die internen Gepflogenheit eines anderen Unternehmens ändern zu wollen, ist praktisch aussichtslos."

Werbeagenturmanager, Hartford, Conn.

Kaufen ist ein Akt der Machtausübung. Aus Verkäuferperspektive findet ein Kauf dann statt, wenn jemand ein Produkt erwirbt. Firmen aber, in denen die interne Politik alles andere übertönt, sehen in einem Kauf eine Machtdemonstration. Hier gibt es Gewinner und Verlierer. Der Einzelne oder die Abteilung, die die Kontrolle über den Kauf gewinnt, kontrolliert dessen Durchführung, zukünftige Käufe und das Budget für diese Käufe. Sie sollten niemals unterschätzen, welche internen Machtkämpfe um diese Kontrolle ausgefochten werden. Haben Sie es mit einem solchen Unternehmen zu tun, müssen Sie entweder nach den Regeln der internen Politik spielen oder Ihrem Ansprechpartner helfen, dieser zuzuspielen. Ob direkt oder indirekt, Sie verhandeln nie mit einem Individuum, sondern mit einem Unternehmen. Für Verkäufer wird es besonders heikel, wenn die Politik eines Unternehmens nach außen hin nicht klar erkennbar ist. Dann kann es passieren, dass man sich mit seiner Ansprechpartnerin bereits geeinigt hat, einen Auftrag erwartet, und plötzlich zuckt sie mit den Schultern und sagt: „Ich wollte Ihr Produkt ja kaufen, aber das ist halt Politik, wissen Sie?"

Zuhören ist in diesen Fällen oberstes Gebot. Achten Sie genau darauf, was man Ihnen erzählt; stellen Sie geschickte Fragen, mit denen Sie erkunden können, welche internen politischen Konflikte den Kauf Ihres Produktes mitbestimmen. In den meisten Unternehmen sind Zwistigkeiten zwischen einzelnen Abteilungen praktisch naturgegeben. Da gibt es Reibungen zwischen der Hauptstelle und den einzelnen Filialen, zwischen der Technik und dem Marketing, zwischen nationalen und internationalen Niederlassungen, zwischen dem mittleren und dem gehobenen Management und so weiter. Manchmal besteht die Hürde auch nur aus einem erbitterten Konkurrenzkampf zwischen zwei Abteilungsleitern. Wenn Sie richtig hinhören, werden Sie bald wissen, wer auf dem Weg nach oben ist und wessen Tage gezählt sind. Was Sie erfahren, gibt Ihnen wertvolle Hinweise darauf, wer die Kaufentscheidungen tatsächlich beeinflusst und was Sie liefern müssen, um diese Personen zu überzeugen.

Ein sicherer Hinweis darauf, dass Sie es mit einem solchen Unternehmen zu tun haben, ist der, wenn Ihre Ansprechpartnerin von „wir" redet statt „ich". Sagt sie, „wir" müssten das Angebot prüfen, glauben Sie ihr.

Erzählt Ihnen die Kundin offen, ihr Unternehmen wäre „sehr politisch", meint sie damit wahrscheinlich, dass sie nicht wirklich Einfluss auf die Kaufentscheidung hat. Von außen betrachtet mag die Kaufmotivation politisch wirken, doch intern sprechen die Kunden lieber davon, dass sie „an das Wohl des gesamten Unternehmens denken", „an das Geben und Nehmen zwischen den Abteilungen" oder „an Prioritäten, die bei der Verteilung der Mittel gesetzt werden müssen". Sollte Ihre Ansprechpartnerin all diese Argumente als „politische" bezeichnen, müssen Sie davon ausgehen, dass sie die Entscheidung für oder gegen den Kauf weder beeinflusst noch kontrolliert, nach welchen Kriterien sie getroffen wird. Weitere Ratschläge für den Umgang mit Ansprechpartnern, die offenbar nicht autorisiert sind, Aufträge zu vergeben, finden Sie im vierten Kapitel.

Stolpersteine

1. *Annehmen, Sie würden mit dem besseren Produkt unweigerlich gewinnen*

Unternehmen, in denen es wie in der Politik zugeht, treffen Kaufentscheidungen praktisch genauso wie die Richter ihre Urteile in den Gerichtsshows. Die verschiedenen Abteilungsleiter oder Abteilungen setzen alles daran, die Entscheidung in die eine oder andere Richtung zu beeinflussen. Für sie ist oberste Priorität, wer am Ende den Kauf kontrolliert – das beste Produkt zum besten Preis zu bekommen, rangiert erst an zweiter Stelle.

2. *Die politischen Abläufe als blödsinnig abtun*

Kaufentscheidungen, die einer bestimmten internen Politik unterworfen sind, können blödsinnig erscheinen, sind aber vor allem sehr personenbezogen. Normalerweise wird bei solchen Entscheidungen der Einfluss der Firmenleitung spürbar. Als Verkäufer werden Sie nicht unbedingt punkten, indem Sie erklären, Sie hielten die Leute in den oberen Etagen für Idioten.

3. *Davon ausgehen, dass Ihr Ansprechpartner David gegen Goliath spielt, um Ihr Produkt durchzusetzen*

Sie haben den Kontakt zur Kundin hergestellt und sie von Ihrem Produkt überzeugt. Nun erklärt sie Ihnen, sie wäre für den Kauf, müsste aber zuvor noch einige Vorgesetzte für Ihr Produkt gewinnen. Werden in dem Unternehmen interne politische Machtkämpfe ausgetragen, dürften Ihre Chancen ohne weiteres Zutun Ihrerseits eher schlecht stehen. Sobald Ihre Ansprechpartner erst einmal zwischen die Fronten geraten, werden sie Ihr Produkt wie eine heiße Kartoffel fallen lassen und in Deckung gehen.

4. *Gehen, weil die Sache aussichtslos erscheint*

Irgendwann geraten Sie wahrscheinlich an den Punkt, an dem Sie die Sache für aussichtslos halten. Sie haben sich unendlich bemüht, doch all Ihre Anstrengungen versinken scheinbar in einem riesigen schwarzen Loch. Aber deshalb muss nicht alles sinnlos sein. Es dauert eben nur etwas länger. In Unternehmen, hinter deren Türen ständig Grabenkämpfe stattfinden, müssen bei Kaufentscheidungen viele Leute unter einen Hut gebracht werden, die mal mehr, mal weniger gut miteinander auskommen. Diese zusätzlichen Schaltstellen kosten zunächst einmal Ihre zusätzliche Zeit, aber die Dinge laufen nach einem festen Muster ab. Beim ersten Mal wird Ihnen das nichts nützen, weil Sie das Muster noch nicht kennen. Sind Sie jedoch erst einmal mit dem Unternehmen im Geschäft, wird Ihr Wissen um diese Abläufe für Sie arbeiten.

Verkaufsstrategien

1. *Klären Sie Einwände und fragen Sie immer, von wem sie stammen*

Sprechen Sie ausschließlich mit einer Person in dem Unternehmen, sollten Sie unbedingt jedes Mal nachfragen, wer was gesagt hat. Gehen Sie nicht davon aus, dass die Kommunikation innerhalb des Unternehmens funktioniert. Ein Angebot von mir wurde einmal abgelehnt, weil mein Ansprechpartner eine abweisende Bemerkung vom Unternehmenspräsidenten über mein Produkt gehört hat. Da der Einkäufer nur selten direkt mit dem Manager sprach, hatte dieser negative Kommentar natürlich eine enorme Wirkung auf ihn. Wenige Monate später war ich auf einer Messe und wurde dem Manager persönlich vorgestellt. Ohne den Namen meiner Ansprechperson in seinem Unternehmen zu nennen, erzählte ich von dem Vorfall. Er war überrascht und erzählte mir, so etwas hätte er bestimmt nicht im Ernst gesagt. Wahrscheinlich hätte er einfach einen schlechten Tag gehabt. Sobald ich die Angelegenheit mit dem zuständigen Einkäufer geklärt hatte, bekam ich den Auftrag. Es genügt nicht, Einwände zu klären, sondern man muss auch wissen, woher sie kommen, um zu wissen, mit wem man tatsächlich verhandelt. Einen Überblick über die internen Strukturen verschafft man sich beispielsweise, indem man mit einer einfachen Frage eröffnet: „Was halten denn Ihre Kollegen von meinem Produkt?“

2. *Sprechen Sie den Nutzen des Produkts für das gesamte Unternehmen an*

Verhandeln Sie direkt mit demjenigen, der die Kaufentscheidung fällt, geht es vor allem um Produktdetails. Ist Ihr Verhandlungspartner aber nur der Frontmann, der seine Vorgesetzten von Ihrem Produkt überzeugen muss, entscheidet die Wahrnehmung Ihres Produktes und Ihres Unternehmens aus der Ferne über den Kauf. Sich endlos über „Fakten" auszulassen, hat wenig Sinn, wenn Sie Leute gewinnen wollen, die mit diesen „Fakten" überhaupt nicht in Berührung kommen. Entwickeln Sie ein Konzept, mit dem Sie das gesamte Unternehmen ansprechen, denn nur so können Sie bis in die obersten Etagen vordringen. Dafür müssen Sie das Unternehmen gut kennen und wissen, welchen Nutzen Ihr Produkt speziell dieser Firma bringt.

Ist Ihr Produkt teurer als andere, beschleunigt aber die Produktion von Eiskremriegeln, sollten Sie herausbekommen, inwiefern dieser Vorteil gerade diesem Unternehmen zugute kommt. Schicken Sie Briefe und Präsentationen, in denen Sie beispielsweise schreiben: „Mit einer beschleunigten Herstellung von Eiskremriegeln hat ABC Ice Cream Company die Möglichkeit, täglich drei verschiedene Geschmacksrichtungen auszuliefern anstatt zwei." Plötzlich wird der stellvertretende Vertriebsleiter zu Ihrem größten Verbündeten und Sie bekommen den Auftrag. Reden Sie nicht darüber, welche Produktmerkmale welche Produktionsgeschwindigkeiten möglich machen, sondern sprechen Sie über Eiskremriegel.

3. Nutzen Sie die politischen Verhältnisse, um direkt oder indirekt Druck auszuüben

a. ***Direkt:*** Wenn Sie den Präsidenten des Unternehmens (oder den Chefeinkäufer) kennen, glauben Sie vielleicht, den Auftrag so gut wie in der Tasche zu haben. Doch in professionell organisierten Unternehmen garantieren Kontakte zu den höchsten Ebenen noch keinen Abschluss. Ich war schon in der Situation, dass ich den Direktor eines Unternehmens kannte, aber trotzdem keine Aufträge von seinem Mitarbeiter bekam, der zwei Stufen unter ihm in der Hierarchie war und den Einkauf betreute. Als ich meinen Bekannten darauf ansprach, sagte er: „Josh, ich bin der Manager. Wie sieht es wohl aus, wenn ich meinen Leuten erzähle, was sie bei wem kaufen sollen, nur weil die Verkäufer frühere Arbeitskollegen von mir sind?" Gute Manager werden dafür sorgen, dass Sie sich den Auftrag bei ihren Untergebenen „verdienen". Das heißt allerdings nicht, dass Kontakte zur Führungsebene nicht hilfreich sein können. Immerhin gewinnen Sie dadurch Zugang zu den Entscheidungsebenen. Manchmal kann es eine Weile dauern, aber langfristig gewinnt normalerweise, wer Einfluss von oben ausüben kann. Geraten die Verhandlungen nämlich an einen Punkt, wenn es zwischen Ihrem Produkt und dem eines Konkurrenten unentschieden steht, können Sie Ihren Einfluss von oben oft vorteilhaft nutzen.

b. ***Indirekt:*** Geben Sie sich den Anschein von politischem Einfluss. Politik – ob im Staatsgeschäft oder innerhalb eines Unternehmens – ist in erster Linie eine Sache des Scheins, also warum sollten Sie nicht so tun, als hätten Sie Freunde in höheren Positionen? Haben Sie es mit einer Firma zu tun, in der interne Machtstrukturen weniger einflussreich sind, ernten Sie damit wahrscheinlich nur ein verwundertes „Na und?", aber in anderen wird sich Ihr Ansprechpartner sofort Gedanken machen, wie seine Entscheidung wohl bei den Vorgesetzten aufgenommen wird. Im Folgenden möchte ich ein paar Beispiele beschreiben, in denen ich diese Strategie beobachtet habe.

Als ich Verkäufer in der Kabelfernsehbranche war, machte mich das Verhalten meines Managers stutzig. Wir waren auf einer Handelsmesse und hörten uns Vorträge von diversen Direktoren und CEOs großer Kabelsender an. Diese Leute standen gleich mehrere Stufen über denen, mit denen wir normalerweise verhandelten, und trotzdem machte mein Boss sich eifrig Notizen. Ich fragte ihn, was er da machte, und er erklärte mir, er sammle Material für seine Schreiben an die jeweiligen Sender. Landeten diese Schreiben bei den Untergebenen der Vortragenden auf dem Tisch, dann lasen sie darin Dinge, die sie bereits von ihren Vorgesetzten gehört hatten. Auf diese Weise entstand bei ihnen die Illusion, dass mein Manager Kontakt zu den Unternehmensspitzen hatte und natürlich entsprechenden Einfluss.

Als Verkäufer für einen großen Elektronikkonzern arrangierte ich ein Mittagessen bei einer großen brancheninternen Veranstaltung. Mein Boss und der Boss von ihm waren da; ich war der Rangniedrigste unter den Anwesenden. Geladen waren der CEO eines Kundenunternehmens und ein paar seiner Führungskräfte. Da es in dem Gespräch bald um Details ging, die weit über meinem Kompetenzbereich lagen, konnte ich wenig zur Diskussion beisteuern. Dennoch schrieb ich hinterher einen Brief an den CEO, in dem ich mich für sein Kommen bedankte. Ich erwähnte beiläufig, dass ich das Essen arrangiert hatte, und ging auf zwei wesentliche Punkte ein, die er angesprochen hatte. Eine Kopie des Schreibens bekam jeder Mitarbeiter, mit dem ich in seinem Unternehmen danach zu tun hatte. Tatsächlich habe ich praktisch nie direkten Kontakt zu diesem CEO gehabt, doch seine Mitarbeiter sahen den Brief und glaubten, ich hätte ihn zum Essen eingeladen und mich nett mit ihm unterhalten.

Für mich arbeitete einmal eine Verkäuferin, die Zusammenkünfte mit Kunden perfekt inszenieren konnte, um einen politischen Vorteil für sich zu gewinnen. Ich besuchte einmal einen Empfang mit ihr, der von einem Unternehmen gesponsert wurde, mit dem sie ins Geschäft kommen wollte. Zunächst blickte sie sich nach ihrem Ansprechpartner und nach dem CEO des Unternehmens um. Dann stand sie eine Weile mit mir zusammen und plauderte, bis sie ihre Chance gekommen sah. Sie ging zu dem CEO, stellte sich vor, tauschte Nettigkeiten mit ihm aus und machte ein paar Scherze, während sie unauffällig dafür sorgte, dass sie beide sich dabei einige Schritte seitlich bewegten, bis sie praktisch direkt vor dem Einkäufer landeten. Dann tat sie, als hätte sie ihn erst in diesem Moment entdeckt und bezog ihn sogleich in das Gespräch mit ein. Sie erzählte dem CEO, was für einen tollen Job sein Einkäufer machte und wie gern sie mit ihm zusammenarbeitete. Das Ganze dauerte nur wenige Minuten, aber sie hatte dem Einkäufer den Eindruck vermittelt, den CEO zu kennen und ihren Einfluss auf ihn zu Gunsten des Einkäufers geltend machen zu wollen.

c. ***Indirekt:*** Halten Sie sich an die Werte, die der CEO vorgibt. Die wesentliche Aufgabe eines Direktors oder CEOs besteht darin, die Unternehmenskultur seiner Firma zu formen. Spielen Sie direkt auf die Werte an, von denen die Unternehmenskultur getragen wird. Als ich beispielsweise einmal in einer neuen Firma vorsprach, fielen mir in der Halle zwei Medaillen für besondere Qualität auf, die dem Unternehmen verliehen worden waren. Eine weitere Medaille hatten sie gewonnen, weil sie die ISO-9000-Qualitätsprüfung bestanden hatten. Auf dem Empfangstresen lag das aktuelle Firmenrundschreiben mit einem Artikel über eine Preisverleihung durch den CEO an einen Mitarbeiter, der einen bedeutenden Vorschlag zur Qualitätsverbesserung eines ihrer Produkte gemacht hatte. Im Gespräch mit dem Kunden habe ich meine soeben gewonnenen Informationen genutzt. Ich führte detailliert aus, wie sehr mein Produkt zur Qualitätssteigerung ihrer Produkte beitragen könnte, und achtete besonders darauf, klar zu machen, wie viel hochwertiger mein Produkt war als das, das sie gegenwärtig kauften. Am Ende sagte der Einkäufer: „Das war wirklich aufschlussreich! Ich bin sicher, dass eine Menge andere Leute hier sich für das interessieren werden, was Sie uns anzubieten haben. Mich haben Sie jedenfalls überzeugt." Ich konnte mich zwar nicht auf den CEO berufen, aber indem ich direkt die Werte ansprach, die er etabliert hatte, war die Wirkung praktisch dieselbe, als hätte ich ihn selbst angesprochen.

Es gibt viele Methoden, wie man sich über die Werte eines CEOs informieren kann. Kaufen Sie beispielsweise ein paar Aktien des Unternehmens, so dass Sie Zutritt zu den jährlichen Aktionärsversammlungen erhalten und regelmäßig Informationsmaterial zugeschickt bekommen. Oder besorgen Sie sich den Jahresbericht oder die Aktionärsprospekte. Sie können aber auch einfach die Werbeanzeigen studieren, die das Unternehmen schaltet.

4. *Bringen Sie andere Leute aus Ihrem Unternehmen mit anderen Leuten aus dem Kundenunternehmen zusammen*

Wenn viele Leute in die Kaufentscheidung involviert sind, sollten Sie sich bemühen, den Kontakt zwischen Ihrem und dem Kundenunternehmen auszuweiten. So erreichen Sie, dass Ihre Bemühungen auf breiterer Ebene wahrgenommen werden.

Fragen Sie:

- „Kann mein Techniker sich vielleicht einmal mit Ihrem Techniker unterhalten?"
- „Kann mein Chefdesigner eventuell mal mit Ihrem Chefdesigner sprechen?"
- „Sollte sich unser Ingenieur nicht einmal mit Ihrem technischen Leiter zusammensetzen?"

5. *Fragen Sie sich: „Wie viel politisches Gewicht hat die Person, mit der ich spreche?"*

Können Sie keine Kontakte zu den Führungsebenen vorweisen, ist Ihre Ansprechperson der Kanal, über den sich Ihre sämtlichen Vorschläge und Verkaufsangebote vermitteln. Wie überzeugend Ihre Argumente an den entscheidenden Stellen ankommen, hängt ganz davon ab, welche Glaubwürdigkeit und welchen politischen Einfluss man Ihrer Ansprechperson beimisst.

Die erste große Frage ist natürlich die, wie gut sie sich mit ihrem Boss versteht. Politische Macht wirkt immer von oben nach unten. Kann sie sich auf das Vertrauen und die Unterstützung ihrer Vorgesetzten berufen, wird man sie entsprechend ernst nehmen. Es gibt unterschiedliche Methoden, wie Sie herausfinden, wie viel politisches Gewicht Ihre Gesprächspartnerin hat. Fragen Sie sie beispielsweise, wie ihr Boss wohl auf Ihr Angebot reagieren wird. Oder machen Sie eine Bemerkung über Ihre eigenen Vorgesetzten, und warten Sie ab, was sie über ihre sagt. Erzählen Sie ihr, sie täte so viel für ihr Unternehmen, dass sie eigentlich eine Gehaltserhöhung verdient hätte und warten Sie ab, wie sie reagiert. Antwortet sie darauf mit Sätzen wie „Mein Boss und ich kommen ausgezeichnet miteinander klar“, haben Sie wahrscheinlich eine echte Spielerin vor sich. Sagt sie allerdings: „Wenn das hier klappt, bleibt mir mein Boss hoffentlich eine Weile von Hals“, ist das gewiss nicht der Fall. Fragen Sie außerdem: „Wie lange arbeiten Sie schon hier?“ Und fragen Sie sich selbst: „Versteht sie wirklich etwas von dem, was sie hier macht?“

6. Überlegen Sie, wie Sie Ihre Ansprechpartnerin als Heldin aus den Verhandlungen hervorgehen lassen können

Dreht sich in Ihrem Kundenunternehmen alles um politische Machtkämpfe, dann brauchen Sie eine Verbündete, mit der Sie arbeiten können. Machtverschiebungen treten oft viel zu schnell ein, als dass Sie rechtzeitig reagieren können, es sei denn, Sie haben jemanden innerhalb des Unternehmens, der für Sie alles im Auge behält. Wenn Sie es schaffen, diese Kontaktperson wie eine Heldin aussehen zu lassen, stärken Sie damit ihre Position innerhalb der Arena, in der sie für Sie kämpft.

7. Bringen Sie Ihren Kunden dazu, sich über die Politik zu ärgern

Einkäufer, die sich ständig mit internen Machtkämpfe auseinander setzen müssen, fühlen sich dabei in den seltensten Fällen besonders wohl. Sie werden an die Frontlinie geschickt und müssen Entscheidungen verteidigen, auf die sie selbst kaum Einfluss haben. Wenn Sie sie dazu bringen können, sich über die internen Abläufe zu beschweren, werden sie Ihnen bereitwillig Informationen liefern, die Sie wiederum nutzen können, um die Leute zu gewinnen, die am Ende entscheiden.

8. Bitten Sie um ein Gruppenmeeting

Kaufentscheidungen, die in einem Meeting getroffen wurden, bei dem sämtliche Entscheidungsträger anwesend waren, sind die mit Abstand zuverlässigsten. Selbst wenn eine der beteiligten Personen hinterher ihre Meinung ändert, wird sie davor zurückschrecken, noch einmal alle zusammenzutrommeln, um die Diskussion wieder von vorn zu beginnen. Manchmal ist es einfach, Gruppenmeetings durchzusetzen; dann reicht schon die Tatsache, dass Sie als außenstehende Person darum bitten. Allerdings sind solche Fälle meiner Erfahrung nach ausgesprochen selten. Oft sind die Kunden zu beschäftigt und nicht bereit, die Zeit aufzubringen, die dafür nötig ist. Bevor Sie um ein Gruppenmeeting bitten, sollten Sie sich fragen, warum der Kunde noch nicht von sich aus auf die Idee gekommen ist. Schließlich zielt Ihr Angebot auf eine Entscheidung, die all diese Leute gemeinsam treffen müssen, also warum haben sie sich nicht schon längst zusammengesetzt? Sollten Sie nicht zufällig ein einzigartiges Produkt anzubieten haben, werden Sie kaum alle Entscheidungsträger dazu bewegen können, sich mit Ihnen an einen Tisch zu setzen. Die Leute in den führenden Positionen empfangen Sie ja nicht einmal allein, wieso sollten sie sich dann die Mühe machen, sich auf eine große Runde mit Ihnen einzulassen, was ja bekanntlich weit zeitraubender ist? Sie müssen ein überzeugendes Lockmittel bieten, das ein Gruppenmeeting rechtfertigt: Informationen über einen neuen Forschungsbericht, eine neue Idee, die dem Unternehmen nützlich sein kann, oder die Einführung eines neuen Produktmerkmals oder Services.

Sie können natürlich auch ein informelles Zusammentreffen arrangieren. Gelingt es Ihnen beispielsweise, eine der Führungskräfte zum Mittagessen einzuladen, werden Sie gewiss auch deren Untergebene hinzubitten können. Im informellen Rahmen lassen sich Differenzen zwischen verschiedenen Entscheidungsebenen oft klären.

9. Schicken Sie ein Werbeschreiben an alle Mitarbeiter des Unternehmens

Falls Sie einen wirklich überzeugenden Grund vorzubringen haben, warum ein Unternehmen gerade Ihr Produkt kaufen sollte, und einiges an aussagekräftigem Material dazu anbieten können, packen Sie alles in eine Mappe und schicken Sie sie an alle Mitarbeiter des Unternehmens. Dieses Methode funktioniert gerade in Unternehmen mit heiß umkämpften Machthierarchien. Wenn die Leute nämlich Ihr Memo untereinander weiterreichen, signalisieren sie einander damit Zustimmung – wenn auch in Einzelfällen unbeabsichtigt. Ich habe einmal eine solche Infobroschüre an einen Neukunden geschickt. Der Unternehmensdirektor erhielt sie und reichte sie direkt an die Person weiter, die sich mit diesen Dingen befasste. Zufällig war das mein Ansprechpartner in der Firma. Er war so beeindruckt, mein Memo von seinem Chef zu bekommen, dass er es prompt sehr ernst nahm!

Strategien, wie Sie zum Abschluss kommen

1. *Vermitteln Sie dem Kunden: „Es ist gut für Ihre Karriere, bei uns zu kaufen."*

Wer kauft, sieht das Kaufen in erster Linie als einen Weg an, sich auf der Karriereleiter ein Stück weiter nach oben zu arbeiten. Erst an zweiter Stelle steht das Ziel, das beste Produkt zum bestmöglichen Preis zu bekommen. Sitzen Sie jemandem gegenüber, der als aufsteigender Stern am Managementhimmel wahrgenommen werden möchte, sollten Sie demjenigen davon erzählen, wie zuträglich es der Karriere anderer bereits war, bei Ihnen gekauft zu haben. Und dann bitten Sie um den Auftrag.

2. *Zeigen Sie auf, warum Ihr Produkt zu kaufen für den Kunden kein Risiko birgt*

Ihr Gegenüber ist wahrscheinlich stets bemüht, nicht zur Zielscheibe ehrgeiziger Vorgesetzter zu werden. Deshalb müssen Sie die Verkaufsabwicklung so gestalten, dass er damit kein oder nur ein minimales Risiko eingeht. Falls Sie in einer marktführenden Position sind, können Sie diesen Aspekt ausspielen. Falls nicht, bieten Sie am besten irgendeine Garantie, dass der Kauf bei Ihnen für den Kunden risikofrei ist. Dann bitten Sie um den Auftrag.

3. *Bitten Sie in Gegenwart aller Verantwortlichen um den Auftrag*

Gelingt es Ihnen, ein Gruppenmeeting zu arrangieren, sollten Sie um den Auftrag bitten, bevor die ersten wieder gehen. Zusagen, die vor der gesamten Gruppe gemacht werden, sind erfahrungsgemäß besonders zuverlässig.

4. *Machen Sie Ihre Vorschläge und Angebote grundsätzlich schriftlich*

Da eine Menge Leute in den Entscheidungsprozess involviert sind, müssen Sie davon ausgehen, dass Sie einige von ihnen überhaupt nie zu Gesicht bekommen. Daher sollten Sie zum Ende der Verhandlungen einen schriftlichen Auftragsentwurf verfassen, aus dem alle wesentlichen Informationen hervorgehen, damit jeder, der ihn ansieht, in der Lage ist, auf Basis dieses Entwurfs eine Entscheidung zu fällen.

13 *Der Kunde, der:* desinteressiert ist

Aus der Umfrage:

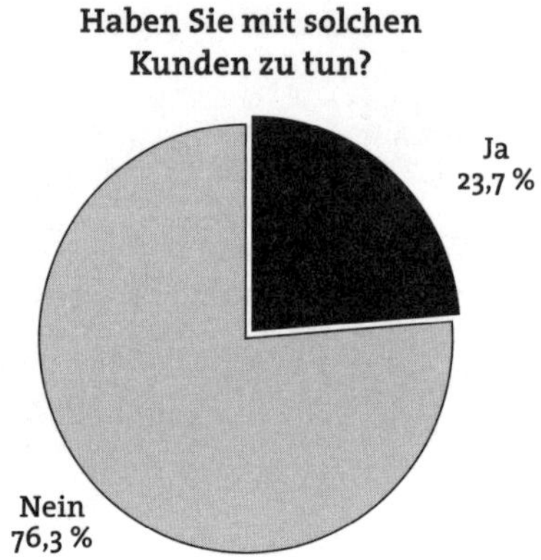

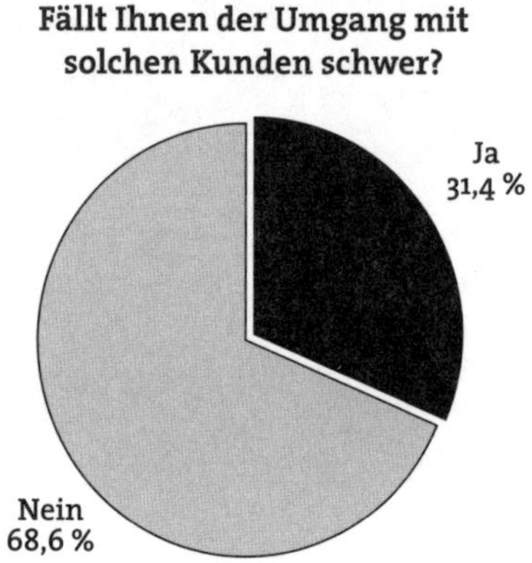

„Bei alltäglichen geschäftlichen Transaktionen bleiben die wirklichen Entscheider mehr und mehr ‚im Verborgenen'. Ihre ‚Ersatzleute' sind meist unerfahren, wollen nichts lernen und sind überhaupt nicht autorisiert, Entscheidungen zu treffen. Wenn es um mein Produkt geht, begeistern sich die wenigsten."

Werbeverkäufer, Providence, R. I.

Sie präsentieren Ihrer Kundin mit Feuer und Flamme das Angebot, an dem Sie tagelang gearbeitet haben. Dann blicken Sie sie an und sehen einen Ausdruck tödlicher Langeweile. Daraufhin legen Sie ein bisschen im Tempo zu und versuchen, noch lebendiger zu wirken. Ihre Kundin gähnt, blickt auf die Uhr und erinnert Sie beiläufig daran, dass sie in fünf Minuten einen anderen Termin hat. Sie haben so viel Zeit darauf verwendet, diesen Kundenbesuch vorzubereiten; Sie waren so enthusiastisch. Warum zeigte sie denn keinen Anflug von Interesse?

Das meiste Gerede über Enthusiasmus im Verkauf ist vollkommen unangebracht. Zwar sollten Sie Ihr Produkt und Ihr Unternehmen durchaus mit Enthusiasmus vertreten, aber das ist doch eigentlich eine Selbstverständlichkeit. Worauf es wirklich ankommt, ist, wie viel Enthusiasmus für Ihr Produkt und Ihr Unternehmen Sie in Ihren Kunden wecken können. Sie müssen es schaffen, sich so zu präsentieren, dass Ihre Kundin meint, Ihr Produkt wäre etwas, wofür sie sich begeistern könnte. Dafür müssen Sie zunächst einmal einfallsreich, flexibel und empfänglich sein für das, was in Ihrer Kundin vorgeht.

Stolpersteine

1. *Das Verkaufsgespräch zu sehr dominieren wollen*

Die Wege vom Angebot bis zum Kauf variieren von Kunde zu Kunde. Bei einigen vollzieht er sich in einer geraden Linie; bei anderen ist er kurvenreich, bisweilen verschlungen und wartet mit der einen oder anderen Überraschung auf. Sie können sich allerdings in jedem Fall darauf verlassen, dass Sie auf dem richtigen Weg sind, wenn Ihre Kunden sich für das interessieren, was Sie erzählen. Sobald Sie das Gefühl haben, man hört Ihnen nicht mehr zu, haben Sie sich „verlaufen". Ich habe schon viele Verkäufer gesehen, die fälschlicherweise darauf gedrillt waren, eine Präsentation von Anfang bis Ende kontrollieren zu wollen. Man bringt ihnen bei, eine erfolgreiche Präsentation wäre eine, die bei null beginnt, Punkt für Punkt durcharbeitet, mögliche Einwände direkt anspricht und ausräumt und schließlich in der Bitte um den Auftrag mündet. Was jedoch fehlt, ist der Dialog mit dem Kunden, der doch meist den Abschluss erst möglich macht. Kunden kaufen aus ihren eigenen Gründen, nicht aus denen, die der Verkäufer ihnen vorgibt. Ohne einen wirklichen Dialog verkaufen Sie sozusagen im Blindflug.

2. *Das Gespräch für misslungen halten, weil „sie sich einfach nicht anhören will, was ich zu sagen habe"*

Im Verkauf fällt die Verantwortung für die Kommunikation allein Ihnen zu. Wenn Ihre Kundin Ihnen nicht zuhört, ist das Ihr Fehler. Sollten Sie bei der Präsentation bemerken, dass Ihre Kundin unaufmerksam wird, müssen Sie sich sofort überlegen, ob Sie die richtige Art gewählt haben, diese Kundin anzusprechen. Und sollten Sie zu dem Schluss kommen, dass Sie eine Präsentation wegwerfen müssen, die Sie in stundenlanger Arbeit vorbereitet haben, dann schmeißen Sie sie eben weg.

3. Den Besuch nicht auf den individuellen Kunden abstimmen

Kunden reagieren vor allem dann gelangweilt oder desinteressiert, wenn sie einen Verkäufer vor sich haben, der mit einer Standardpräsentation ins Haus kommt und sie vorträgt, als wären alle Kunden gleich. Natürlich ist eine Produktpräsentation ein wertvolles Werkzeug für den Verkauf, doch sie sollte nur in den Grundzügen standardisiert sein. Die Feinheiten müssen auf den individuellen Kunden und dessen Bedürfnisse abgestimmt werden.

Verkaufsstrategien

1. Bereiten Sie den Termin sorgfältig vor

Sollte sich Ihre Kundin beim ersten Besuch desinteressiert geben, dürfen Sie nicht überrascht sein. Die meisten Kunden finden Präsentationen langweilig. Liefern Sie jedoch eine Präsentation ab, die wirklich interessant ist, haben Sie eine Menge gewonnen. Beugen Sie dem Desinteresse schon vor dem Termin vor. Dazu bieten sich folgende Möglichkeiten an:

a. ***Rufen Sie vorher an.*** Ein bis zwei Tage bevor Sie die Kunden besuchen, sollten Sie sie anrufen und fragen, ob es irgendetwas Besonderes gibt, was sie bei dem Gespräch von Ihnen wissen möchten. Dann können Sie sich entsprechend vorbereiten. Ich habe festgestellt, dass ungefähr die Hälfte der Kunden vorher schon weiß, was sie besonders interessiert. In diesen Fällen kann ich meine Präsentation gezielt an den Punkten ausrichten, die für die jeweiligen Kunden relevant sind. Und selbst wenn sie keine konkreten Vorstellungen hatten, was sie von mir wissen wollten, haben sie es doch positiv zur Kenntnis genommen, dass ich nachfragte. Meine Frage signalisierte mein Interesse daran, keine kostbare Arbeitszeit der Kunden zu verschwenden und mich nach ihren individuellen Ansprüchen zu richten.

b. ***Fragen Sie sich: „Hat der Kunde das alles schon mal gehört?"*** In den meisten Branchen können sie davon ausgehen, dass der Kunde mit den Grundbegriffen Ihres Produkts vertraut ist. Wiederholen Sie sie nicht, sondern lassen Sie etwas Neues und Interessantes über das Produkt ins Gespräch einfließen.

c. ***Fragen Sie sich: „Um wessen Geschäft geht es bei dieser Präsentation?"*** Ihre Kundin kauft Ihr Produkt, weil es gut für ihr Geschäft ist, nicht für Ihr eigenes. Entsprechend empfiehlt sich für die Präsentation eine ausgewogene Mischung aus Ihrem Produkt und dem Geschäft der Kundin. Manche Verkäufer reden ausschließlich über ihre Produkte. Will eine Kundin unbedingt alles darüber erfahren, ist es okay, ansonsten aber wird sie zwangsläufig desinteressiert reagieren.

d. ***Treten Sie beim ersten Besuch als jemand auf, der sich für die Kundin interessiert.*** Beginnen Sie damit, Fragen zu stellen. Erzählen Sie Ihrer Kundin, dass Sie ihre Zeit nicht unnötig mit Informationen verschwenden wollen, die sie bereits hat, sondern mit der Präsentation Ihres Angebots lieber auf einer Ebene ansetzen würden, die dem Wissensstand der Kundin entspricht. Stellen Sie beispielsweise folgende Fragen: „Wie viel wissen Sie über mein Produkt? Haben Sie diese Art Produkt bereits benutzt? Welche Produktmerkmale sind für Ihr Geschäft besonders wichtig und interessant? Was erwarten Sie sich vom Kauf dieses Produkts?"

2. *Präsentieren Sie Ihr Produkt immer im direkten Bezug auf das Kundenunternehmen*

Kunden begeistern sich selten für neu vorgestellte Produkte nur um der Produkte willen. Wofür sie sich begeistern können, ist das, was diese Produkte ihnen und ihrem Unternehmen an Nutzen bringen können. Die meisten Kunden langweilen sich, wenn man ihnen unwichtige Details vorträgt, die nichts mit ihrem Geschäft zu tun haben. Hier bewahrheitet sich die alte Geschichte vom Verkäufer, der seine Kunden zu Tode langweilte, indem er endlos lange über die Bohraufsätze redete, die er verkaufte: Er besuchte einen Kunden nach dem anderen und dozierte darüber, dass seine Bohraufsätze aus dem besten Stahl gefertigt und besonders präzise gearbeitet wären, während seine Kunden sich nur dafür interessieren, ob sie saubere kleine Löcher in Holz machen konnten.

3. Passen Sie Ihren Präsentationsstil dem Kunden an

Wenn Sie mit einem Kunden zusammensitzen, dessen Aufmerksamkeit rapide nachzulassen scheint, genügt manchmal eine kleine Kurskorrektur, um ihn wieder für das Gespräch zu interessieren. Denken Sie daran, dass verschiedene Kunden auch verschiedene Präsentationsstile brauchen. Manche Kunden sind für emotionales Engagement empfänglich und legen Wert darauf, bei „Freunden" zu kaufen; andere wiederum wollen hieb- und stichfeste, sachliche Argumente genannt bekommen, warum sie ein Produkt kaufen sollten. Unser Job als Verkäufer ist nicht, die eine oder andere Einstellung zu beurteilen – geschweige denn zu verteufeln –, sondern wir müssen die Flexibilität mitbringen, uns auf die unterschiedlichen Kunden einzustellen. Als ich einmal eine Flipchart-Präsentation machte, bemerkte ich, dass mein Kunde jedes Mal gelangweilt aussah, wenn ich auf die Zahlen zeigte. Sprach ich weiter, hörte er mir sogleich wieder zu. Schließlich fragte ich: „Ist es Ihnen lieber, wenn ich auf die Zahlen verzichte und Ihnen einfach erzähle, worauf sie hinauslaufen?" Er nickte, ich rollte meine Flipcharts zusammen und setzte die Präsentation als lockere Unterhaltung fort. Einige Kunden wollen einfach, dass Sie sich normal mit ihnen unterhalten, während andere es schätzen, zwischendurch in Zahlen belegt zu bekommen, was Sie erzählen, technische Details hören wollen oder messbare Beweise fordern. Hinzu kommt natürlich die Feinabstimmung der Stilmittel, die sich an der jeweiligen Ansprechperson ausrichten sollte.

- ***Zügiger knapper Vortrag ... langsamerer ausführlicherer Vortrag.*** Ihr Vortragstempo sollte sich immer am Kunden ausrichten. Achten Sie darauf, wie interessiert Ihnen der Kunde zuhört.
- ***Lockerer Ton ... geschäftsmäßiger Ton.*** Auch das ist eine Frage des persönlichen Stils des Kunden. Einige Kunden schätzen beim ersten Besuch einen sehr förmlichen Ton, werden aber mit der Zeit immer lockerer, je häufiger Sie sie sehen.

4. Fragen Sie: „Fällt Ihnen noch etwas ein, was Sie von mir hören wollen?"

Einige Verkäufer meiden diese Frage, weil sie mit ihr die Kontrolle über den Gesprächsverlauf aus der Hand geben. Ich kann dazu nur sagen: Nichts kann tödlicher sein, als den Kunden zu langweilen. Wenn dem so ist, müssen Sie einen

Weg finden, das Gespräch in produktivere Bahnen zu lenken, und das erreichen Sie am besten mit dieser Frage. Meist läuft es ohnehin nicht darauf hinaus, dass die Unterhaltung eine völlig neue Richtung einschlägt. Dafür weisen Sie Ihren Kunden höflich darauf hin, dass er nicht zuhört, worauf er Ihnen normalerweise wieder mehr Aufmerksamkeit schenken wird.

5. *Fragen Sie: „Sollte ich vielleicht ein anderes Mal wiederkommen, um mit Ihnen zu sprechen?"*

So hart es auch ist, überhaupt einen Termin zu bekommen, manchmal ist es kontraproduktiv, ein Gespräch auf Biegen und Brechen fortsetzen zu wollen, obwohl der Kunde sichtlich abgelenkt ist. Haben Sie das Gefühl, Ihr Kunde wäre nicht recht bei der Sache, kann diese Frage unter Umständen die produktivste Lösung sein. Ich habe einmal einen Kunden besucht, der zwei Stunden vor unserem Termin erfahren hatte, dass sein Vater gestorben war. Als er es mir erzählte, fragte ich gleich, ob wir nicht lieber einen anderen Termin machen wollten. Er lehnte ab und sagte, er müsse die nächste Woche fort und sich um die Beerdigung kümmern, und danach würde sich so viel Arbeit angestaut haben, dass er vorerst überhaupt keine Zeit mehr hätte. Er sagte, wir könnten uns gleich unterhalten oder gar nicht, und „es ginge ihm gut". Natürlich ging es ihm nicht gut, und im Nachhinein halte ich es für einen Fehler von mir, nicht darauf bestanden zu haben, das Gespräch abzubrechen. Mit einem Kunden zu sprechen, der eindeutig abgelenkt ist, birgt zweierlei Probleme: Zum einen wird er die Präsentation kaum ernst nehmen und zum anderen – was noch schlimmer ist – werden Sie keinerlei Reaktion erhalten. Genau genommen können Sie den Besuch einfach abschreiben. Aber was tun Sie, wenn Sie das nächste Mal zum Kunden kommen? Sie können ja schlecht wieder ganz von vorn anfangen. Daher ist die beste Methode, einen neuen Termin vorzuschlagen. Manchmal reicht auch schon die Frage aus, um den Kunden wieder zum Thema zurückzuholen.

6. *Sprechen Sie das offensichtliche Desinteresse der Kunden direkt an*

Falls Sie es mit den beiden vorherigen Fragen nicht schafften, die Aufmerksamkeit zurück auf die Präsentation zu lenken, sollten Sie direkter werden. Hier bieten sich wieder einmal unterschiedliche Methoden an, die von Ihrem persönlichen Stil und Ihrer Beziehung zum Kunden abhängig sind. Ernst: „Anne, ich habe wirklich lange gebraucht, um diese Präsentation vorzubereiten, die Sie aber wenig anzusprechen scheint, oder?" Mit Humor: „He, Anne, langweile ich Sie?" Entschuldigend: „Tut mir Leid, ich dachte, Sie würden diese Präsentation interessant finden ..." (Warten Sie auf eine Antwort).

7. *Stellen Sie eine Frage, auf die Sie die Antwort kennen*

Läuft die Präsentation erbärmlich, und Ihr Kunde lässt sich partout nicht gewinnen, obwohl Sie die oben genannten Methoden ausprobiert haben, müssen Sie überlegen, was Sie von sich aus tun können, um das Gespräch zu retten. Ich persönlich finde es schwierig, mir eine Strategie zu überlegen, während ich gleichzeitig darauf achten muss, was mein Kunde sagt oder tut. Indem Sie eine Frage stellen, deren Antwort Sie bereits kennen, sichern Sie sich ein bis zwei Minuten Zeit zum Nachdenken. Sie nicken höflich und denken darüber nach, wie Sie die Präsentation umgestalten können.

8. *Fragen Sie sich: „Verkaufe ich überhaupt, was mein Kunde will?"*

Was will Ihr Kunde kaufen? Wenn Ihre Antwort lautet: „Mein Produkt natürlich", haben Sie nur teilweise Recht. Neben den physischen Attributen eines Produkts existiert noch ein ganzes Bündel immaterieller wie Wahrnehmungen, Erwartungen und feste Vorstellungen, die den Kauf beeinflussen. Neben dem Produkt als solchem kauft Ihr Kunde vielleicht auch die Sicherheit, die er mit dem Namen eines Unternehmens verbindet, die Freundschaft eines Verkäufers, seine Arbeitsplatzsicherheit, die Chance, seinen Vorgesetzten sein Verhandlungsgeschick zu beweisen, die Gelegenheit, durch den Lieferantenwechsel seine Macht zu demonstrieren, das Zugehörigkeitsgefühl, das sich ihm durch den Erwerb „des neuesten Produkts" vermittelt, bessere Zahlungsvereinbarungen, mehr persönliche Aufmerksamkeit, politische Sicherheit, Prestige, einen besseren Preis oder die Verbindung zu Leuten, die sich auskennen und helfen können, das Produkt nutzbringend für das Unternehmen einzusetzen. Fragen Sie sich, was Ihr Kunde kauft, wenn er Ihr Produkt kauft, welchen immateriellen oder emotionalen Nutzen er sich erwartet. Begeisterung ist – wie gesagt – immer emotional, also müssen Sie die Zusatznutzen ansprechen, mit denen der Kunde das Produkt verbindet, wenn Sie seine Begeisterung wecken wollen.

9. Fragen Sie sich, ob Sie mit der richtigen Person sprechen

Manchmal stößt Ihre Präsentation auch deshalb auf wenig Begeisterung, weil die Sie empfangende Person sich nicht für Ihr Produkt interessiert. Vielleicht handelt es sich um jemanden, den die entscheidenden Leute gern als Informationssammler losschicken, weil sie selbst keine Zeit für Besucher haben oder aufbringen wollen. Haben Sie es mit einem solchen „Puffer" zu tun, ist Gleichgültigkeit eine vollkommene normale Reaktion. Ich versuche in solchen Situation, meinem Gegenüber zu erklären, dass ich weiß, warum er geschickt wurde, und ihm helfen möchte, die richtigen Informationen zu sammeln. Beispielsweise frage ich dann: „An welchen Informationen wäre Ihr Boss wohl vor allem interessiert?" (Siehe auch Kapitel 4.) Natürlich gibt es auch zu diesem Thema verschiedene Variationen: Meiner Erfahrung nach sind Leute, die kurz vor einer Beförderung oder dem Wechsel zu einem anderen Unternehmen stehen, ebenfalls sehr desinteressiert. In diesen Fällen ist es zudem sehr schwer, den eigentlichen Grund ihres Desinteresses zu ermitteln. Sie können jedenfalls davon ausgehen, dass jemand, der demnächst in eine Stelle befördert wird, wo er nichts mehr mit Ihrem Produkt zu tun haben wird, für Ihre Präsentation kaum zu begeistern sein dürfte. Hier geht es in erster Linie darum, dass Sie ihn dazu bringen, Sie über die bevorstehende Veränderung zu informieren und Ihnen vor allem etwas über seinen Nachfolger zu erzählen, mit dem Sie ja künftig zusammenarbeiten müssen.

10. Fragen Sie sich: „Ist der Kunde vielleicht immer so?"

Es gibt Leute, die schlicht wenig begeisterungsfähig sind, und solche, die gern ein Pokerface aufsetzen. Das entspricht halt ihrem Temperament. Was mich daran hin und wieder Richtung Wahnsinn treibt, sind Erlebnisse von der Sorte, dass ein Kunde mir eine Woche nach der Präsentation erzählt, wie begeistert er gewesen sei, während er bei meinem Besuch da saß und sekündlich vor Langeweile einzugehen drohte.

Strategien, wie Sie zum Abschluss kommen

Die schwindende Aufmerksamkeit Ihres Kunden auf die Präsentation zurückzulenken, ist bereits ein erster Schritt zum Abschluss. Der nächste wäre, das Interesse lange genug wach zu halten, bis die Verhandlungen abgeschlossen sind und eine Auftragszusage gemacht wurde.

1. *Entwickeln Sie eine persönlichere Beziehung*

Ich verhandelte einmal mit einer Kundin, die der gesamte Kaufprozess offensichtlich anödete. Mir gelang es, das Gespräch am Leben zu erhalten, indem ich ein zweites Thema aufbrachte, auf dessen Grundlage wir eine Beziehung zueinander aufbauen konnten: *Star Trek*. Ich rief sie regelmäßig an und redete mit ihr über die aktuelle Serienfolge, bevor wir aufs Geschäft zu sprechen kamen.

2. *Kommen Sie ja immer wieder*

Ich verhandelte einmal mit Kunden, die während meines Besuchs sehr interessiert waren, ein großes Programmangebot bei mir zu kaufen. Während unseres Gesprächs lief alles bestens: Einer der Gesprächspartner wandte sich einem bestimmten Punkt zu, und der andere sah sich derweil einen anderen genau an. Nachdem ich gegangen war, erwartete ich rege Betriebsamkeit, die unweigerlich auf einen Abschluss hinauslaufen würde. Nichts geschah. Sobald ich aus der Tür war, war es mit ihrem Kaufinteresse vorbei. Ich fand heraus, dass ich wieder und wieder zu ihnen gehen müsste, um die Begeisterung für mein Angebot am Leben zu erhalten. Offenbar stieß der Enthusiasmus meiner Gesprächspartner innerhalb des Unternehmens auf wenig Gegenliebe, weshalb ich wiederholt aufkreuzen musste, um ihnen den Rücken zu stärken. Schließlich schaffte ich es so, mit ihnen gemeinsam mein Produkt durchzusetzen.

14 *Der Kunde, der:*

harsch mit Ihnen umspringt

Aus der Umfrage:

Haben Sie mit solchen Kunden zu tun?

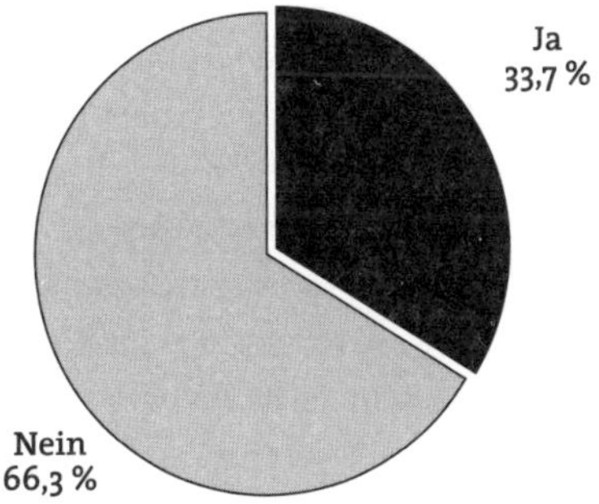

Fällt Ihnen der Umgang mit solchen Kunden schwer?

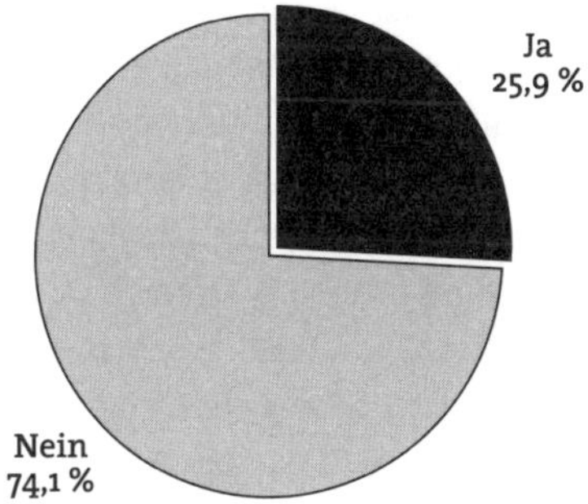

„Nehmen Sie es bloß nicht persönlich. Diese Leute behandeln wahrscheinlich alle Verkäufer so."

Anzeigenverkäufer, Chicago, Ill.

Unter Kollegen versteht man Harschheit gemeinhin als problematisches und kontraproduktives Verhalten. Einige Unternehmen stellen allerdings gezielt Leute ein, die unwirsch auftreten, und betrauen sie mit dem Empfang von Verkäufern und Vertretern. Das Management denkt sich möglicherweise: „Wir müssen dringend etwas härter mit unseren Lieferanten umspringen. Sehen wir mal, ob wir ein richtiges A... finden, das ein bisschen mehr Entgegenkommen aus ihnen herausquetscht." Manchmal landen Mitarbeiter mit verbal aggressivem Auftreten aber auch deshalb im Einkauf, weil im Betrieb niemand über längere Zeit mit ihnen zusammenarbeiten will. Haben Sie mit einem harschen Kunden zu tun, können Sie mit ziemlicher Sicherheit davon ausgehen, dass seine Vorgesetzen durchaus wissen, wie er sich Ihnen gegenüber benimmt.

Rein aus Verkäufersicht ist Unwirschheit für mich eine reine Kaufstrategie und kein Charakterdefizit. Beim ersten Treffen kann so ein Kunde ausgesprochen charmant und freundlich sein, aber lassen Sie sich nicht täuschen: Er taxiert Sie nur. Im nächsten Moment kann er vor Ihren Augen eine Hundertachtziggradwendung vollziehen und sehr ungemütlich werden. Ich empfinde kein Mitgefühl für diese Leute, die so offensichtlich eine unglückselige Persönlichkeitsstruktur haben; ich betrachte ihr Benehmen als durch und durch zielgerichtet. Sie wollen, dass Sie sich unwohl fühlen.

Die Schlimmsten unter ihnen sind diejenigen, die ihre „Fähigkeit“ über Jahre hinweg perfektioniert haben, genau wissen, wie sie Ihren wunden Punkt finden, Sie in die Defensive zwingen und Sie wütend machen. Harsches Benehmen ist wie ein Produkt, das in einer kleinen Hütte von Hand gefertigt wird – jedes fertige Produkt ist ein Einzelstück. Der eine unwirsche Kunde kritisiert bei jedem meiner Besuche alles und jedes, der andere droht regelmäßig damit, nie mehr einen Auftrag an mich zu vergeben. Wieder ein anderer ist durchgängig sarkastisch, während eine weitere Kundenvariante sich darauf spezialisiert, bei meinem Besuch wie ein HB-Männchen hochzugehen, um sich am nächsten Tag – ich kann die Uhr danach stellen – telefonisch mit den Worten zu entschuldigen: „Hören Sie, mir ist klar, dass ich manchmal schwierig sein kann, aber ich bin nun mal jemand, der genau weiß, was er will.“ Dann gibt es da noch die Sorte, die auf „brutale Ehrlichkeit“ setzt, um mich jederzeit wissen zu lassen, wo ich stehe, was natürlich nicht sonderlich hoch im Kurs ist. In mancherlei Hinsicht mag das Verhandeln mit einem harschen Kunden einfacher sein, als mit einem Kollegen gleichen Temperaments zusammenarbeiten zu müssen. Die Käufer-Verkäufer-Kommunikation erstreckt sich mit gewissen Zeitabständen jeweils über wenige Stunden, so dass wir die Probleme, die dieses Verhalten mit sich bringt, nicht in vollem Umfang zu spüren bekommen. Aber jemandem etwas zu verkaufen, der harsch mit uns umspringt, bedeutet viel mehr, als bloß mit seinen Attacken umgehen zu lernen. Unterschätzen Sie die Herausforderung nicht!

Stolpersteine

1. *Nicht beim Verkaufsdialog bleiben*

Harsche Kunden haben die Fähigkeit, das Gespräch allein mit der Wucht ihrer Persönlichkeit in eine bestimmte Richtung zu lenken. Sie drängen und drängen, bis Sie nach ihrer Pfeife tanzen. Wenn Sie aber nur ein Zugeständnis nach dem anderen machen und letztlich nichts verkaufen, spielen Sie ihr Spiel mit, nicht Ihres. Beim Verhandeln mit diesen Kunden müssen Sie ein ziemliches Maß an Unnachgiebigkeit mitbringen. Stecken Sie ihre Schläge ein, schütteln Sie sich kurz und kehren Sie zum Thema zurück.

2. *Auf das „Sie und ich gegen Ihr Management"-Spiel reinfallen*

Ich habe einige harsche Kunden erlebt, die mich als ihre Verbündeten gegen mein Unternehmen zu gewinnen versuchten. „Kommen Sie, Josh! Wir wollen doch beide, dass Ihre Firma mir dieselben Vorteile einräumt, die ich bei den anderen Lieferanten automatisch kriege. Ich weiß, dass wir prima zusammenarbeiten können. Sie wollen den Auftrag an Land ziehen, aber die Leute in Ihrem Büro haben doch jeglichen Realitätssinn verloren. Was halten Sie davon, wenn wir zusammen versuchen, sie wieder auf den Boden der Tatsachen zurückzubringen?" Zunächst einmal mag das ganz schmeichelhaft klingen, dass der Kunde Sie so ins Vertrauen zieht, aber wenn Sie ihm beipflichten und damit de facto unterstellen, Ihr Management litte unter Realitätsverlust, wirkt sich das gewiss nicht positiv auf das Produkt aus, das Sie ja verkaufen wollen.

3. *Den Ansprechpartner für jemanden halten, der in seinem Unternehmen nicht ernst genommen wird*

Ich gehe grundsätzlich davon aus, dass das Unternehmen weiß, wie harsch ihr Einkäufer mit mir umspringt. Während meiner Tätigkeit als Verkaufsleiter habe ich einmal den Boss einer besonders unwirschen Kundin gefragt, ob er eigentlich wüsste, wie sie die Verkäufer behandele, die sie besuchten. Seine Antwort war: „Sie schlägt fantastische Preise raus und solange sie das schafft, werden wir sie sämtliche Einkäufe machen lassen." Einkäufer nämlich, die ihre Lieferanten unangenehm unter Druck setzen, stehen sehr häufig selbst unter enormem Leistungsdruck.

Verkaufsstrategien

1. *Spielen Sie das Spiel mit*

Was den meisten harschen Kunden noch wichtiger ist als die Zugeständnisse, die sie herausschlagen, ist das Gefühl, Verkäufer zu Gunsten des Unternehmens an die Wand zu drängen – am liebsten so, dass der Boss es mitbekommt. Das ist ihre Methode, vor dem Management eine gute Figur zu machen. Als Verkäufer brauchen Sie oft nichts weiter zu tun, als in ihnen die Illusion zu wecken, Sie fühlten sich an die Wand gedrängt, ohne größere Zugeständnisse zu machen – damit tun Sie sich und Ihrem Kunden einen Gefallen. Denn bei dem Spiel geht es nicht wirklich ums Verhandeln oder Rabatte herausschlagen. Es ist reines Theater. Ihr Job ist es, den Kunden als den Star hinzustellen, der für seine Firma wahre Wunder wirkt. Ich habe einen solchen Kunden erlebt, der mir enorme Zugeständnisse abpressen wollte, indem er mir damit drohte, seine Geschäfte zukünftig nur noch mit meiner Konkurrenz zu machen. Unser Unternehmen organisierte seinerzeit ein großes Handelskomitee-Meeting, um den Branchenkontakt zu vertiefen. Wir luden meinen Kunden und seinen Chef ein, dort Vorträge zu halten. So erreichten wir, dass der Kunde bei seinem Boss mächtig Eindruck schinden konnte, was uns nicht mehr als zwei zusätzliche Mittagessen bei einem Meeting kostete, das wir ja ohnehin abhielten. Und der Kunde war beruhigt und hörte mit seinen Drohungen auf – zumindest für ein paar Monate.

Sie können natürlich nicht nur Ihrem Kunden, sondern auch sich selbst eine Starrolle zukommen lassen. Ich musste diese Methode auf die harte Tour lernen, als ich mit einem besonders harschen Kunden verhandelte, der unablässig neue Konzessionen von mir verlangte. Unsere Verhandlungen zogen sich so in die Länge, dass sie sich schließlich mit einer größeren Verkaufsreise überschnitten, die ich machen musste. Aus Zeitgründen war ich genötigt, das Verkaufsgespräch von unterwegs per Handy fortzuführen. Eines Tages rief ich den Kunden vom Auto aus an, um einige Angebotspunkte zu klären. Es war zur Rushhour und ich befand mich gerade mitten im dichtesten Verkehr auf einer Stadtautobahn. Plötzlich stellte mir der Kunde eine vollkommen neue Forderung. Mir riss der Geduldsfaden und ich wurde ziemlich laut. „Hören Sie, ich stehe schon mit dem Rücken zur Wand! Ich biete Ihnen doch alles, was Sie verlangt haben, und jetzt kommen Sie mir damit, während ich hier im Stau hocke? Sie machen mich wahnsinnig!" Schlagartig schaltete mein Kunde auf cool um, bat mich, mich zu beruhigen, und gab mir den Auftrag. Als ich das nächste

Mal mit ihm verhandelte, machte ich mir diese Erfahrung zunutze. Ich verhielt mich von Anfang an emotionaler und theatralischer. Ich stöhnte und klagte, wie unbarmherzig er mit mir wäre. Fortan hielten wir es immer so: Ich übernahm das Jammern, er das Kaufen, und so wurde er zu einem richtig guten Kunden.

2. *Setzen Sie auf Humor*

Humor kann eine Wunderwaffe gegen harsche Kunden sein. Manchmal können Sie dem Gespräch einiges an Druck nehmen, indem Sie sich über den rüden Ton, die absurden Forderungen oder das beleidigende Verhalten des Kunden lustig machen. Außerdem können Sie auf diese Weise testen, wie ernst es dem Kunden mit seinen Forderungen tatsächlich ist. Wenn Sie es schaffen, dass eine Forderung zurückgenommen wird, weil Sie einen Scherz darüber gemacht und anschließend das Thema gewechselt haben, sparen Sie eine Menge Zeit, die Sie andernfalls damit verschwendet hätten, über Dinge zu diskutieren, die für den Kauf gar nicht wirklich entscheidend sind. Verfehlt der Scherz die gewünschte Wirkung, müssen Sie die Sache anders angehen. Beim Humor hat jeder Verkäufer seinen eigenen Stil. Ich habe damit am ehesten bei Kunden Erfolg, die ich bereits gut kenne, aber ich habe auch schon Verkäufer gesehen, die gleich beim ersten Besuch mit ihrem Witz punkten konnten.

3. *Unterscheiden Sie zwischen provokantem Verhalten, mit dem Sie in die Defensive gedrängt werden sollen, und echten Einwänden*

Sie sollten nicht davon ausgehen, dass der Druck, den der Kunde auf Sie ausübt, direkt mit dem Kauf zu tun hat. Einige harsche Kunden denken sich einfach etwas aus, was sie Ihnen an den Kopf werfen können, um Sie zu provozieren. Dabei handelt es sich eher selten um tatsächliche Einwände, die Sie ausräumen müssen. Meist haben sie auf die Kaufentscheidung keinerlei Einfluss, sondern sind lediglich zu dem Zweck gedacht, Sie in die Defensive zu drängen. Bei rüden Kunden ist es allerdings nicht unbedingt leicht, zwischen echten und vorgeschützten Einwänden zu unterscheiden. Dafür müssen Sie eine Beziehung zu dem Kunden haben und einschätzen können, wie er zu Ihnen steht. Mir sagte ein solche Kunden einmal: „Ich denke, Ihr Unternehmen wird demnächst aus dem Rennen sein. Ihr Produkt sieht gegenüber dem Vorjahr deutlich schwächer aus und die Konkurrenz wird ziemlich aggressiv. Ich kann inzwischen dasselbe Produkt zum halben Preis bekommen. Mir scheint, Ihr Management hat den Bezug zur Realität verloren." Zufällig wusste ich, dass dieser Kunde meinen Boss nicht ausstehen konnte und mit seiner Drohung nur ein bisschen Krach schlagen wollte. Bei einem anderen Kunden wäre solch eine Bemerkung der Beginn eines Verkaufsdialogs gewesen, bei dem es vor allem um den Preis geht. Wie ich bereits oben erwähnte, ist Humor ein gutes Mittel, echte Einwände von vorgetäuschten zu unterscheiden, mit denen lediglich Druck ausgeübt werden soll. Sie können das „Problem" natürlich auch als unwesentlich abtun und einfach zum nächsten Punkt übergehen. Sollte der Kunde dann auf den Preis zurückkommen, wissen Sie, dass es ihm damit ernst ist. Nähere Informationen über die Unterscheidung von echten Argumenten und solchen, mit denen Sie unter Druck gesetzt werden sollen, finden Sie in Kapitel 6.

4. *Achten Sie sorgfältig auf das Timing*

Bei vielen harschen Kunden, mit denen ich zu tun habe, tritt das rüde Verhalten sozusagen in Wellen auf. Ich weiß zwar nicht, was genau es hervorruft, doch sie können offenbar sehr wohl kontrollieren, wann sie auf mich losgehen und wann nicht. Zu gewissen Zeiten brauchen Sie mich bloß zu sehen und wettern schon los, und dann wieder gibt es Phasen, in denen sie sich wie absolut normale, vernünftige Menschen benehmen. Sobald ich erkenne, dass ich gerade eine friedfertige Phase erwischt habe, versuche ich, so viele Punkte wie möglich mit ihnen zu klären.

5. *Kommen Sie schneller zum Wesentlichen*

Fragen Sie sich: „Was bezweckt der Kunde mit diesem Verhalten?" Oft können harsche Kunden nicht ausdrücken, was sie wirklich wollen, weshalb sie drängeln und drohen, bis man ihnen von sich aus etwas anbietet, was ihnen akzeptabel erscheint. Ich habe schon mit mehreren rüden Kunden zu tun gehabt, deren Wünsche sich als vollkommen legitim erwiesen, hatten wir erst einmal das Zetern und Drohen hinter uns gelassen. Sie begannen jedes Verkaufsgespräch mit einem Wutausbruch, für den Fall, dass sie am Ende nicht bekommen sollten, was sie wollten. Bei einem dieser Kunden fragte ich irgendwann: „Was genau erwarten Sie eigentlich von einem Produkt wie meinem?" Von da ab konnten wir das Gespräch auf die Aspekte konzentrieren, die für ihn wesentlich waren. Manchmal passieren die erstaunlichsten Dinge, wenn Sie sich nicht in die Defensive bringen lassen, sondern vorsichtig abklopfen, was genau der Kunde will. Sind die Preise und Merkmale Ihres Produktes konkurrenzfähig, dient sein Verhalten vielleicht dem Ziel, Ihnen irgendeine Sonderbehandlung abzuverlangen, die für ihn besonders wichtig ist. Bei vielen dieser Kunden schwindet die Harschheit in dem Augenblick, in dem Sie erkannt haben, worauf sie wirklich hinaus wollen. Eine meiner Kundinnen war der blanke Horror, bis ich eines Tages herausfand, dass sie sich gern häufig zum Mittagessen einladen lässt. Sobald ich sie öfter einlud, war sie wie ausgewechselt. Ein anderer Kunde wollte unbedingt, dass ein paar Kollegen von mir und ich regelmäßig zur Weihnachtsfeier in seinem Unternehmen auftauchten. Nachdem wir das einige Male getan hatten, besserte sich die Beziehung zu diesem Kunden enorm. Das Verrückte an der Sache ist, dass beide Kunden nicht offen aussprachen, was sie wollten. In diesem Fällen war das rüde Verhalten eine verschlüsselte Botschaft, die man als Verkäufer nur entschlüsseln kann, wenn man sich auf die Trial-and-Error-Methode einlässt und eine Menge Intuition mitbringt.

6. *Mindern Sie den Druck*

Harsche Kunden sind wahre Meister im Druckausüben. Wenn Sie den eigentlichen Verkaufsdialog beibehalten wollen, brauchen Sie ein ganzes Arsenal druckmindernder Techniken:

a. ***Spannen Sie den Kunden in den Problemlösungsprozess ein.*** Fragen Sie: „Wie stellen Sie sich einen erfolgreichen Verhandlungsablauf vor?“ Oder: „Was sollte Ihrer Meinung nach an dem Angebot verändert werden?“ Oder: „Was können wir tun, damit Sie uns diesen Auftrag geben?“

b. ***Wenn er sich dauernd wiederholt, sollten Sie seine Aussagen paraphrasieren.*** Wenn er seine Worte aus Ihrem Mund hört, weiß er, dass Sie ihn verstanden haben.

c. ***Unterbrechen Sie seine Verbalattacke mit einer Frage.*** Sagen Sie: „Ich verstehe, worauf Sie hinauswollen. Das über X, Y, Z war sehr interessant. Darf ich Ihnen in diesem Zusammenhang vielleicht eine Frage stellen ...“ Mit dieser Frage wechseln Sie das Thema und gewinnen so wieder die Kontrolle über das Verkaufsgespräch.

d. ***Bringen Sie Menschlichkeit in die Kundenbeziehung.*** Falls Sie die Möglichkeit haben, eine über das bloße Verkaufsgespräch hinausgehende Beziehung zum Kunden aufzubauen, indem Sie beispielsweise mit ihm essen gehen, Golf spielen oder Sonstiges unternehmen können, und so mit ihm persönlicher kommunizieren, reduziert das die Gefahr, dass Sie von ihm unter Druck gesetzt werden. Es ist nämlich ungleich schwerer, harsch mit jemandem umzuspringen, mit dem man erst gestern zu Abend gegessen hat und mit dem man gern zusammen ist. Ich habe allerdings auch schon erlebt, dass diese Taktik genau das Gegenteil bewirkte. In einem Fall wurde ein Kunde von mir umso fordernder, nachdem wir begonnen hatten, lockeren Umgang miteinander zu pflegen. „Josh, ich dachte, wir wären Freunde. Wir waren mit unseren Frauen zusammen essen und haben uns glänzend verstanden. Ich fasse nicht, dass Sie trotzdem nicht zu Ihren Vorgesetzten gehen wollen, um diese Sache für mich durchzusetzen. Für was für einen Idioten arbeiten Sie eigentlich?"

e. ***Schieben Sie Ihrem Boss den schwarzen Peter zu.*** Sollten Sie im Verkaufsgespräch an einem bestimmten Punkt „fest hängen" und absolut nicht weiterkommen, sagen Sie dem Kunden, sie wären vollkommen machtlos, weil Ihr Boss eisern bei seinen Vorgaben bleiben würde. Schlagen Sie dem Kunden vor, Ihren Boss selbst anzurufen oder ihm zu schreiben. Ich habe noch keinen Kunden erlebt, der sich daraufhin die Mühe machte, einen Brief an meinen Boss zu verfassen. Und ich hatte auf höfliche Weise Nein gesagt, ohne es selbst sagen zu müssen.

f. ***Sagt der Kunde etwas besonders Ungehöriges, fragen Sie ihn, ob er wirklich meinte, was er da sagte.*** Wiederholen Sie seine Worte und fragen Sie: „Joe, ich glaube kaum, dass Sie das wirklich so gemeint haben. Wollten Sie eventuell sagen, dass ..." Häufig wird er Ihnen dann erzählen, Sie wären überempfindlich, aber Sie haben ihm auf jeden Fall die Botschaft vermittelt, dass er eine Grenze überschritten hat.

g. ***Hinhalten.*** Drängt der Kunde Sie in die Ecke, sollten Sie erklären, dass Sie nicht befugt sind, die Sache allein zu entscheiden, und Ihren Boss konsultieren müssten. Ich weiß nicht warum, aber am nächsten Tag ist das Problem meist weit weniger gravierend.

7. Prüfen Sie, welches Gewicht seine Drohungen haben

Ein besonders bevorzugtes Mittel harscher Kunden ist das Drohen. Es gibt nur eine begrenzte Anzahl von Drohungen, die in einer Käufer-Verkäufer-Beziehung ausgesprochen werden können. Im Wesentlichen sind es folgende:

a. Sie kriegen den Auftrag unter keinen Umständen.

b. Ich mache nie wieder Geschäfte mit Ihnen.

c. Ich werde in Zukunft mit der Konkurrenz zusammenarbeiten.

d. Ich werde Ihrem Boss sagen, wie inkompetent Sie sind.

e. Ich halte Sie für einen Trottel und daraus werde ich an entsprechender Stelle keinen Hehl machen.

f. Ich werde in der Branche bekannt machen, was für ein Chaos in Ihrem Unternehmen herrscht.

Bevor Sie zu einem Termin mit einem Kunden gehen, der gern Drohungen wie diese ausspricht, sollten Sie vielleicht vorher mit Ihrem Boss sprechen und überlegen, wie ein „Worst Case Scenario" aussehen könnte. Denken Sie aber auch daran, dass die meisten rüden Kunden mit ihren Drohungen nur bluffen. Nehmen Sie sich ein wenig Bedenkzeit, um zu überlegen, wie ernst Sie die Drohungen des Kunden zu nehmen haben. Ich habe schon häufig erlebt, dass das Topmanagement längst entschieden hatte, mein Produkt zu kaufen, mein Gesprächspartner aber trotzdem weiter drängelte und drohte, um mich noch weiter auszupressen. Dabei hatte er keinerlei Entscheidungsbefugnis, sondern wollte lediglich einen guten Eindruck bei seinen Vorgesetzten schinden. Also gingen die Drohungen und rüden Bemerkungen einfach weiter. Irgendwann haben wir sie dann einfach ignoriert und den Auftrag ohne weitere Verhandlungen durchgezogen. Natürlich ist es schwer einzuschätzen, wann man sich über den jeweiligen Ansprechpartner hinwegsetzen kann – man sollte ihn ziemlich gut kennen. Auf jeden Fall hat es in einer solchen Situation keinen Sinn, weitere Zugeständnisse zu machen. Damit geben Sie nur jemandem die Kontrolle über den Kaufprozess, dem sie eigentlich nicht zukommt, und er wird es beim nächsten Mal gegen Sie ausspielen. Kurz: Sie machen sich diesen Kunden zu Ihrem schlimmsten Albtraum.

8. Setzen Sie Grenzen

Harschen Kunden muss man oft klare Grenzen setzen, die sie nicht überschreiten dürfen. Leider sind Sie meist die einzige andere Person im Raum, die diese Grenzen setzen kann. Sagen Sie: „Gut, ich habe begriffen, dass Sie bessere Lieferzeiten wollen, aber das ist das Beste, was wir Ihnen anbieten können. Wir haben das Thema schon mehrfach diskutiert, doch es wird sich nichts daran ändern." Treten Sie sachlich und bestimmt auf und gehen Sie zügig zum nächsten Punkt über. Sollten Sie befürchten, den Auftrag dadurch zu verlieren, könnten Sie andeuten, dass irgendwann in der Zukunft mit Verbesserungen zu rechnen ist. Ich habe einen Kunden, der so lange fordert und fordert, bis ich schließlich Nein sage und dann kauft er. Ihm geht es letztlich nicht um bestimmte Forderungen; er scheint selbst nicht zuzuhören, was er verlangt. Für ihn ist nur eine Sache entscheidend: Wenn ich bereit bin, den Auftrag sausen zu lassen, gibt ihm das das Gefühl, mich weit genug gedrängt und den bestmöglichen Abschluss durchgesetzt zu haben. Bei solchen harschen Kunden bringt Sie ein Nein manchmal direkt zum Auftrag.

9. Erzählen Sie den Kunden, sie brächten Sie in Verlegenheit

Falls es nicht Ihrem Stil entspricht, auf abwegige Forderungen mit Humor zu reagieren, bietet sich diese Methode an. Ich habe schon Verkäufer erlebt, die ihren Kunden gegenüber unumwunden zugaben, dass sie sie in Verlegenheit brächten. Sagen Sie beispielsweise: „John, ich bin es nicht gewöhnt, dass Kunden mich solche Sachen fragen. Sie müssen mir also nachsehen, wenn ich ein wenig Zeit brauche, um darauf zu reagieren." Oder: „Nancy, Sie stellen mir da wirklich schwierige Fragen. Ich fühle mich nicht sonderlich wohl dabei, mit Kunden so zu verhandeln, wie Sie es von mir verlangen, aber ich werde mein Bestes geben." Manche Kunden können Sie damit entwaffnen, dass Sie offen zugeben, sie brächten Sie in Verlegenheit. Einige allerdings auch nicht.

10. Sorgen Sie dafür, dass der harsche Kunde in Ihrem Kundenstamm keine zu wichtige Rolle spielt

Das Leben ist kurz, und harsche Kunden kosten eine Menge Zeit, die woanders wahrscheinlich besser investiert ist. Kunden, die laufend damit drohen, nie wieder mit Ihnen Geschäfte zu machen, sind langfristig keine solide Basis, sich einen Kundenstamm aufzubauen. Außerdem sollten Sie bedenken, dass, je mehr Aufträge Sie von diesen Kunden bekommen, umso mehr werden sie versuchen, weitere Zugeständnisse aus Ihnen herauszupressen. Ich achte normalerweise sehr darauf, die Zeit, die ich mit solchen Kunden verbringe, von vornherein zu begrenzen, und bemühe mich ansonsten eher um andere, umgänglichere Kunden. Lassen Sie Ihren harschen Kunden möglichst gar nicht erst zu einem wichtigen Stützpfeiler Ihres Kundenstamms werden, denn nur so können Sie aus einer starken Position heraus mit ihm verhandeln.

11. Überlegen Sie, ob Sie es eventuell mit einem Telefontyrannen zu tun haben

Das Verhalten harscher Kunden ist vor allem auf Konfrontation ausgelegt. Ihr ewiges Drängeln und Drohen zielt einzig darauf ab, Sie in den Wahnsinn zu treiben. Das fällt den meisten am Telefon weit leichter als im direkten Gespräch. Ungefähr die Hälfte aller rüden Kunden, mit denen ich zu tun hatte, erwies sich als reiner Telefontyrann. Die Telefonate mit ihnen sind entsetzlich, während sie im persönlichen Gespräch ausgesprochen sympathische Menschen waren. Mit solchen Leuten sollten Sie ausschließlich von Angesicht zu Angesicht verhandeln. Den Service können Sie dann ruhig telefonisch abwickeln.

12. *Erwägen Sie, ob Ihnen Druck von oben helfen kann*

Die meisten tyrannischen Kunden werden selbst tyrannisiert. Wenn Sie sich einen guten Ruf bei ihrem Boss erwerben können, hört das Zetern und Drohen oft von selbst auf. Und falls Sie nicht direkt den Vorgesetzten des Kunden ansprechen können, kann es vielleicht Ihr Boss. Gelingt es Ihnen, den Boss von Ihrem Angebot zu überzeugen, entbinden Sie damit gewissermaßen den Kunden von der Pflicht, Sie tyrannisieren zu müssen.

Strategien, wie Sie zum Abschluss kommen

1. *Erkämpfen Sie sich den Abschluss*

Werden Sie emotional. Wenn Sie Ihre Stimme nicht heben oder gestresst wirken, wird der Kunde glauben, noch nicht den bestmöglichen Abschluss erzielt zu haben.

2. *Vermitteln Sie ihm den Eindruck, den besten Deal aller Zeiten gemacht zu haben*

Legen Sie ihm Punkt für Punkt dar, wie sehr er Sie ausgequetscht hat, und dass er das beste Angebot bekommen hat, das Sie je gemacht haben. Dann bitten Sie um den Auftrag.

3. *Bieten Sie ihm eine Extraleistung an, die vor allem seinen Boss beruhigt*

Harsches Verhalten ist häufig nur Theater, das einen harschen Vorgesetzten beschwichtigen soll. Können Sie etwas anbieten, dass besonders dem Boss des Kunden zusagen wird, wandelt sich der Ton meist schlagartig – bis zum nächsten Mal.

15 *Der Kunde, der:* schwer zu durchschauen ist

Aus der Umfrage:

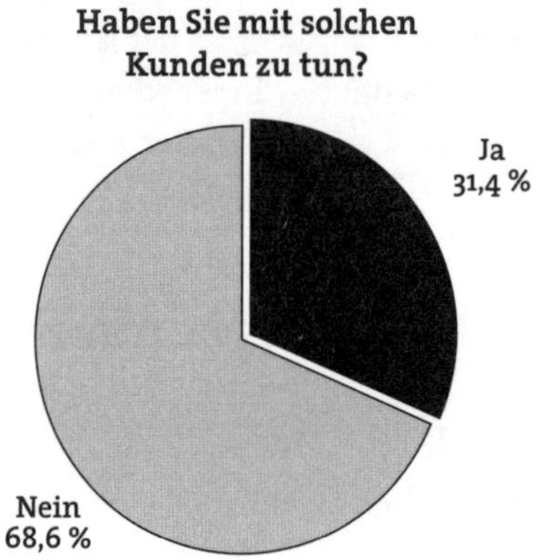

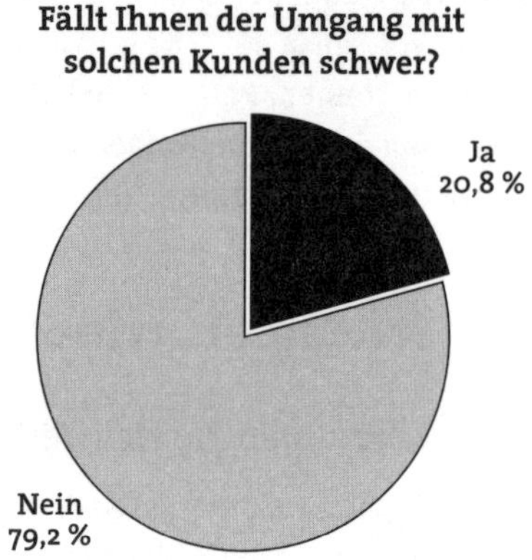

„Zuhören und Lernen ist hier die Devise. Bei schwierigen Kunden gilt: Je weniger man selbst sagt, umso besser."

Marketing Manager, Marketing-/Kommunikationsdienstleistungen, White Plains, N. Y.

Sie haben doch einen Termin oder nicht? Die Kundin sitzt vor Ihnen, doch weil Sie auf nichts von dem reagiert, was Sie ihr erzählen, fragen Sie sich, ob sie tatsächlich da ist. In einem besonders extremen Fall war ich kurz davor, meinen Kunden anzutippen, um mich zu vergewissern, dass er immer noch atmet. Ein anderer Kunde beantwortete alle meine Fragen, als hätte er gerade erst angefangen, Englisch zu sprechen, und beherrschte nur drei Worte: ja, nein und vielleicht. Von solchen Kunden bekommen Sie keinerlei Feedback, weshalb Sie nie wissen, was sie gerade denken. Zudem sind ihre Mienen derart verschlossen, dass Sie nicht mal raten können, was in ihnen vorgeht. Möglicherweise läuft die Präsentation fantastisch, aber das werden Sie nie erfahren. Wenn Sie das Gebäude wieder verlassen, werden Sie keinen Schimmer haben, ob Sie die Kunden überzeugen konnten oder nicht. Sie hätten ebenso gut im Wagen sitzen bleiben können.

Stolpersteine

1. *Den Kunden aus der Reserve locken zu wollen, indem man mehr redet*

Wenn Ihr Kunde während des Gesprächs ein bisschen abgelenkt wirkt, können Sie Ihre Präsentation ein wenig beschleunigen, mehr Schwung an den Tag legen, mehr und lauter sprechen. Gibt sich Ihr Kunde jedoch aus einem bestimmten Grund zurückhaltend, erreichen Sie mit gehobener Lautstärke womöglich das genaue Gegenteil. Eventuell verschrecken Sie die Kunden. Halten Sie inne, sehen Sie sich die Kunden an und hören Sie vor allem aufmerksam hin.

2. *Annehmen, Sie hätten den Kunden überzeugt, weil Sie keine negativen Rückmeldungen bekommen*

Kein Feedback bedeutet auch kein negatives Feedback. Zunächst sind Sie dafür vielleicht dankbar. Aber ein Kunde, der keine Einwände vorbringt, beteiligt sich nicht wirklich am Verkaufsgespräch. Ohne negative Rückmeldungen oder Einwände befinden Sie sich im Blindflug. Weiteres zu diesem Thema finden Sie in Kapitel 13.

3. *Sich unbehaglich fühlen*

Es gibt viele Gründe, weshalb sich ein Kunde Ihnen gegenüber verschlossen gibt. Doch obwohl es sich hierbei um ein Problem handelt, mit dem Sie umgehen und klarkommen müssen, ist es nicht Ihr persönliches Problem. Vielleicht fühlen Sie sich in der Situation unbehaglich, aber denken Sie immer daran, dass Sie nichts falsch gemacht haben. In den meisten Fällen wird Verschlossenheit als Kaufstrategie angewandt, gehört also zur Käufer-Verkäufer-Beziehung. Daher sollten Sie sie nicht persönlich nehmen.

Verkaufsstrategien

1. *Stellen Sie eine allgemeine Frage und schweigen Sie*

Haben Sie eine Kundin vor sich, die sich verschlossen gibt, können Sie sie manchmal zum Sprechen bringen, indem Sie selbst schweigen. Viele Kunden fühlen sich unwohl damit, wenn im Gespräch plötzlich Stille eintritt. Schweigen ist Gold, heißt es so schön, und es kann ein sehr effektives Mittel sein, den anderen dazu zu bringen, den Mund aufzumachen. Versuchen Sie, so wenig wie möglich zu reden und die Kundin so viel wie möglich zum Reden zu bringen. Stellen Sie eine allgemeine Frage, zu der es viel zu sagen gibt, und hören Sie einfach auf zu sprechen. Mit ein bisschen Glück erhalten Sie darauf das Feedback, auf das Sie so verzweifelt warten.

2. *Überlassen Sie der Kundin die volle Kontrolle über das Gespräch*

Sehr häufig verschließen sich gerade solche Menschen im Gespräch, die gern die totale Kontrolle über die Situation behalten. Ich habe die Erfahrung gemacht, dass wohlmeinende Kunden zu diesem Mittel greifen, weil sie der Verkaufstechniken überdrüssig sind, mit denen sie in der Vergangenheit über den Tisch gezogen wurden. Ohne Rückmeldung kann es jedoch schwierig sein, ihnen überhaupt etwas zu verkaufen. Indem sie keine ihrer Karten auf den Tisch legen, behalten sie die Kontrolle. Falls es das ist, was die Kundin von Ihnen will, geben Sie ihr die Kontrolle über das Gespräch. Vielleicht bringt sie klare Vorgaben mit und möchte ihre Fragenpunkte möglichst zügig abgehandelt haben. Um einen Auftrag zu bekommen, müssten Sie ohnehin nach ihrem Plan vorgehen, also können Sie ihr ebenso gut gleich die Kontrolle über den Dialogverlauf zugestehen. Sagen Sie einfach: „Ich habe den Eindruck, dass meine Ausführungen für Sie nicht besonders interessant sind. Gibt es irgendetwas, worüber Sie unbedingt mehr wissen wollen?“ Oder fragen Sie direkt: „Worüber wollen wir als Nächstes sprechen?“

3. *Bringen Sie sie dazu, über irgendwas zu sprechen*

Wenn der Prophet nicht zum Berg kommt ... Will Ihre Kundin partout nicht übers Geschäft reden oder über das, was sie sich von Ihrem Produkt erwartet, gibt es dafür gewiss einen Grund. Den werden Sie allerdings nicht erfahren, indem Sie

sie immer weiter bedrängen, etwas zu dem Angebot zu sagen. Versuchen Sie lieber, sie dazu zu bringen, über irgendetwas zu reden. Eine Kundin, die nicht mit Ihnen spricht, fühlt sich in Ihrer Gegenwart eventuell unsicher. Plaudern Sie ein wenig mit ihr, damit sie Sie besser einschätzen lernt. Das lockert vielleicht ihre Zunge und Sie können behutsam das Thema wieder Richtung Geschäft lenken.

4. *Beginnen Sie das Gespräch damit, Fragen zu stellen*

Sie können von vornherein verhindern, dass Ihre Kundin sich verschließt, indem Sie das Gespräch mit ein paar Fragen eröffnen. Haben Sie das Gefühl, einer Kundin gegenüberzusitzen, die Sie nur anschweigen wird, während Sie dozieren, ist die Eröffnung mit einem Frage-und-Antwort-Spiel durchaus sinnvoll. Leiten Sie es mit ähnlichen Worten ein wie: „Ich möchte Ihre Zeit nicht unnötig in Anspruch nehmen, indem ich unsere Unterhaltung unter Ihrem Niveau beginne. Deshalb würde ich Ihnen zunächst gern ein paar Fragen stellen, falls Sie damit einverstanden sind." Die erste Frage könnte lauten: „Was wissen Sie bereits über mein Produkt?"

5. *Machen Sie einen Probeabschluss*

Der Zeitpunkt mag etwas früh erscheinen, um einen Auftrag zu erbitten, doch wenn Sie schon keine Rückmeldungen bekommen, sollten Sie diesen Umstand zu Ihren Gunsten nutzen. Sagen Sie beispielsweise: „Meine Frage mag etwas verfrüht kommen, aber da ich keine Einwände von Ihnen gehört habe, möchte ich Sie fragen, ob Sie vielleicht schon eine Bestellung aufgeben möchten." Ich habe verschlossene Kunden erlebt, die nur darauf warteten, dass ich diesen Vorschlag machte. Auf diese Bitte hin erwachten sie sogleich zum Leben und gaben mir tonnenweise Feedback, woraus ich schließen konnte, dass sie mir sehr aufmerksam zugehört hatten. Bei anderen Kunden fungiert die Bitte um den Auftrag als eine Art Weckruf. Er schreckt sie auf und hilft ihnen, sich wieder auf das Gespräch zu konzentrieren.

6. *Gestalten Sie das Gespräch interessanter*

Manche Kunden erscheinen verschlossen, weil sie sich überhaupt nicht für das interessieren, was Sie ihnen zu sagen haben. Sprechen Sie mal Leute an, die viel mit Verkäufern reden, und Sie werden feststellen, dass sie alle sich in einem Punkt einig sind: Die meisten Präsentationen sind sterbenslangweilig. Wollen Sie

Ihre interessanter gestalten als das Gros, müssen Sie vor allem vorbereitet sein. (Näheres hierzu werde ich später im Kapitel ausführen, wenn ich auf das Vorbereiten von Fragen komme.)

7. *Sprechen Sie die Kunden persönlich an*

Wie viel Feedback Ihnen ein Kunde gibt, entscheidet er ganz allein. Ob er Ihnen viel oder wenig gibt, entscheiden einzig sein persönlicher Stil und seine persönliche Sichtweise der Käuferstellung gegenüber dem Verkäufer. Betrachten Sie Feedback quasi als persönliches Geschenk des Kunden an Sie, welches Sie erwidern sollten, indem Sie ihm persönliche Aufmerksamkeit schenken. Einladungen zum Essen oder Ähnliches setzen allerdings voraus, dass Sie bereits eine Geschäftsbeziehung zu dem Kunden haben, weshalb Sie bei Neukunden auf andere Methoden zurückgreifen müssen. Vielleicht finden Sie ein paar Anregungen in den Beispielen aus meiner Laufbahn: Als ich in der Marktforschung arbeitete, habe ich den persönlichen Zugang zu einem Neukunden gefunden, der großer Bootsfan war, indem ich ihm neueste Informationen über verschiedene Bootsbauer zukommen ließ. Als ich in Europa war, kaufte ich ein europäisches Hundemagazin für einen amerikanischen Kunden von mir, der hundebegeistert war. Einem Kunden, der Römergläser sammelte, schickte ich eines aus Disney World. Einem anderen, dessen Hobby Fallschirmspringen war, schickte ich einen Artikel, in dem Fallschirmspringen als der gefährlichste Sport der Welt bezeichnet wurde. Sie können Ihrem Kunden auch zum neuen Anzug gratulieren, Ihrer Kundin eine Scherzkarte schicken, auf der ihre Arbeitssituation beschrieben ist, einen Witz erzählen oder sonst etwas Unerwartetes tun.

8. *Verkehren Sie mit dem Kunden auf Augenhöhe*

Manchmal ist Ehrlichkeit die beste Taktik. Wenn das ausbleibende Feedback Ihres Kunden Sie frustriert, sagen Sie offen: „Ich bin überrascht, dass Sie weder Fragen noch Einwände äußern, und frage mich, ob Sie sich eventuell nicht für das interessieren, was ich Ihnen hier erzähle. Stimmt das?“ Ermutigen Sie Ihr Gegenüber, Kritik oder Rückfragen vorzubringen – machen Sie es ihm leichter.

9. *Überlegen Sie, warum der Kunde absichtlich mauern könnte*

Manchmal müssen Sie den Detektiv spielen um herauszufinden, was wirklich vor sich geht. Im Folgenden beschreibe ich Ihnen ein paar klassische Situationen, die ich erlebt habe. Und denken Sie daran: Sie können nur mit Problemen umgehen, von denen Sie wissen.

a. ***Ihre Kundin zeigt beim Verhandeln ihr Pokerface.*** Vielleicht ist es einfach ihre Art, das Spiel zu spielen. Sie weiß genau, was sie will, und gibt Ihnen absichtlich so wenig Hinweise wie möglich, um später in einer besseren Verhandlungsposition zu sein.
b. ***Ihr Kunde wartet darauf, dass Sie sich beweisen.*** Einige Kunden betrachten das erste Gespräch als eine Art Test, in dem der Verkäufer sich beweisen muss, bevor sie bereit sind, Zeit in eine Kunden-Verkäufer-Beziehung zu investieren, die sich auszahlen kann oder auch nicht.
c. ***Ihre Kundin steht unter enormem Zeitdruck.*** Vielleicht kommt kein Feedback, weil die Kundin den Besuch möglichst schnell hinter sich bringen will, um bald wieder zu ihren Aufgaben zurückzukehren.
d. ***Ihr Kunde hat bereits im Vorwege beschlossen, Ihnen nichts abzukaufen.*** Seit der Terminvereinbarung kann sich vieles verändert haben. Wenn der Kunde inzwischen zu dem Schluss gekommen ist, dass ein Auftrag an Sie überhaupt nicht mehr infrage kommt, verschwendet sie mit Ihnen nur ihre Zeit. Aus ihrer Sichtweise sollte das Gespräch also schnellstmöglich beendet werden.
e. ***Ihre Kundin hält Ihr Auftreten für komplett albern.*** Natürlich will sie Sie deshalb so bald wie möglich wieder loswerden, also gibt sie sich extra verschlossen.
f. ***Ihr Kunde ist schlicht ein schwieriger Mensch.*** Manche Menschen sind nun mal sehr verschlossen, ernst und unzugänglich, also nehmen Sie es nicht persönlich. Damit ändern Sie ohnehin nichts. Diese Kunden geben Ihnen kein oder nur sehr wenig Feedback, weil es nicht ihrem Temperament entspricht – weder im Berufs- noch im Privatleben.
g. ***Ihre Kundin hat nichts mit der späteren Entscheidung für oder gegen den Auftrag zu tun.*** Ihr eigentlicher Ansprechpartner ist momentan zu beschäftigt, um Sie persönlich zu empfangen, und schickt eine niedriger gestellte Mitarbeiterin vor. Da diese Person mit dem Kaufprozess an sich nichts zu tun hat, interessiert sie sich naturgemäß auch nicht für das, was Sie erzählen.
h. ***Ihr Kunde wird nächste Woche die Firma wechseln, darf aber mit niemandem darüber sprechen.*** Das ist mir häufiger passiert. Ich verließ den Kun-

den und dachte: „Irgendetwas geht hier vor, aber ich habe keine Ahnung, was." Und wenn ich einen Monat später wieder anrief, erfuhr ich, was los war.

i. ***Ihre Kundin hat nur selten mit Verkäufern zu tun und weiß nicht, wie sie sich verhalten soll.*** Dieser Situation werden Sie öfter ausgesetzt sein, da Einkaufsposten halt hin und wieder mit neuen Leuten besetzt werden. Ich empfehle dann, irgendetwas zu tun, was Sie nicht wie den klassischen Vertreter aussehen lässt.

10. Stellen Sie Fragen, mit denen Sie den Kunden zur Antwort motivieren

Meiner Meinung besteht der Trick, einen reservierten Kunden aus seiner Reserve zu locken, darin, ihm gute Fragen zu stellen. Der Dialog mit einem defensiven Kunden muss auf seinem Spielfeld beginnen, nicht auf Ihrem. Und seine Regeln erkennen Sie nur, indem Sie ihn dazu bringen, Ihnen Antworten zu geben. Manchmal scheuen sich Kunden, Fragen zu beantworten, weil sie nicht sicher sind, was sie damit auslösen. Doch, wie *60 Minutes*-Korrespondent Mike Wallace so treffend zu sagen pflegt: „Es gibt keine indiskreten Fragen, nur indiskrete Antworten."

Einige Tipps:

a. ***Bereiten Sie sich vor.*** Je interessanter ein Kunde Ihr Frage-und-Antwort-Spiel findet, umso länger wird er dabei bleiben. Langweilen Sie ihn, indem Sie belanglose Fragen stellen, werden Sie ihn schnell verlieren. Denken Sie daran, dass die Fragen, die Sie stellen, eine Menge über Sie verraten. Nur wenn Sie sich auf den Kunden vorbereiten, können Sie ihn Dinge fragen, die ihn tatsächlich ansprechen und sein Interesse wecken.

b. ***Unterhaltung ist das Stichwort, nicht Befragung.*** Ihre Kundin ist nicht verpflichtet, auch nur eine einzige Ihrer Fragen zu beantworten. Einige empfindet sie möglicherweise als zudringlich. Und schlecht formulierte Fragen können sie in die Defensive zwingen. Ein guter Fragensteller riskiert niemals, dass die Befragte sich unbehaglich fühlt oder glaubt, sich verteidigen zu müssen.

c. ***Entwerfen Sie neue Fragen aus den Antworten, die Sie schon bekommen haben.*** Auf diese Weise signalisieren Sie der Kundin, dass Sie ihr aufmerksam zuhören. „Marlene, Sie sagten vorhin, dass Sie in Zukunft planen, mehr Plastikwürmer herzustellen. Haben Sie schon überlegt, eine zweite Produktionslinie einzuführen?"

d. *Kommen Sie vom Tausendsten ins Hundertste.* Wenn Sie eine wirkliche Unterhaltung anstreben, sollten Sie sie auch entsprechend gestalten. Unterhaltungen laufen nach einer gewissen Logik ab und springen nicht willkürlich von einem Thema zum anderen. Vorteilhaft ist es allerdings, wenn Sie den Verlauf nicht allzu offensichtlich in eine Richtung dirigieren, indem Sie Ihre Fragetechnik transparent machen. Lassen Sie Ihre Fragen behutsam vom Allgemeinen zum Besonderen übergehen.

e. *Hören Sie richtig zu.* Gott hat uns einen Mund und zwei Ohren gegeben. Wenn wir doppelt so gut hinhören wie wir sprechen, macht uns das um ein Vielfaches schlauer. Menschen reden gern. Sie fühlen sich geschmeichelt, wenn jemand sie nach ihrer Meinung fragt und ihnen aufmerksam zuhört.

f. *Sparen Sie sich die heikleren Fragen für später auf.* Wenn Sie mit den etwas „sensibleren" Fragen warten, bis Ihr Kunde ein Grundvertrauen zu Ihnen gefasst hat, wird er sie besser aufnehmen und Ihnen offener antworten.

g. *Machen Sie sich Notizen.* Wenn das Frage-und-Antwort-Spiel wirklich gut läuft, werden Sie daraus eine Menge wertvolle Informationen ziehen können – und einen beachtlichen Teil davon wieder vergessen, sollten Sie sich keine Notizen machen. Gerade der verschlossene Kunde, der Ihnen in diesem Gespräch Antworten gibt, wird nicht begeistert sein, beim nächsten Besuch dieselben Fragen wieder zu hören zu bekommen.

5. *Formulieren Sie Ihre Fragen möglichst allgemein.* Die besten Verkaufsgespräche sind die, bei denen hauptsächlich die Kunden reden. Wenn Sie Ihre Fragen allgemein halten, werden Ihre Kunden Ihnen von ihrem Geschäft erzählen, wo ihre Probleme liegen und vielleicht sogar, inwieweit Ihr Produkt dazu beitragen kann, sie zu lösen.

Strategien, wie Sie zum Abschluss kommen

Bekommen Sie einen schwer durchschaubaren Kunden dazu, mit Ihnen zu sprechen, gestaltet sich der eigentliche Abschluss wie bei allen anderen „Standardkunden" auch. Sollten Sie allerdings kein Feedback erhalten, werden Sie ohne abschließen müssen. In dem Fall können Ihnen wahrscheinlich folgende Hinweise helfen:

1. *Gehen Sie von demografischen Werten aus*

Überlegen Sie einmal: „Okay, diese Frau arbeitet für ein mittelständisches Unternehmen und hat nur wenig mit meiner Sorte Produkt zu tun. Normalerweise brauchen Kunden in ihrer Lage ..." Ich verlasse mich in solchen Situationen auf meinen Instinkt und meine Erfahrungen mit anderen Kunden, die in vergleichbarer Position waren.

2. *Bekommen Sie kein Feedback, müssen Sie die Zeit für den Abschluss festsetzen*

Wenn von der Kundin überhaupt keine Rückmeldung kommt, müssen Sie selbst den Zeitpunkt bestimmen, an dem Sie zum Abschluss kommen sollten. Normalerweise würden Sie um den Auftrag bitten, sobald Sie deutliche Signale erhalten, dass die Kundin bereit ist zu kaufen. Aber wenn die Signale ausbleiben, müssen Sie sich auf Ihr eigenes Zeitgefühl verlassen. Haben Sie das Gefühl, genug zu Ihrem Produkt erzählt und erklärt zu haben, bitten Sie einfach direkt um den Auftrag.

3. *Setzen Sie auf den „Abschluss aus der Konserve"*

Bei einem Kunden, der sich vollkommen verschlossen gibt, verlieren Sie am Ende beide: der Kunde, weil er das ursprünglich auf ihn abgestimmte Angebot zeitlich überstrapaziert hat und keine Aktualisierung ermöglichte; Sie, weil Sie keine Gelegenheit hatten, Ihr Angebot entsprechend den Bedürfnissen des Kunden zu aktualisieren. Aber für konservierte Anforderungen kann es eben nur konservierte Angebote geben, und demzufolge kommt der Abschluss dann auch „aus der Konserve".

16 *Der Kunde, der:*

über alles besser Bescheid weiß

Aus der Umfrage:

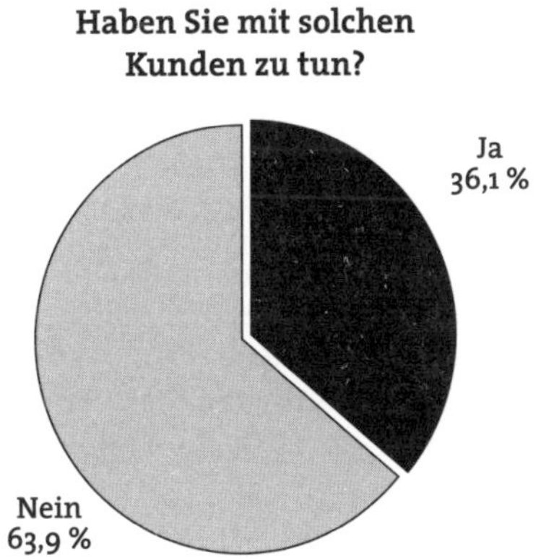

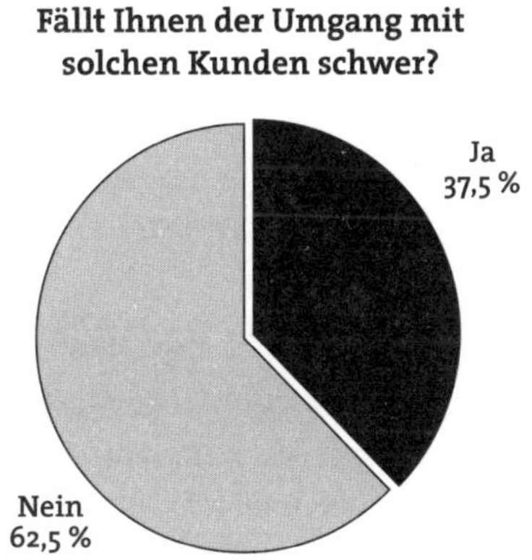

„Die Kunden gehen davon aus, dass sie grundsätzlich Recht haben, egal was man ihnen erzählt. Will man mit ihnen ins Geschäft kommen, muss man ihnen dieses Gefühl lassen, egal was für Idioten sie sind."

Verkaufs- und Marketingmanager, Rundfunk- und Fernsehgeräte, Philadelphia, Pa.

Sie ist brillant, gebildet und selbstbewusst. Sie weiß mehr über das Produkt als Sie, der Sie es verkaufen, und erinnert Sie mehrfach daran, während Sie sich mit ihr unterhalten. Wollen Sie auf den Auftrag zu sprechen kommen, wird sie geradezu tyrannisch expertenhaft und nutzt ihr gesammeltes Wissen und ihren Intellekt, um jedes Argument von Ihnen in Grund und Boden zu stampfen. Sie ist daran gewöhnt, dass man ihr Recht gibt, und tut sich schwer damit, ihre Meinung zu ändern, doch leider müssen Sie genau das erreichen, wenn es sich um eine Neukundin handelt.

Eine Präsentation vor ihr kann ein echter Albtraum sein, weil sie jeden einzelnen Teil davon zerpflücken und in der Luft zerreißen wird, während sie Ihnen unablässig Ratschläge gibt, wie Ihr Unternehmen seine Geschäfte weit besser betreiben könnte. Manchmal ist es unglaublich schwer, jemanden zu überzeugen, der so viel mehr weiß als man selbst. Die erste Hürde des Verkäufers gegenüber einer Besserwisserin besteht darin, sie überhaupt zum Zuhören zu bekommen. Diese Leute reden am liebsten selbst und hören ungern zu. Bevor sie Sie nicht respektieren oder gewillt sind, Ihnen Aufmerksamkeit zu zollen, können Sie davon ausgehen, dass sie kein Wort von dem aufnehmen wird, was Sie sagen.

Stolpersteine

1. *Sich wie ein Verkäufer benehmen*

Besserwisser betrachten sich als schlau und begründen diese Annahme damit, dass sie Verkäufergespräche einfach „aussitzen" können. Entsprechend werden sie manipulative Fragen wie „Wollen Sie es in Rot oder Blau?" als schlicht brüskierend empfinden. Seien Sie weder überschwänglich dankbar noch vorgetäuscht enthusiastisch. Den Konservenabschluss dürfen Sie hier natürlich genauso wenig aktivieren, weil das glatter Selbstmord wäre. Wenn nämlich diese Leute Sie als durchschnittlichen Verkäufer wahrnehmen, werden sie Ihnen nie wieder zuhören. Hinzu kommt, dass sie zumeist schlau genug sind um zu wissen, dass die meisten Verkäufer bei ihnen mehr Geld machen und weniger wissen als sie selbst. Manche Besserwisser begegnen Verkäufern nicht nur, indem sie ihnen kein Gehör schenken, sondern verachten sie darüber hinaus auch noch.

2. *Unvorbereitet sein*

Besserwisser lassen sich von Informationen beeindrucken. Bevor Sie so einen Kunden besuchen, sollten Sie alle wesentlichen Fakten geklärt haben. Besserwisser fühlen sich von Standardverkäufern gelangweilt. Erscheinen Sie also zum Termin und wollen sich über die Grundlagen des gemeinsames Geschäfts unterhalten, haben Sie schon verloren. Setzen Sie viel weiter oben an. Machen Sie

Ihre Hausaufgaben und bringen Sie genau in Erfahrung, womit das Kundenunternehmen sein Geld verdient, bevor Sie das erste Mal hingehen.

3. *Mit ihrem Fachwissen konkurrieren wollen*

Sie kauft Ihnen nichts ab und bringt ihren überreichlichen Erfahrungsschatz ein, um Ihnen zu erklären, warum nicht. Ihr Job besteht darin, sie davon zu überzeugen, doch etwas bei Ihnen zu kaufen, stellen Sie aber ihr Fachwissen infrage, handeln Sie sich ernste Schwierigkeiten ein. Sie hat Jahre investiert, um zu der Fachfrau zu werden, die sie heute ist. Also müssen Sie versuchen, sie zu überzeugen, ohne an ihrem Image als Expertin zu kratzen.

4. *Beleidigt sein*

Wenn Sie das Gefühl haben, Sie würden demnächst die „beleidigte Leberwurst" geben, weil die Kundin Ihnen dauernd vermittelt, viel mehr zu wissen als Sie, sollten Sie an eines denken: Ihr Job ist es, einen Auftrag an Land zu ziehen, nicht etwa, zwei grundverschiedene Menschen auf einen Nenner zu bringen. Sie müssen nicht wissen, was Ihre Kundin wusste, um sich auf den Posten heraufzuarbeiten, den sie heute hat. Und Sie können sogar beruhigt sein insofern, als zu viel Wissen manchmal auch belastend sein kann.

Verkaufsstrategien

1. *Seien Sie nicht beeindruckend, sondern beeindruckt*

Überlegen Sie mal, warum jemand zum Fachtyrannen wird: Gewiss nicht, weil er die Schule mit einem matten Lacher hinter sich gebracht und ein paar Fachzeitschriften gelesen hat. Hier kommt echter Ehrgeiz ins Spiel, und wenn Sie entdecken, welche Motivation Ihre Kundin tatsächlich umtreibt, haben Sie schon einen Ansatzpunkt gewonnen. Besserwisser lieben es, ihr Wissen zu demonstrieren, sind versessen auf Respekt und Bewunderung, und in den meisten Fällen haben sie sich die Bewunderung hart erarbeitet und wirklich verdient. Also setzen Sie darauf und erkennen Sie ihr Fachwissen an.

Ich hatte einmal ein Riesenproblem mit einem der klügsten und gebildetsten Kunden, die ich je hatte. Seinerzeit freute ich mich sehr darauf, ihn wiederzusehen, weil ich dachte, da ich selbst mich in der Branche, in der wir beide arbeiteten und in der er relativ neu war, gut auskannte, könnten wir sofort bestens ins Gespräch kommen. Kamen wir aber nicht, und ich brauchte eine Weile, bis ich begriff, warum nicht. Was er tatsächlich wollte, war ein Zuhörer, keinen Gleichgestellten. Ich änderte sofort meine Vorgehensweise und hörte ihm einfach nur zu. Und von da ab lief alles wunderbar: Je häufiger ich kam und ihm sehr interessiert zuhörte, umso mehr kaufte er bei mir.

2. *Machen Sie sich zum Sprachrohr für den allwissenden Kunden*

Wenn Sie tatsächlich in die Situation geraten, dass das Gespräch über Details Ihres Produkts Sie überfordert, versuchen Sie es mal so: Sagen Sie dem Kunden, Sie könnten nicht mehr folgen, aber sein Fachwissen wäre dem Ihrer sonstigen Kunden so weit überlegen, dass Sie es für wesentlich halten – nicht nur für Ihr Unternehmen, sondern für zukünftigen Produktionen überhaupt. Nehmen Sie einen Notizblock und bitten Sie ihn, Ihnen alles zu erzählen, was er für wichtig hält und was für ihn dagegen spricht, Ihr Produkt so zu kaufen, wie Sie es ihm präsentiert haben. Machen Sie jede Menge Notizen und ziehen Sie sich anschließend zurück – mit unangetastetem Ruf. Sobald Sie im Büro zurück sind, gehen Sie Ihre Aufzeichnungen Punkt für Punkt durch. Sprechen Sie mit dem Management oder eventuell mit einem Produktexperten. Vereinbaren Sie einen zweiten Termin mit dem Kunden, und versprechen Sie ihm, auf alle seine Fragen antworten zu können, weil Sie inzwischen Rücksprache mit Ihren Vorgesetzten oder sonstigen Fachleuten in Ihrem Unternehmen gehalten hätten.

Ich würde sagen, die Hälfte der Kunden, mit denen ich nach dieser Taktik verfahren bin, waren damit rundum zufrieden. Ihnen schmeichelte es, ernst genommen zu werden, und die Leute in meiner Firma konnten meist mit tollen Sachen aufwarten, auf die die Kunden gar nicht gekommen waren. Fazit war jedenfalls, dass die Leute auf dieser wie jener Seite mit Leidenschaft bei ihrer Arbeit waren und für diese Details lebten.

Andererseits habe ich auch Besserwisser erlebt, die sofort das Interesse verloren, wenn ich ein paar ihrer spitzfindigen Detailfragen in der Präsentation beantwortete. Das sind die Kunden, die sich weder für das Produkt noch für die Einzelheiten begeistern, sondern lediglich ihr Ego bedienen, indem sie so viel darüber wissen.

Egal mit welcher Variante Sie es zu tun haben, die oben beschriebene Herangehensweise ist immer erfolgreich – aus Verkäufersicht. Für die Leute mit Liebe zum Detail ist sie gut, und für diejenigen, die gern mit ihrem Fachwissen protzen, tun die Rückfragen, die Sie angeblich nötig haben, dem Ego gut.

3. *Machen Sie die Besserwisser zu Kritikern Ihrer nächsten Präsentation*

Besserwisser können selten eine Präsentation ruhig aussitzen. Sie haben an allem und jedem etwas auszusetzen und neigen dazu, Ihnen erzählen zu wollen, wie Sie die Präsentation gestalten sollten. Warum lassen Sie sie dann nicht genau das tun? Machen Sie sie zu den Ersten, die Ihre neue Präsentation sehen, und geben Sie ihnen das Gefühl, nicht als Kunden, sondern als Berater aufzutreten. Sagen Sie: „Ich habe eine neue Präsentation und würde sie Ihnen gern vorführen, um Ihre Meinung dazu zu hören, bevor ich sie jemand anderem zeige." Besserwisser lieben das! Und während sie Ihnen helfen, Ihre Präsentation zu verbessern, müssen sie das Verkaufsgespräch für einen Moment aus Ihrer Warte betrachten, was von „therapeutischem Nutzen" sein kann. Außerdem kommen Sie so häufig zu einer wirklich besseren Präsentation.

4. *Machen Sie eine Fünf-Ideen-Präsentation*

Diesen Kunden können Sie keine Informationen verkaufen. Sie wissen bereits alles und lassen sich von Ihrem Wissen nicht beeindrucken. Stattdessen sollten Sie ihnen Ideen bringen. Wenn Ihre Ideen originell sind, kann die Präsentation sehr wirkungsvoll sein, denn neue Ideen schreien förmlich danach, mithilfe des Fachwissens der Kunden umgesetzt zu wurden.

Besuchen Sie Ihre allwissende Kundin, sagen Sie ihr, wie viel Sie auf ihr Wissen geben, und dann erzählen Sie ihr, Sie hätten fünf Ideen, die sie gewiss reizen würden. Sie können eine Präsentation schlecht auf einer einzelnen Idee aufbauen, denn sollte Ihre Kundin davon bereits gehört haben oder sie für uninteressant halten, sind Sie raus aus dem Spiel. Im Grunde genommen tun Sie nichts anderes, als Ihrer Präsentation eine neue Hülle zu verleihen, indem Sie weniger auf Fakten und Zahlen eingehen als auf die Ideen, die dahinter stecken. Auch hier sollten Sie eventuell Ihre Kollegen konsultieren, um fünf wirklich originell klingende Ideen zusammenzubekommen. Was Sie brauchen, sind Ideen, die Ihr Produkt zu einem integralen Teil des Kundengeschäftes machen, als Mittel zur Kostenersparnis, Umsatzsteigerung, Produktionsverbesserung und so fort. Damit können Sie viele Besserwisser neugierig machen.

5. *Holen Sie sich die Hilfe des einzigen Experten, auf den Ihr Kunde hört: ihn selbst*

Einige Besserwisser messen ihren Meinungen weit mehr Aussagekraft bei als realistisch wäre. Ihre Ansichten sind nicht die eines einzelnen Menschen, sondern *die* Ansichten schlechthin. Und die einzigen Personen, die sie von ihrer vorgefassten Meinung abbringen können, sind sie selbst. Eine Methode, sie zu überzeugen, wäre die, sich ihre Perspektive zu Eigen zu machen und sie sozusagen von innen heraus zu gewinnen. Und das funktioniert folgendermaßen:

Bitten Sie ihren Kunden, über das Thema zu sprechen, mit dem er sich am besten auskennt und über das er am liebsten redet: sein Fachgebiet. Wie einer meiner Lieblingsverleger zu sagen pflegt: „Stell ihm ein paar Fragen, halt dich zurück und lass ihn munter drauflos sprudeln." Besserwisser reden für ihr Leben gern. Nutzen Sie diese natürliche Informationsquelle, um so viel wie möglich über sie zu erfahren. Und während sie über ihr Geschäft reden und reden und reden, tun Sie dreierlei.

Erstens: Sie hören aufmerksam hin, um Argumente zu entdecken, mit denen Sie arbeiten können. Wenn Sie Knöpfe verkaufen und mitbekommen, dass der Kunde gerade eine neue Kollektion chinesischer Seidenpyjamas plant, sagen Sie ihm, welche Ihrer Knöpfe dafür besonders passend wären. Verkaufen Sie Elektroinstallationen, fragen Sie nach geplanten Büroneubauten, für die Sie sämtliche Installationen anbieten können. Verkaufen Sie Pharmazeutika und erfahren, dass die Drogeriekette Ihres Kunden eine neue Filiale in Florida eröffnet, erzählen Sie ihm von Ihren speziell auf die Südstaatenkundschaft abgestimmten Produkten. Einige Kunden sind vielleicht vorsichtig und halten sich mit solchen Informationen eher zurück. Bei ihnen müssen Sie zunächst dafür sorgen, dass sie Vertrauen zu Ihnen fassen. Und wirklich vertrauliche Informationen werden auch die Besserwisser kaum im Verkaufsgespräch preisgeben.

Zweitens: Achten Sie darauf, welche Standpunkte die Kundin vertritt, die Sie in veränderter Formulierung nutzen können, um das Gespräch auf Ihr Produkt zu bringen. „Joan, Sie erwähnten vorhin, dass Sie planen zu expandieren. Können Sie mir vielleicht Näheres darüber erzählen?"

Drittens: Dirigieren Sie das Gespräch mittels Fragen in die richtige Richtung. „Joan, was halten Sie von dem zunehmenden Trend bei Modeherstellern, dekorative Knöpfe auf schlichte Kleider zu nähen?" Sie sprechen nicht offen über einen Auftrag, sondern stellen Fragen. Sie lenken die Unterhaltung nicht, sondern bitten um die Meinung der Kundin. Sie versuchen nicht, ihr etwas zu verkaufen, sondern helfen ihr, selbst Ideen zu entdecken, die ihrem Geschäft nützen. Machen Sie das Gespräch zu einem Arbeitstreffen, bei dem die Kundin die Kontrolle hat. Mit Ihren Fragen tun Sie nichts weiter, als behutsam den Punkt anzusteuern, an dem die Kundin von sich aus entscheidet, Ihnen einen Auftrag geben zu wollen.

Alles, was Sie dafür mitbringen müssen, ist a) ein echtes Interesse am Geschäft Ihrer Kundin, b) die Geduld, sich eine Menge Informationen geben zu lassen, die mit dem Kauf selbst nichts zu tun haben, c) die Bereitschaft, sich die Ansichten der Kundin anzuhören und sie opportunistisch für Ihre Zwecke zu nutzen, und d) den Willen, die dafür nötige zusätzliche Zeit aufzubringen, obwohl Sie bei anderen Kunden möglicherweise schneller einen Auftrag bekämen.

6. *Graben Sie ganz tief in der Mottenkiste nach einer Information, die Ihr Kunde noch nicht hat*

Es gibt keine wirkungsvollere Methode, das Gespräch mit einem Besserwisser zu beginnen, als die, ihm eine Information anzubieten, die er bisher noch nicht hatte. Besserwisser lieben Information und neue faszinieren sie. Erzählen Sie eine witzige Geschichte über die Gründung des Kundenunternehmens; geben Sie ihnen Informationen über Hobbys oder Gewohnheiten des CEOs oder Inhabers, von denen sie nichts wussten, oder berichten Sie etwas über das Auslandsgeschäft, mit dem die Besserwisser sonst keine Berührung haben. Sie finden diese Informationen, indem Sie die Jahresberichte lesen, Aktien des Unternehmens kaufen und so die neuesten Aktionärsrundschreiben erhalten oder sich einfach in der Bibliothek schlau machen. Können Sie zu Beginn des Verkaufsgesprächs mit solchen „Extrahäppchen“ aufwarten, dann erreichen Sie gleich mehreres auf einmal. Sie sichern sich die Aufmerksamkeit des Gesprächspartners, stärken Ihre Glaubwürdigkeit und beeindrucken ihn so, dass er Ihnen umso interessierter zuhören wird.

7. *Steigern Sie den Wert Ihres Produktes für den Kunden, indem Sie ihn an einem besonderen Projekt beteiligen*

Wenn Sie die Möglichkeit haben, Ihren Besserwisser mit seinem Fachwissen für ein bestimmtes Projekt einzuspannen, wird er begeistert sein, und zugleich steigt damit Ihr Produkt in seinem Ansehen. Ich habe einmal einen Besserwisser gewinnen können, indem ich eine Kundenumfrage für sein Unternehmen machte. Während wir die Fragebögen zusammenstellten, konnte mein Kunde sein gesamtes Fachwissen an den Mann bringen und ich erreichen, dass ebenfalls nach dem Produkt gefragt wurde, das ich verkaufte. Mein Kunde war mit Feuereifer bei der Sache, und als die Fragebögen zurückkamen und mehrheitlich positiv für mein Produkt ausfielen, erhielt ich einen Riesenauftrag. Falls Sie nicht in einer Produktkategorie arbeiten, die sich für eine Umfrage eignet, könnten Sie beispielsweise versuchen, den Kunden in die Entwicklung neuer Produktideen, neuer Verpackungen, neuer Preisgestaltungen oder neuer Einzelhandelsstrategien zu involvieren, bevor diese in Stein gemeißelt sind.

8. Schicken Sie nach jedem Gespräch Briefe

Besserwisser sind oft fanatische Leser. Entsprechend überzeugt sie das geschriebene Wort weit mehr als das gesprochene und ein gut formuliertes Schreiben mit möglichst vielen Details stößt bei ihnen häufig auf mehr Aufmerksamkeit als ein Gespräch.

9. Besuchen Sie den Kunden zusammen mit einem Experten

Manchmal ist es einfacher, sich einen eigenen Experten mitzubringen. Wenn Sie in Begleitung eines Ingenieurs oder Produktspezialisten aus Ihrem Unternehmen bei Ihrem Besserwisser erscheinen, können Sie damit punkten. Nach einer Fabrikbesichtigung und zwanzig Minuten Fachsimpelei wird Ihr superschlauer Kunde Ihr Angebot gewiss positiver aufnehmen.

10. Suchen Sie die gemeinsame Basis auf einer anderen Ebene

Ich akquirierte einmal bei einem schrecklichen Fachtyrannen. Er redete, redete und redete. Der Mann war ein echter Filibuster. Ich kam überhaupt nicht zu Wort. Wie ich es schließlich doch noch schaffte, ihm mein Angebot zu unterbreiten, war, indem ich etwas tat, was ihn persönlich ansprach. Ich fand heraus, dass er Krawatten sammelte, und brachte bei meinem nächsten Besuch eine mit, die besonders schwer zu bekommen war. Die Geste rührte ihn so sehr, dass er den Mund hielt, mir einen Platz anbot und mich meine Präsentation vortragen ließ. Er gab währenddessen keinen Mucks von sich und wurde zu einem sehr guten Kunden.

11. *Fragen Sie sich: „Bildet sie sich vielleicht bloß ein, eine Expertin zu sein?"*

Einige Alleswisser wissen in Wahrheit gar nicht alles und sind weder so schlau noch so gebildet, wie sie meinen; sie glauben es bloß. Wenn Sie den Eindruck haben, Ihre Kundin wäre mit den Fakten nicht so vertraut, wie sie vorgibt, oder sie zöge die falschen Schlüsse aus dem, was Sie ihr vortragen, haben Sie wahrscheinlich eine eingebildete Besserwisserin vor sich. Häufig sind diese Leute auf ihrem Fachgebiet tatsächlich sehr versiert, sind jedoch in Positionen befördert worden, die ihnen anderes Wissen abverlangen, das sie sich erst erwerben müssen. Als ich Anzeigenplätze für ein Ingenieursmagazin verkaufte, hatte ich mit vielen brillanten Ingenieuren zu tun, die die tollsten Unternehmen aufgebaut hatten; aber Ingenieure werden nun mal nicht dafür ausgebildet, Werbung zu machen. Dennoch befanden sich durchaus einige „Werbefachleute" unter ihnen. In den meisten Fällen habe ich festgestellt, dass diese Leute sehr wohl lernbereit sind, vorausgesetzt man hilft ihnen so, dass sie dabei ihr Gesicht wahren können. Sagen Sie ihnen niemals, sie wären im Unrecht. Bieten Sie ihnen einfach eine andere Sichtweise der Dinge an. Erklären Sie, aber belehren Sie sie nicht. Meiner Meinung nach wissen die meisten von ihnen sogar, dass sie nicht die Kenntnis der Materie mitbringen, die sie gern vorweisen würden. Daher werden sie Ihnen bereitwillig zuhören, solange Sie dabei ihr Selbstbild intakt lassen.

Strategien, wie Sie zum Abschluss kommen

1. *Bringen Sie ihnen einen anderen Blickwinkel nahe*

Normalerweise können Sie die Ansichten der Besserwisser nicht von jetzt auf gleich ändern. Schlagen Sie ihnen einfach vor, die Sache einmal von einer anderen Seite zu betrachten, und machen Sie mit ihnen einen Termin für die Folgewoche. Mit ein bisschen Glück werden sie Ihnen beim nächsten Mal sagen: „Erinnern Sie sich daran, worüber wir letzte Woche sprachen? Nun, ich habe nachgedacht, und ..." Eventuell schmücken sie Ihre Vorschläge aus, drehen sie komplett um, aber das tut nichts zur Sache, denn die Hauptsache ist, dass sie sie als ihre eigene Idee angenommen haben.

2. Binden Sie Ihr Produkt an das des Kunden

Liefern Sie dem Kunden ein Motiv für den Kauf, indem Sie während des Verkaufsdialogs Produktdetails ansprechen, die mit dem Produkt des Kunden kompatibel sind.

3. Lassen Sie den Kunden selbst den Abschluss vorschlagen

Dafür stellen Sie Fragen, die automatisch zum Abschluss führen. Näheres dazu erfahren Sie in Kapitel 17.

4. Freunden Sie sich mit den Kunden an und bitten Sie dann um den Auftrag

Manchmal ist die beste Methode, einem Besserwisser einen Auftrag zu entlocken, die am wenigsten offensichtliche. Ich weiß von einem Alleswisser, der fraglos brillant ist und sein Unternehmen und die Produkte besser kennt als irgendjemand sonst. Leider ist er extrem arrogant und hat keine Freunde. Mit ihm kommen vornehmlich Verkäufer ins Geschäft, die sich mit ihm anfreunden konnten.

5. Lenken Sie das Gespräch vom Abstrakten zum Konkreten

Unterhält sich Ihr Kunde den ganzen Tag nur über sein Geschäft, wird er nie dazu kommen, einen Auftrag zu vergeben. Stellen Sie direkte Fragen, die ihn aus der abstrakten Welt seines Geschäfts in die konkrete des Kaufens oder Nichtkaufens Ihres Produkts führen. Manchmal hören Sie dann völlig abstrakte Einwände, die Ihnen noch nie zu Ohren gekommen sind. Viele Besserwisser betrachten sich als Intellektuelle und das Verkaufsgespräch als eine Art Gehirnjogging. Natürlich müssen Sie von Fall zu Fall beurteilen, wie Sie damit umgehen, zumeist aber empfiehlt sich, die Einwände einfach zu ignorieren und darauf hinzuweisen, dass Sie eine Entscheidung bräuchten.

6. Geben Sie dem Kunden das Gefühl, besonders schlau zu sein, damit sie Ihnen einen besonders großen Auftrag geben

Besserwisser brauchen das Gefühl, ihren Besuchern intellektuell überlegen zu sein. Der eigentliche „Einwand", den sie gegen den Kauf vorbringen, kann demzufolge auch sein, dass Sie die Überlegenheit Ihres Gegenüber nicht hinreichend gewürdigt haben. Er aber braucht diese Wertschätzung für sein Ego, also sollten Sie sie ihm gönnen und dann um den Auftrag bitten.

17 *Der Kunde, der:* ein Egomane ist

Aus der Umfrage:

Haben Sie mit solchen Kunden zu tun?

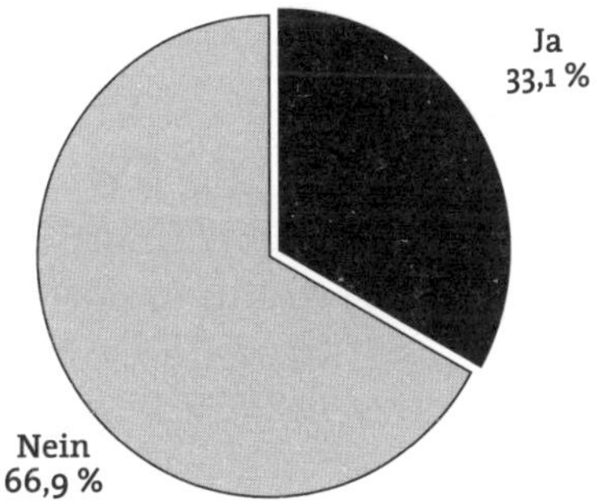

Fällt Ihnen der Umgang mit solchen Kunden schwer?

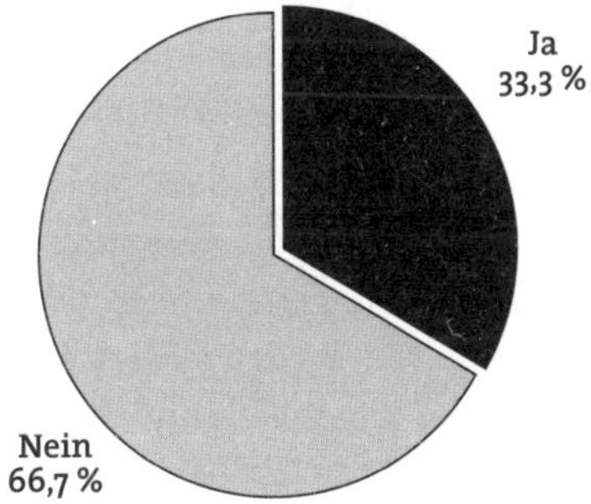

„Diesem Problem lässt sich mit Logik nicht beikommen. Entweder kriecht man vor ihnen oder man muss psychologische Tricks anwenden.“

Marketingmanager für Golfzubehör, Portland, Oregon

Der direkteste Weg zum egozentrischen Kunden führt über sein Ego, doch im Verkauf sind große Egos sehr heikel und gefährlich. Wenn ich mir einen Egomanen als Kunden vorstelle, dann male ich mir immer aus, dass neben ihm ein großer wütender Bär sitzt. Der Kunde tut, was immer der Bär will, jedoch der Bär ist unberechenbar. Die geringste Provokation oder plötzliche Bewegung, und er wird mordsgefährlich. Auf logische oder intelligente Kommunikation spricht er nicht an, dafür wird er oft handzahm, wenn Sie ihm ein paar Rosinen oder einen Topf Honig anbieten – die Sie sich für diese Gelegenheit eigens mitgebracht haben.

Ich bin immer wieder überrascht, wie viele vollkommen normale, psychisch gesunde Menschen sich in Egomanen verwandeln, sobald man ihnen die Macht gibt, Produkte oder Dienstleistungen zu kaufen. Aber nicht alle Egomanen sind gemacht; einige werden schon so geboren. Der Einkauf scheint diese Leute besonders anzuziehen. Wo sonst kann jemand mit durchschnittlichen Fähigkeiten eine solche Masse von Bewunderern um sich scharen, die sämtlich nichts anderes im Sinn haben, als ihm zu gefallen, ihn zu unterhalten und ihn über den grünen Klee zu loben, solange er das Budget kontrolliert?

Stolpersteine

1. *Den Egomanen nicht als solchen erkennen*

Im Film sind Egomanen leicht zu erkennen. Sie haben schrille Krawatten, schrille Stimmen und kommen aus Brooklyn. Im Geschäftsleben ist schrilles Gebaren allerdings ungern gesehen, weshalb egozentrische Geschäftsleute sich tarnen. Dann bitten Sie um den Auftrag und: Überraschung! Erst jetzt wird Ihnen schmerzlich klar, dass Sie es versäumt haben, sein Ego zu bedienen, und vom Abschluss viel weiter entfernt sind, als Sie dachten. Mit einem Egomanen können Sie nur umgehen, wenn Sie ihn beizeiten als solchen erkennen. Einige Hinweise wären:

Der Schreibtisch. Egomanen, die die Einrichtung ihres Büros selbst aussuchen, haben häufig sehr ausgefallene Schreibtische. Ich habe schon gigantisch große Modelle gesehen, Louis-XIV-Schreibtische, welche auf Podesten, welche mit der US-Flagge auf der einen und der Massachusetts-Flagge auf der anderen Seite, von einem Deckenstrahler angeleuchtete und gläserne. Der Schreibtisch ist die Schaltzentrale, von der aus der Egomane alles kontrolliert. Oft handelt es sich dabei auch um Einzelstücke, die er extra für sich anfertigen ließ.

Der Wandschmuck. Was der Kunde sich an die Wände seines Büros hängt, verrät eine Menge über ihn. Das können die unterschiedlichsten Dinge sein: Familienfotos, Firmenmemorabilien oder Dinge über sie selbst. Das „Ich"-Büro ist vornehmlich mit Letzteren geschmückt. Da hängen Auszeichnungen, Fotos von „Ich" und dem Präsidenten der Vereinigten Staaten, von „Ich" und Einstein und so weiter.

Jede Menge „Ich". Daran können Sie den Egomanen am leichtesten erkennen. Er spricht unablässig davon, was „Ich" denkt, sagt oder tut. Im Gespräch geht es vor allem um ihn, nicht um das Unternehmen.

2. Sich auf einen Streit einlassen

Egomanen haben dezidierte Ansichten, mit denen sie nicht hinterm Berg halten. Beim ersten Besuch erzählen sie Ihnen wahrscheinlich, warum sie Ihr Produkt nicht kaufen und was ihnen daran nicht gefällt. Doch im Gegensatz zu anderen Kunden sagen sie diese Dinge nicht, um einen Dialog zu eröffnen, sondern um „Ihnen zu sagen, wo es langgeht". Der Egomane hat grundsätzlich Recht. Ihm zu widersprechen, kann sehr gefährlich werden. Stattdessen sollten Sie aufmerksam hinhören, was er gegen Ihr Produkt vorbringt, und sich überlegen, wie Sie ihm auf nicht provokante Weise antworten können. Außerdem empfehle ich, Äußerungen, die nicht direkt mit dem Kauf des Produkts zu tun haben, gekonnt zu übergehen. Im Verkauf ist es Ihr Job, die Ansichten der Leute zu ändern, die Ihr Produkt nicht kaufen, aber eine Kontroverse mit einem Egomanen kann man schlicht nicht gewinnen. Sie dürfen den Bär nicht wütend machen, aber Sie können ihn mit Honig oder Rosinen zähmen.

3. Einen Probeabschluss versuchen

Im Allgemeinen ist die frühe Bitte um einen Auftrag eine gute Methode, echte Einwände ans Tageslicht zu fördern, mit denen man sich dann auseinander setzen kann. Bei Egomanen erreichen Sie damit jedoch eher das Gegenteil. Sie haben nun mal immer Recht, und wenn sie gleich zu Beginn gesagt haben, dass sie Ihr Produkt nicht kaufen, dann werden sie auch bis zum bitteren Ende dabei bleiben – jawohl! Daher sollten Sie einen Egomanen erst um eine Entscheidung bitten, wenn Sie sicher sind, alle Punkte überzeugend dargelegt zu haben. Hat er einmal Nein gesagt, werden Sie ihn schwerlich dazu bringen, später Ja zu sagen.

Verkaufsstrategien

1. Geben Sie ihm das Gefühl, es wäre seine Idee gewesen

Wem verdanken Sie die Idee, er solle Ihr Angebot akzeptieren? Bestehen Sie darauf, dass es Ihre war, haben Sie schon verloren. Sie müssen dem Egomanen das

Gefühl geben, er wäre auf die Idee gekommen, bei Ihnen zu kaufen. Dann wird er auch darum kämpfen. Das funktioniert folgendermaßen:

a. ***Bringen Sie die Kaufidee beiläufig auf.*** „Einige meiner Kunden kaufen in Sechsereinheiten, um Versandkosten zu sparen." Oder formulieren Sie es etwas direkter, indem Sie fragen: „Haben Sie schon einmal darüber nachgedacht, dass Sie beim Kauf von Sechsereinheiten Versandkosten sparen?" Sie müssen nur darauf achten, Ihre Vorschläge oder Fragen so zu formulieren, dass der Kunde sie sich jederzeit als seine aneignen kann. Und äußern Sie sie möglichst so beiläufig, dass er sich späterhin gar nicht mehr daran erinnert, sie von Ihnen gehört zu haben.

b. ***Achten Sie darauf, dass eine Reaktion kommt.*** Natürlich ist zu hoffen, dass er reagiert, aber manchmal müssen Sie Ihre Idee mehrfach und auf unterschiedliche Weise ins Gespräch einfließen lassen, bis er schaltet. Ich habe schon Situationen erlebt, in denen ich dreimal denselben Vorschlag machte, bevor ich schließlich eine direkte Frage stellte – und da ging mein Kunde endlich darauf ein. Eventuell reagiert er mit: „In Sechsereinheiten? Meinen Sie wirklich, dass man damit so viel sparen kann?" Dann erklären Sie ihm, dass der Versand bei sechs Einheiten kaum teurer ist als bei einer und man daher eine Menge einspart.

c. ***Die Idee an die Kundenbedürfnisse anpassen lassen.*** Eventuell sagt Ihr Kunde, seine Fabrik würde Produkte nur in Vierereinheiten herstellen, was nicht weiter schlimm ist, da die Ersparnis immer noch beachtlich bleibt. Nun muss er nur noch den Eindruck gewinnen, er selbst hätte die Idee an seine Bedürfnisse angepasst. Um bei unserem Beispiel zu bleiben: Es werden Vierer- statt Sechsereinheiten versandt.

d. ***Die Idee als seine ausgeben.*** Sobald er Ihre Idee auf seine Situation übertragen und ihr angepasst hat, tun Sie so, als käme sie ganz und gar von ihm. Sagen Sie: „He, das ist eine tolle Idee, in Vierereinheiten zu versenden." Kommt jemand anders ins Zimmer, können Sie sagen: „Mark hatte gerade eine hervorragende Idee. Ist Ihnen klar, dass, wenn Sie Ihr Produkt in Vierereinheiten versenden, das Unternehmen Unsummen an Versandkosten sparen kann?" Ich weiß, wie blöd es sich anhört, wenn man es beschreibt, und Sie fragen sich womöglich: „Merken diese Leute denn nicht, dass es gar nicht ihre Idee war?" Mich jedenfalls hat noch kein Egomane freiwillig darauf hingewiesen, dass die Urheberrechte bei mir lägen. Solche Kunden machen sich gute Ideen zu eigen, und haben sie sie erst einmal zu ihrem Eigentum erklärt, werden sie für ihre Umsetzung kämpfen.

2. *Benutzen Sie Fragen, um ihn durch den Kaufprozess zu führen*

Ich erwähnte bereits, dass man den Bären mit einem Topf Honig zähmen kann. Dieser Honigtopf steht für die Fragen, die Sie stellen. Egomanen lieben es nämlich, Fragen zu beantworten. Da sie nichts so perfekt beherrschen wie das dezidierte Äußern ihrer eigenen Meinungen, sind Fragen für sie pure Schmeichelei. Sie können einem Egomanen unmöglich offen widersprechen, also brauchen Sie Fragen, um ihn für Ihr Angebot zu gewinnen. Nehmen wir als Beispiel einen Egomanen, der noch niemals Ihre roten Fruchtgummis gekauft hat. Ihr Gespräch mit ihm könnte wie folgt verlaufen:

Sie: Im Moment kaufen Sie ausschließlich grüne Fruchtgummis, richtig?

Kunde: Ja, wir kaufen schon seit vielen Jahren grüne Fruchtgummis.

Sie: Haben Sie schon mal darüber nachgedacht, eine andere Farbe zu kaufen?

Kunde: Das haben wir durchaus schon, sind aber immer wieder zu grünen zurückgekehrt. Sie haben sich einfach am besten bewährt.

Sie: Sie erwähnten, Sie hätten bereits andere Farben ausprobiert. Welche?

Kunde: Wir haben orangefarbene ausprobiert und gelbe, aber die Geschmacksrichtungen kamen bei uns nicht an. Unsere Tester fanden die gelben widerlich.

Sie: Haben Sie es mal mit roten versucht?

Kunde: Nein, nie.

Sie: Was könnte Sie dazu veranlassen, rote Fruchtgummis zu testen?

Kunde: Ehrlich gesagt, haben wir das noch nie erwogen.

Sie: Wenn ich Ihnen eine Gratisprobe zukommen ließe, würden Sie dann Ihre Tester anweisen, sie zu probieren?

Kunde: Na klar, warum nicht? Ich bin immer offen für Neues.

Man benutzt die Fragen, um etwaige Vorbehalte zu erkennen, und baut auf die Informationen, die man so bekommt. In diesem Fall haben wir in Erfahrung gebracht, dass die Tester des Unternehmens sich bisher gegen rote Fruchtgummis gesperrt haben. Sie müssen sehr aufmerksam hinhören, an welchen Punkten Sie nachhaken können, um das Gespräch in die Richtung zu lenken, die Sie wollen. Jede Frage sollte auf dem aufbauen, was die Antworten auf die vorherige Ihnen verraten haben.

3. *Sprechen Sie seinen Sinn für Fairness an*

Bei allen Auseinandersetzungen gibt es mehrere Sichtweisen, doch der Egomane meint grundsätzlich, nur er sei im Recht. Diese Einstellung ist gewiss nicht unproblematisch, ein Vorteil für Sie ist allerdings, dass Egomanen sich darüber hinaus auch noch für äußerst fair und ehrlich halten – wie sollten sie es auch nicht sein? Sie haben immer Recht. Wollen Sie einen Termin mit einem egozentrischen Kunden, der bislang woanders kauft, brauchen Sie nur an seine Fairness zu appellieren.

4. *Fragen Sie ihn: „Wie kann ich Sie überzeugen?"*

Die meisten Kunden würde diese Frage mit der Gegenfrage beantworten, warum sie Ihnen das wohl sagen sollten: „Wieso soll ich Ihren Job für Sie machen?" Nicht so der Egomane, der sich sofort geschmeichelt fühlt. Er darf Ihnen nicht nur erzählen, wie er von einem Produkt wie Ihrem zu überzeugen wäre, sondern wie jeder Mensch im Universum für diesen Kauf zu gewinnen ist. Während er Ihnen erklärt, was für ein Angebot er erwartet, wird er wahrscheinlich durchblicken lassen, dass nur er allein weiß, wie man Angebote richtig prüft und Kaufentscheidungen trifft, und jeder, der es anders anstellt, wäre schlicht unterbelichtet. Wie gesagt: Was andere Kunden als vermessen empfinden, ist für den Egomanen schmeichelhaft.

5. *Sie müssen IHN überzeugen; sein Unternehmen kommt erst an zweiter Stelle*

Als Verkäufer, der ein Produkt repräsentiert, sind Sie mehr als bloß ein Sprachrohr. Ihr Auftreten den Kunden gegenüber hat Einfluss auf die Entscheidung für oder gegen das Produkt. Das gilt besonders für egozentrische Kunden, da sie sich meist von ihrem Instinkt leiten lassen und nicht von Produktdetails.

Häufig haben Egomanen klare Vorstellungen davon, wie man sich ihnen gegenüber zu verhalten hat. Ich habe schon mit Egomanen verhandelt, die mir sagten: „Zuspätkommen ist unentschuldbar, und ich würde nie mit einem Verkäufer Geschäfte machen, der zu spät zu einem Termin mit mir kommt." Ein anderer erzählte mir: „Verkäufer mit schmutzigen Fingernägeln sind es nicht wert, dass man sich mit ihnen unterhält." Wieder ein anderer sagte: „Ich würde einem übergewichtigen Verkäufer nie etwas abkaufen. Wenn der Mann nicht mal sein Gewicht kontrollieren kann, wie will er dann die Kontrolle über mein Kundenkonto behalten?" Egomanen haben bisweilen ziemlich seltsame Vorstellungen davon, wie Verkäufer sein sollten und wie nicht. Deshalb ist es wichtig, dass Sie frühzeitig erkennen, was er von Ihnen erwartet. Bei den meisten Kunden würden Sie Ihr Produkt so präsentieren, wie es dem Unternehmen am ehesten entspricht, aber bei diesem müssen Sie zuerst das Ego überzeugen, das das Konto verwaltet. Sie könnten beispielsweise fragen: „Wie würden Sie gern mit Verkäufern wie mir zusammenarbeiten?"

6. *Wenn Sie ins Stocken geraten, sprechen Sie ihn auf sein Lieblingsthema an: sich selbst*

Egomanen lieben es, über sich selbst zu sprechen. Stellen Sie die richtigen Fragen und lassen Sie ihn munter drauflos reden. „Wie lange sind Sie schon bei dieser Firma?" Oder: „Was hat Sie dazu veranlasst, Einkäufer für Pharmazeutika zu werden?" Oder fragen Sie einfach etwas zu den persönlichen Memorabilien an der Wand seines Büros.

7. *Schmeicheln Sie ihm, auch wenn es Ihnen blöd vorkommt*

Egomanen lieben sich selbst und gehen davon aus, alle anderen müssten sie ebenfalls lieben. Sie schätzen Schmeicheleien über alles. Offene Schmeichelei mag sich für Sie schleimig anhören und für Ihre psychisch ausgewogeneren Kunden auch, doch Egomanen leben dafür.

8. *Vermitteln Sie den Eindruck, sich für diesen Kunden besonders anzustrengen*

Egomanen bilden sich gern ein, Sie würden besonders hart daran arbeiten, gerade seinen Auftrag zu bekommen, da sie sich nun mal für extrem wichtig halten. Für sie muss es so aussehen, als stünde das Geschäft mit ihrem Unternehmen im absoluten Mittelpunkt. Erwähnen Sie deshalb häufiger, wie viele Stunden Sie darauf verwenden, ein Angebot eigens für ihn vorzubereiten, wie oft Sie zu Ihrem Boss gehen, um noch ein paar Extras für ihn herauszuschlagen. Geben Sie ihm das Gefühl, für ihn zu arbeiten.

Strategien, wie Sie zum Abschluss kommen

1. *Geben Sie ihm die Chance, seine Macht auszuspielen*

Der Egomane ist sehr stolz auf die Macht, die er ausübt, indem er über Kauf oder Nichtkauf entscheidet. Geben Sie ihm eine „Bühne", auf der er diese Macht zur Schau stellen kann, denn so können Sie ihn oft motivieren, vom Fleck weg zu kaufen. Wenn der Abschluss naht, sollten Sie ihm ein Angebot machen, von dem Sie sicher sind, dass er die Mittel hat, es zu akzeptieren. Bitten Sie möglichst um den Auftrag, wenn andere Personen mit im Raum sind – vorzugsweise Untergebene von ihm. Formulieren Sie Ihre Bitte als ein Angebot an ihn, dass er entweder annehmen oder ablehnen kann. Zum Beispiel: „Ralph, ich weiß, wie gründlich Sie über die Möglichkeiten nachgedacht haben, die Ihnen offen stehen. Nur Sie allein können beurteilen, was für Sie das Beste ist. Wissen Sie schon, wie Sie sich entscheiden werden?"

2. *Lassen Sie ihn selbst zum Abschluss kommen*

Diese Methode ist die folgerichtige Konsequenz aus der Strategie Nummer 2, bei der Sie die einzelnen Angebotspunkte mittels Fragen erarbeiten. Die letzte Frage muss demnach notwendig lauten, „Kann ich den Auftrag bekommen?"

3. *Sorgen Sie dafür, dass er sein Gesicht wahrt, wenn er auf Ihr Angebot eingeht*

Bei keiner anderen Kundenkategorie ist dieser Punkt so wichtig wie bei der der Egomanen. Hat er früher nicht bei Ihnen gekauft, will es jetzt aber tun, stellt sich zwangsläufig die Frage, ob er in der Vergangenheit falsch lag. Die Antwort darf auf keinen Fall Ja sein, also müssen Sie mit einem guten Grund aufwarten, warum sich die Dinge so verändert haben, dass es bisher vollkommen richtig war, nicht bei Ihnen zu kaufen, jetzt aber falsch wäre. Tipps dazu finden sie am Ende des 10. Kapitels.

18 *Der Kunde, der:* jedes Missverständnis krumm nimmt

Aus der Umfrage:

Haben Sie mit solchen Kunden zu tun?

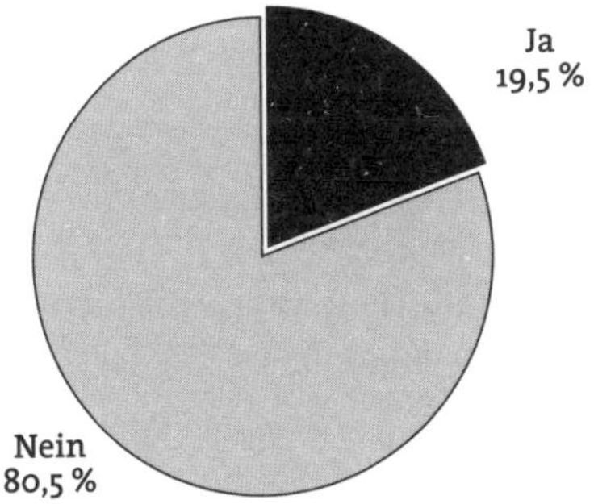

Fällt Ihnen der Umgang mit solchen Kunden schwer?

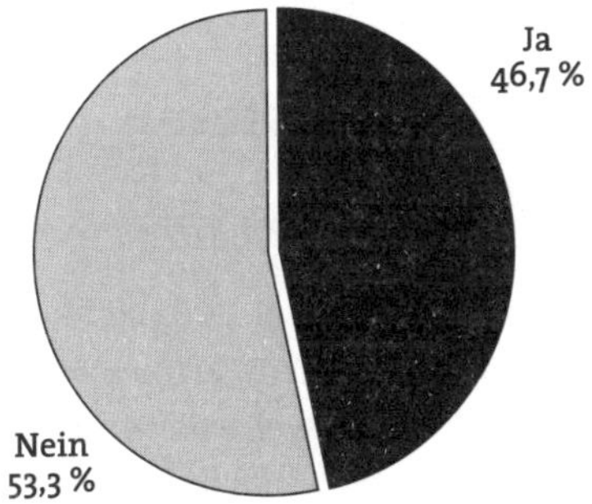

„Ruhe bewahren, egal wie wütend der Kunde wird."

Verkaufsleiter, Marketingserviceunternehmen,
Costa Mesa, Calif.

Fehler passieren, Probleme tauchen auf und die meisten Kunden haben dafür Verständnis. Es gibt allerdings auch einige, die unschöne Vorfälle weidlich ausnutzen, sie ins Maßlose übersteigern und so weitere Zugeständnisse herausholen wollen. Ich kenne jedoch auch einige Meisterverkäufer, die selbst potenzielle Katastrophen in noch größere Geschäfte verwandeln können. Sie begreifen Probleme als eine Art Pokerspiel mit hohem Einsatz, bei dem sie die Chance haben, entweder ein noch besseres Geschäft zu machen oder alles zu verlieren.

In der Politik tritt der „entscheidende Moment" dann ein, wenn durch irgendein Ereignis das nebulöse Image eines neuen Politikers in der Öffentlichkeit klare Konturen annehmen muss und sich dem nationalen Bewusstsein einprägt. Im Verkauf ist der „entscheidende Moment" der, wenn sich ein schwerwiegendes Problem ergibt. In solchen Augenblicken beobachtet der Kunde Sie und Ihr Unternehmen aufmerksamer als irgendwann sonst. Und bei problematischen Kunden setzt sogleich eine Eigendynamik ein. Ein einziger Fehler löst eine Riesenszene aus, und sie lassen nichts unversucht, den entstandenen Schaden weit verheerender darzustellen, als er tatsächlich ist, damit sie zu Recht umfassende Wiedergutmachung fordern können.

Probleme sind Segen und Fluch zugleich, und ihre Lösung ist eine der wichtigsten Aufgaben, die Sie als Verkäufer wahrzunehmen haben.

Stolpersteine

1. *Fehler nicht zum eigenen Vorteil zu nutzen*

Ich weiß, was es heißt, diese wütenden Anrufe zu bekommen. Sie ahnen nichts Böses und plötzlich schreit Sie jemand für einen Fehler an, den ein anderer gemacht hat. Obwohl Sie nichts verbrochen haben, werden Sie angebrüllt, und der Kunde droht, Ihnen sämtliche Aufträge zu entziehen. Solche Anrufe sind besonders hart, wenn Sie viel Zeit und Mühe in den Kunden investiert haben.

Doch Sie sollten auch die Chancen sehen, die größere Probleme mit sich bringen. Plötzlich sind alle auf den Plan gerufen, die irgendetwas ausrichten können, um die Sache zu bereinigen. Ihr Kunde, sein Boss und Ihr Boss unterbrechen die tägliche Routine, um sich genau anzusehen, wie es zu dem Fehler kommen konnte. Und wenn Ihr Kunde Ihnen haarklein schildert, welcher Schaden ihm entstanden ist, erfahren Sie möglicherweise Dinge über sein Unternehmen, die Sie zuvor gar nicht wussten. Ihr Boss wird Ihnen wahrscheinlich erlauben, dem Kunden ein Entgegenkommen anzubieten, das weit über das gängige Maß hinausgeht. Alle kümmern und bemühen sich. Erweisen Sie sich in dieser (hoffentlich zügig zu bereinigenden) Situation als fähiger Koordinator dieser Bemühungen, dürfte sich das sehr positiv auf die künftige Beziehung zum Kunden auswirken.

2. *Das Problem nicht direkt angehen und so zeitlich verlängern*

Wenn ein Problem auftaucht, denkt Ihr Kunde negativ über Sie und Ihr Unternehmen. Riskieren Sie nicht, dass er seinen negativen Gedanken zu lange nachhängen kann. Je schneller Sie die Sache in den Griff bekommen, umso eher bekommen Sie den Kunden dazu, sich wieder ein positiveres Bild von Ihnen zu machen. Tun Sie alles, was nötig ist, um eine möglichst umgehende Lösung herbeizuführen.

3. *Sich verteidigen und die Schuld auf den Versand oder die Produktion schieben*

Damit entlasten Sie sich zwar persönlich, tun Ihrem Unternehmen aber gewiss keinen Gefallen. Ihren Kunden interessiert es nicht, ob der Mann aus dem Versand für den Fehler verantwortlich ist und deshalb letzte Woche entlassen wurde. Schließlich sind Sie derjenige, der das Produkt verkauft. Gewinnt der Kunde den Eindruck, in Ihrem Unternehmen ginge es drunter und drüber, werden Sie Schwierigkeiten haben, Folgeaufträge zu bekommen. Anstatt sich einen Sündenbock herauszupicken, auf den Sie die Sache abwälzen können, sollten Sie Ihrem Kunden besser in wenigen neutralen Worten erklären, wie es dazu kommen konnte und warum es in Zukunft nicht wieder vorkommen wird. Präsentieren Sie Ihr Unternehmen als ein Team, das aus seinen Fehlern lernt.

4. *Ihren Boss bitten, die Angelegenheit zu regeln*

Aus der Warte des Kunden zeigt sich in Krisensituationen, wie wichtig Sie als Verkäufer tatsächlich sind. Wenn Sie ihm jetzt beweisen, dass Sie zuverlässig Probleme lösen können, wird er Sie in Zukunft als einen wertvollen Kontakt betrachten. Geben Sie sich hingegen als jemand, der lediglich Aufträge annimmt, aber nirgends aufzutreiben ist, wenn es brenzlig wird, dürfte er Sie in Zukunft eher gering schätzen.

Oberstes Gebot ist, dass Sie die volle persönliche Verantwortung dafür übernehmen, alle Probleme zu lösen, die von Ihrer Seite aus auftauchen. Sorgen Sie möglichst dafür, dass Sie in Ihrem Unternehmen derjenige sind, mit dem der Kunde sprechen muss, wenn Schwierigkeiten auftreten. Dafür müssen Sie intern eventuell den einen oder anderen Eiertanz aufführen, doch der Respekt Ihres Kunden ist es allemal wert. Reichen Sie den schwarzen Peter jedoch einfach an den Boss weiter, werden Sie in den Augen des Kunden enorm an Ansehen einbüßen.

Verkaufsstrategien

1. *Die Wut entschärfen*

Bevor Sie irgendetwas tun können, muss Ihr Kunde erst einmal aufhören, Sie anzuschreien. Manchmal ist es gut, wenn der andere seiner Wut Luft macht, doch ab einem bestimmten Punkt sollte das Brüllen stoppen und die Problemlösung beginnen. Falls Ihr Kunde sich partout nicht beruhigen will, versuchen Sie folgende Methoden:

a. ***Sagen Sie ihm: „Sie haben Recht."*** Wenn er im Recht ist, sollten Sie es ihm auch sagen. Oft schreien und zetern die Kunden immer weiter, weil sie meinen, Sie würden ihnen widersprechen oder ihnen nicht zustimmen. Jemanden zu beschimpfen, der keine Angriffsfläche bietet, ist dagegen ungleich schwerer.

b. ***Fragen Sie nach Einzelheiten.*** Häufig erreichen Sie mit dieser Frage, dass der Kunde aufhört zu schreien und sich stattdessen auf die Problemlösung konzentriert. Indem Sie um Einzelheiten bitten, bringen Sie den Kunden dazu, einen Moment innezuhalten und die Details zu erklären. Oder können Sie vielleicht jemandem eine ganze Reihe von detaillierten Erklärungen entgegenschreien?

c. ***Sagen Sie dem Kunden verbindlich zu, sich selbst der Sache anzunehmen.*** Wenn Ihr Kunde die Angelegenheit für äußerst wichtig hält, sollten Sie entsprechend reagieren. Sagen Sie ihm, Sie würden sich persönlich der Sache annehmen und dafür sorgen, dass alles geregelt wird.

d. ***Sagen Sie ihm: „Warten Sie, ich komme sofort zu Ihnen."*** Falls es irgend einzurichten ist, sollten Sie alles stehen und liegen lassen und umgehend zum Kunden fahren. Kaum ein Kunde bringt es fertig, einen Verkäufer anzubrüllen, der gerade quer durch die Stadt zu ihm geeilt ist und jetzt in seinem Büro sitzt. Da ist es am Telefon doch sehr viel leichter.

e. ***Fragen Sie den Kunden, welche Lösung er sieht.*** Auch diese Frage dient dazu, den Kunden zu beschwichtigen und auf die Problemlösung hin zu lenken.

2. *Ermutigen Sie den Kunden, Ihnen alles zu erzählen*

Die Wut der Kunden hat oft den Vorteil, dass Sie binnen kurzer Zeit eine Menge Informationen erhalten. Hören Sie genau hin, worüber sie sich beklagen, und achten Sie auch auf die Art, wie sie es tun – wie wütend sind sie tatsächlich? Manchmal wüten Kunden, weil sie sicherstellen wollen, dass Sie den Fehler Ihres Unternehmens einsehen. Außerdem müssen sie einfach Dampf ablassen.

Mit passivem Zuhören allein ist es allerdings nicht getan. Sie müssen nachfragen, um mehr Informationen und nähere Einzelheiten bitten, denn nur so bekommen Sie heraus, was Sie unbedingt wissen müssen. Je mehr Ihr Kunde Ihnen erzählt, umso eher sind Sie in der Lage, das Problem zu lösen. Zudem signalisieren Sie ihm mit Ihren Fragen, dass Sie wirklich an einer Lösung interessiert sind. Folgende Punkte sollten Sie klären:

a. Welches Entgegenkommen erwartet man in seinem Unternehmen von uns?
b. Welche Zugeständnisse unsererseits wären für den Kunden besonders hilfreich?
c. Wie hoch schätzen sie das Produkt, das wir ihnen liefern?
d. Welchen Wert messen sie der Geschäftsbeziehung zu uns bei?
e. Wie wütend sind sie?
f. Um wessen Wut geht es hier genau?

3. *Finden Sie eine „Patentlösung“*

Taucht ein großes Problem auf, stehen automatisch alle unter dem Druck, das Beste für ihr Unternehmen zu erreichen. Ihr Boss und der Boss Ihres Kunden werden sehr genau beobachten, wie Sie die Sache handhaben. Bei der Suche nach einer Patentlösung können Sie sich diesen Umstand zunutze machen. Ihr Boss als Verkaufsmanager muss alles daran setzen, die Umsatzeinbußen zu minimieren und die zukünftigen Verkaufschancen zu maximieren. Ihr Kunde braucht eine Entschädigung für die ihm entstandenen Unannehmlichkeiten oder gar Verluste und wird seinerseits von seinem Boss beobachtet, weshalb die Wiedergutmachung, die er aus Ihnen herausholt, so eindrucksvoll wie möglich ausfallen sollte.

Wird dieser Prozess nicht intelligent gesteuert, läuft es meist auf einen Preisnachlass heraus, bei dem letztlich beide Seite verlieren. Ihr Chef steht unter dem Druck, die Umsatzeinbußen so gering wie möglich zu halten, und wird entsprechend einen mageren Vergleich vorschlagen, mit dem wiederum der Kunde keine gute Figur vor seinem Chef machen kann. Bei solch einer Lösung fühlen sich alle Beteiligten schlecht – besonders Sie. Die Lösung besteht darin, eine Entschädigung anzubieten, die für Ihren Kunden einen höheren materiellen Wert hat als für Ihr Unternehmen und die zugleich die zukünftigen Geschäfte mit dem Kunden sichert.

Nachdem Sie Ihrem Kunden aufmerksam zugehört haben, gehen Sie zu Ihrem Chef und reden Tacheles. Schlagen Sie eine Entschädigung vor, die vor allem den Bedürfnissen Ihres Unternehmens entgegenkommt. Zum Beispiel:

- ein Angebot an den Kunden, ein anderes Produkt von Ihnen zu testen, das er bisher noch nicht bei Ihnen kauft;
- ein Entgegenkommen, das sich über einen längeren Zeitraum erstreckt, so dass zugleich die zukünftigen Aufträge damit gesichert sind;
- ein Angebot an den Kunden, Ihr Produkt in größeren Mengen zu erhalten, wodurch er sich daran gewöhnt, größere Lieferungen zu bestellen;
- ein Angebot, ein neues Produkt Ihrer Firma zu testen, das er dann eventuell ebenfalls kaufen will;
- etwas, das für den Kunden persönlich großen Wert hat.

Die besten Ideen gewinnen Sie, indem Sie Einzelheiten darüber erfahren, wie der Kunde Ihr Produkt einsetzt und welche Rolle Sie für sein Unternehmen spielen. Zugeständnisse, die Sie machen, sollten immer darauf hinauslaufen, die Bindung des Kunden an Ihr Produkt und Ihr Unternehmen zu intensivieren.

Jetzt glauben Sie vielleicht, ich würde dafür plädieren, dass Sie ausschließlich zum Besten Ihres Unternehmens handeln sollen, doch dem ist absolut nicht so. Was Ihr Kunde dringender braucht als alles andere, sind Wiedergutmachungsangebote, mit denen er vor seinem Chef eine gute Figur machen kann. Und Sie können ihm nur ein Maximum an Entschädigung bieten, wenn Sie damit zum Vorteil Ihres Unternehmens handeln.

4. *Verkaufen Sie die Patentlösung*

Zunächst einmal müssen Sie Ihren Boss davon überzeugen, dass Ihre Lösung für alle die beste ist. Ohne Ihren Vorgesetzten werden Sie hier nichts. Die Idee ist die, dem Kunden etwas anzubieten, das die Geschäftsbeziehung zwischen ihm und Ihnen stärkt. Anschließend müssen Sie Ihren Kunden dafür gewinnen.

Viel zu oft geht es bei Entschädigungen nicht darum, was fair oder angemessen wäre, um entstandenen Schaden oder Unannehmlichkeiten wieder gut zu machen. Vielmehr reduziert sich in Problemlösungen das Verhalten beider Parteien häufig auf ein Kräftemessen. Der Kunde testet seine Macht, indem er ausprobiert, wie viele Zugeständnisse er Ihrem Unternehmen abverlangen kann. Und zumeist verlaufen diese Verhandlungen eher politisch als sachbezogen. Es geht nicht mehr darum, wie viel er bekommt, sondern nach wie viel es *aussieht*, wenn er es bekommt. Ihre Aufgabe besteht darin, den richtigen Leuten in seiner Firma zu vermitteln, dass Sie ihnen ein Spitzenangebot machen, bei dem sie als die klaren Sieger dastehen. Einige Tipps:

a. Setzen Sie eine Höchstmarke. Welche Kompensation ist in diesem Fall angemessen? Indem Sie eine Höchstmarke setzen, können Ihre Kunden besser den Wert dessen einschätzen, was Sie ihnen anbieten. Beschreiben Sie am besten einen vorherigen Problemfall, den Sie auf diese Weise gelöst haben.

b. Vergleichen Sie in Dollar, welcher Schaden dem Kunden entstanden ist und wie hoch die Entschädigung ist, die Sie ihm dafür bieten.

c. Bei Schadensausgleichen, die direkt auf den Kunden beziehungsweise sein Unternehmen zugeschnitten sind, sollten Sie den besonderen Wert für ihn betonen.

Falls Ihr Lösungsvorschlag auf wenig Gegenliebe beim Kunden stoßen sollte, fragen Sie ihn, wie er sich einen fairen Ausgleich vorstellt. Auf diese Frage erhalten Sie zugleich die Antwort auf eine andere, nämlich: Wie ernst genau stuft der Kunde das Problem ein und wie verärgert sind seine Vorgesetzten?

5. *Fragen Sie den Kunden, was er will*

Einige Kunden wissen genau, was sie von Ihnen erwarten, und sprechen es offen aus. Sollten die Forderungen angemessen sein, wird sich das Problem zügig lösen lassen. Heikel wird diese Frage allerdings, wenn sich herausstellt, dass die Kunden vollkommen abwegige Forderungen stellen. Wenn Sie um Vorstellungen bitten, die Sie dann sogleich als inakzeptabel ablehnen müssen, haben Sie sich sozusagen selbst in den Fuß geschossen. (Näheres über den Umgang mit exzessiven Forderungen finden Sie unter Punkt 10 der Verkaufsstrategien in diesem Kapitel.)

6. *Bleiben Sie am Ball, bis die Sache endgültig bereinigt ist*

Halten Sie durchgängig den Kontakt zu Ihrem Kunden, bis das Problem endgültig beigelegt ist – auch wenn Sie gerade nichts Neues beizutragen haben. Rufen Sie an und sagen Sie: „Hören Sie, ich habe gerade mit meiner Chefin gesprochen. Sie versucht immer noch herauszufinden, was schief gelaufen ist. Morgen sollten wir Genaueres wissen. Heute kann ich Ihnen zwar noch nichts Neues mitteilen, möchte Sie aber auf jeden Fall wissen lassen, dass wir uns um die Sache kümmern." Die Botschaft, die Sie damit vermitteln ist: „Ich kümmere mich, ich stehe auf Ihrer Seite, ich regle das."

7. *Vermitteln Sie*

Im Wesentlichen geht es auch hier wieder darum, dass Sie die zentrale Ansprechperson sind, ganz gleich wer sonst noch involviert ist. Vermeiden Sie unbedingt, dass Ihr Kunde mit problematischen Leuten in Ihrem Unternehmen sprechen oder verhandeln muss. Falls der Produktionsleiter in Ihrem Unternehmen das Wesen eines Frankensteins hat, sollten Sie den direkten Kontakt zwischen ihm und dem Kunden tunlichst vermeiden. Kümmern Sie sich um alles, auch intern. Den Respekt Ihres Kunden verdienen und erhalten Sie sich nur, indem Sie ihm den Eindruck vermitteln, dass Sie alles im Griff haben.

8. *Nach Möglichkeit sollten Sie der Erste sein, der von dem Problem erfährt*

Der beste Weg, auf dem Ihr Kunde von einem Fehler erfahren kann, der in Ihrem Unternehmen gemacht wurde, ist durch Sie. Sobald Sie hören, dass es ein Problem gibt, sollten Sie so viele Einzelheiten wie möglich in Erfahrung bringen und zum nächsten Telefon eilen. Sie haben eine Menge gewonnen, wenn Sie den Kunden anrufen, bevor er Sie anrufen muss. Auf diese Weise sind Sie nicht mehr derjenige, der vom Kunden hören muss, was passiert ist, sondern treten aktiv auf den Plan und signalisieren ihm, dass Sie sich um seinen Auftrag kümmern. So eine Botschaft schafft Vertrauen. „Wir sind am Ball. Wir wissen, dass wir einen Fehler gemacht haben, aber wir sind schon dabei, ihn zu korrigieren."

9. *Schreiben Sie einen Brief*

Sollte es sich um ein komplexeres Problem handeln, empfiehlt es sich, die Sache in einem Schreiben an Ihren Vorgesetzten festzuhalten, von dem Sie dem Kunden eine Kopie geben.

10. *„Hilfe! Ich habe alles getan, aber der Kunde kocht immer noch vor Wut."*

Sie haben zugehört, haben sich um alles gekümmert und Entschädigungen angeboten. Dennoch scheint Ihr Kunde alles andere als glücklich. Sie müssen ihm mehr bieten. Einige Möglichkeiten wären:

a. ***Persönliche Zuwendung.*** Manchmal werden Probleme persönlich genommen. Ich hatte einmal mit einem kleinen Familienunternehmen zu tun, in dem die Leute einfach nicht über einen Fehler von uns hinwegzukommen schienen. Wochen nach dem Vorfall glaubte ich, die Angelegenheit wäre bereinigt, doch sie sprachen immer noch davon. Ich sorgte dafür, dass mein Boss und der Boss meines Bosses die Leute bei einer großen Industrieveranstaltung besuchten; wir machten ein paar beachtliche Entschädigungsangebote; aber sie waren nach wie vor wütend. Erst als ich sie mit der gesamten Familie zum Abendessen einlud, kamen sie drüber weg. Für sie war unser Fehler ein Angriff auf die ganze Familie gewesen, der sich eben nur durch eine Familienzusammenkunft aus der Welt schaffen ließ.
Zuweilen sind es die emotionalen Seiten eines Problems, die den wirklichen Ausschlag geben, wenn ein Problem auftaucht. Kleine Unternehmen, die um ihre Existenz kämpfen, betrachten Irrtümer als ernste Bedrohung. Aufstrebende, mit Leidenschaft betriebene Unternehmen empfinden Fehler als persönlichen Affront. Familienunternehmen beziehen sie eher auf die Familie als auf das Geschäft. In solchen Situation können persönliche Gesten weit mehr bewirken als große Entschädigungen.
Ich stelle mir in dieser Situation immer Folgendes vor: Wenn mein Kunde mein bester Freund wäre, und ich hätte gerade einen Fehler gemacht, der ihn persönlich sehr verletzt hat, was würde ich tun? Was würde ich sagen, und wie würde ich es sagen? Ich könnte ihm beispielsweise ein kleines Geschenk machen, das ihn persönlich anspricht, ihn besuchen, ihn zum Essen einladen oder mir irgendetwas anderes, auf jeden Fall Persönliches einfallen lassen.

b. ***Blut.*** Jeder Verkäufer hat in seinem Bereich Kunden, bei denen er nur hoffen und beten kann, dass nichts schief geht. Falls doch, geht es wie beim Monopoly, wenn man auf der Parkallee landet, nachdem ein anderer Spieler dort gerade ein Hotel gebaut hat. „Warum ausgerechnet mir ausgerechnet mit ihm?“ fragt man sich dann. Der Kunde ruft an und brüllt einen am Telefon zusammen, verlangt unmögliche Zugeständnisse und droht damit, sofort zur Konkurrenz zu gehen, es sei denn, er bekommt, was er will.

Hier gilt es, das Theater zu durchschauen. Der Kunde ist wütend und das möglicherweise zu Recht. Ein Grund, weshalb er brüllt und tobt, könnte der sein, dass er die Sache nicht als Routineproblem betrachten kann. Sollte es sich um ein Routineproblem handeln, hat er wahrscheinlich einen großen Fehler gemacht, bei Ihnen zu kaufen. Kann er seinem Boss aber erzählen, Sie wären schockiert und vollkommen entsetzt gewesen und hätten sich furchtbar verrenkt, um ihn zu beschwichtigen, wird er in den Augen seines Chefs plötzlich viel besser dastehen.

Vielleicht ist er auch unsicher und tritt deshalb um sich. Vielleicht ist sein Vorgesetzter ein Widerling. Vielleicht hat man ihn gerade angewiesen, so viel wie möglich aus Ihnen herauszukitzeln. Vielleicht steht er in seiner Firma in dem Ruf, Lieferanten richtig bluten zu lassen, sobald ein Fehler passiert. Vielleicht möchte er auch, dass Ihr Unternehmen sich mehr mit seinem Geschäft befasst. Der Grund ist letztlich egal. Er will „Blut“ fließen sehen, sprich: Entschädigungen, die weit über das Übliche hinausgehen und Ihnen richtig weh tun. Bieten Sie einem solchen Kunden zunächst einmal eine Wiedergutmachung an, mit der Sie leben können, und erklären Sie ihm, dies wäre die gängige Methode, derartige Fälle zu lösen. Dann bieten Sie ihm ein wenig zusätzliches „Blut“ an. Erstaunlicherweise muss dieses Extra nicht notwendig ein Riesenzugeständnis sein. Die Hauptsache ist, dass es sich außerhalb dessen bewegt, was Sie normalerweise zugestehen.

c. ***Aufmerksamkeit.*** Geht es bei dem Brüllen und Toben um ein verletztes Ego, leidet Ihr Kunde eventuell unter „Titelitis“. Nichts von dem, was Sie sagen oder tun, kann ihn zufrieden stellen. Immerhin sind Sie derjenige, der dauernd zu ihm kommt, weshalb Ihre Aufmerksamkeit für ihn keinen besonderen Wert mehr darstellt. Falls es in Ihrem Unternehmen jemanden gibt, der Berühmtheitsstatus besitzt oder von dem Sie wissen, dass Ihr Kunde ihn besonders respektiert, sollten Sie diese Person bitten, den Kunden anzurufen und sich bei ihm zu entschuldigen. Manchmal können dieselben Worte aus einem anderen Mund wahre Wunder bewirken.

d. ***Politische Hilfe.*** Wie wirkt sich dieser Fehler auf die Karriere Ihres Kunden aus? Er hat Ihr Produkt gekauft und wurde davon schmählichst im Stich gelassen. Entsprechend wird sein Vorgesetzter fragen, wie klug die Kaufentscheidung war. In einer solchen Situation, bei der ein Fehler aufgrund beiderseitigem Missverständnis gemacht wurde, habe ich einmal die volle Verantwortung übernommen, mich bei dem Boss des Kunden entschuldigt und ihm erzählt, was für hervorragende Arbeit sein Einkäufer leistete.

e. ***Therapie.*** Einige Kunden wissen nicht, was sie wollen. Sie sind unglücklich und haben das Gefühl, Sie müssten etwas dagegen tun, indem Sie ihnen irgendeine Entschädigung bieten. Das Problem in solchen Fällen ist, dass sich die Verhandlungen endlos hinziehen können. Andererseits sollten sie in Ihrem Interesse so schnell wie möglich vom Tisch sein. Am besten setzen Sie sich mit Ihrem Kunden zusammen und fragen ihn auf den Kopf zu: „Was genau wollen Sie?" Bieten Sie ihm verschiedene Möglichkeiten an, sprechen Sie sie mit ihm durch und helfen Sie Ihrem Kunden, sich zu entscheiden.

Ein eher seltener Fall ist der Kunde, der nicht wirklich ausdrückt, wie verheerend er den Schaden wirklich einschätzt. Bei ihm kann es Ihnen passieren, dass Sie Monate später das Problem für längst vergessen halten und es brühwarm wieder serviert bekommen.

Strategien, wie Sie zum Abschluss kommen

1. *Nutzen Sie die Bindung, die durch gemeinsam überstandene Probleme entsteht*

In jeder engen Geschäftsbeziehung treten dann und wann Unstimmigkeiten oder Probleme auf. Können Sie die Schwierigkeiten zu jedermanns Zufriedenheit klären, so stärken Sie damit die Kundenbeziehung. Die positive Stimmung, die nach der gemeinsamen Lösung eines Problems herrscht, sollten Sie nutzen, um das Geschäft mit dem Kunden auszuweiten.

2. *Wenden Sie Ihr neu gewonnenes Wissen an*

Während Sie ein Problem mit einem Kunden lösen, lernen Sie ihn wahrscheinlich sehr viel besser kennen. Machen Sie hinterher eine Bestandsaufnahme. Welches neue Wissen haben Sie gewonnen? Was haben Sie über das Geschäft Ihres Kunden erfahren, das Ihnen nützlich sein kann, die Geschäftsbeziehung zu ihm zu vertiefen?

19

Der Kunde, der:
inkompetent ist

Aus der Umfrage:

Haben Sie mit solchen Kunden zu tun?

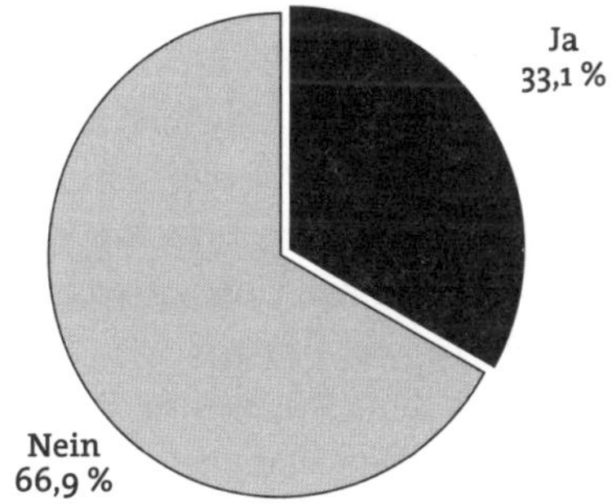

Fällt Ihnen der Umgang mit solchen Kunden schwer?

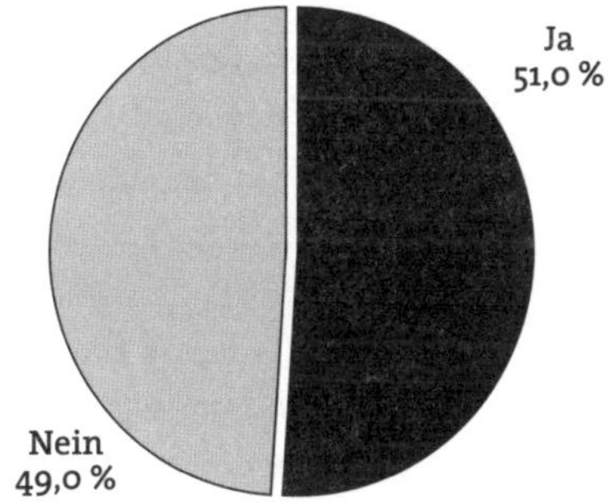

„Ein inkompetenter Kunde weiß nicht, was er oder sie kauft, und kauft in den seltensten Fällen das richtige Produkt, geschweige denn erkennt, wann er oder sie über den Tisch gezogen wird. Sie fotokopieren einfach irgendwelche Produktspezifikationen und verlangen ein Angebot. Die Arbeit mit solchen Kunden ist günstigstenfalls anstrengend und frustrierend."

Verkaufs- und Marketingmanager, Rundfunk- und Fernsehgeräte, Philadelphia, Pa.

Am Anfang läuft alles bestens, doch irgendwann fällt Ihnen auf, dass Ihr Gegenüber Ihnen nicht die Fragen stellt, die er eigentlich stellen sollte, und auch nicht die Einwände äußert, die ein Kunde in seiner Position normalerweise äußern sollte. Vielmehr bringt er Kritikpunkte auf, die Ihnen abwegig erscheinen, und Sie fragen sich, „Warum interessiert er sich für solche Sachen?“ Nach einiger Zeit wird Ihnen klar, dass Ihr Kunde keine Ahnung von dem hat, worüber er spricht. Er führt ein Gespräch mit Ihnen, dessen Inhalt ihm überhaupt nichts zu sagen scheint. Um ein beliebtes Bild zu zitieren: Die Lichter sind an, aber es ist niemand zu Hause.

Ich habe einmal einen Kunden besucht, bei dem alles zu einfach schien. Gleich in den ersten fünf Minuten sagte er: „Ich werde bei Ihnen kaufen. Ich mag Ihr Produkt, finde Ihr Unternehmen gut und schätze die Art, wie Sie auftreten. Sie haben den Auftrag.“ Ich sagte so gut wie nichts mehr und ging mit einem Auftrag in der Tasche. Alles, was ich denken konnte, war: „Was ist hier passiert?“ Zwei Monate später besuchte ich ihn wieder und bat um einen Folgeauftrag. Da erfuhr ich, dass er gerade seinen gesamten Bedarf bei unserem direkten Konkurrenten gekauft hatte. Ich war wie vom Donner gerührt. Als ich ihn fragte, warum er zur Konkurrenz gegangen war, erzählte er mir, unser Produkt wäre überholt, und hielt mir einen Monolog, der beinahe wortwörtlich den Inhalt des Werbeprospekts unserer Konkurrenz wiedergab. Wie ich später herausfand, hatte unser Konkurrent den Kunden für einen Nachmittag auf seine Yacht eingeladen und ihn sozusagen im Sturm erobert. Wiederum fragte ich mich: „Was ist hier passiert?“

Inkompetente Kunden gibt es überall. Sie kaufen nicht, was für ihr Unternehmen das Beste ist, sie stellen nicht die richtigen Fragen, und sie fordern nichts, wenn sie eigentlich etwas fordern könnten oder sollten. Die Schlimmsten unter ihnen sind felsenfest davon überzeugt, genau zu wissen, was sie tun. Manche von ihnen sind neu im Einkauf und lassen sich den Umstand zu Kopf steigen, dass man sie mit dieser Verantwortung betraut hat – wegen ihrer unglaublichen Fähigkeiten. Während des Colleges und hinterher im Versand waren sie ein Niemand, doch plötzlich finden sie sich in einer Position wieder, wo Verkäufer, die doppelt so alt sind wie sie, sie umwerben, zum Essen einladen und ihnen buchstäblich an den Lippen kleben.

Manche der inkompetenten Kunden sind leicht zu gewinnen, aber man sollte nie vergessen, dass das treffendste Adjektive, sie zum umschreiben, „unberechenbar“ ist. In der Welt der offenen Preiskriege, kann ein unerfahrener Gegner der gefährlichste sein, da er unberechenbar ist und eventuell Risiken eingeht, von denen erfahrenere Kämpfer nicht einmal träumen würden. Für mich sind inkompetente Kunden ein Doppelt-oder-Nichts-Spiel. Manchmal können sie die besten Kunden sein, die man sich nur wünschen kann, weil sie uns mehr Aufträge geben, als für ihr Unternehmen tatsächlich gut ist. Andere sind die schlimmsten, weil sie Unmengen Arbeit und Aufmerksamkeit kosten, die am Ende wenig Gewinn bringen.

Stolpersteine

1. *Kunden für inkompetent halten, weil sie nicht bei Ihnen kaufen*

Wenn Sie wirklich an Ihr Produkt glauben, erscheint es Ihnen manchmal vollkommen unmöglich, dass ein Kunde bei der Konkurrenz kauft, weshalb Sie ihn automatisch für inkompetent, wenn nicht gar schwachsinnig halten. Halten Sie Ihr Ego im Zaum und bleiben Sie objektiv. Nur weil ein Kunde Ihnen nichts abkauft, muss er noch lange nicht inkompetent sein. Verkäufer haben ein echtes Problem, wenn sie diese Entschuldigung vorschützen, um sich nicht weiter um einen Kunden zu bemühen. Ihr Job ist es nicht, den Kunden zu bewerten, sondern ihn zu überzeugen.

2. *Inkompetenz als rein negativ ansehen*

Rein aus Verkäufersicht kann Inkompetenz auf Seiten des Kunden durchaus eine Chance sein. Extrem kompetente Kunden brauchen Sie faktisch nicht und sind weniger geneigt, Ihnen richtig zuzuhören, da sie ja wissen, was sie wollen. Bei inkompetenten Kunden hingegen können Sie etwas bewegen – wenn Sie wollen. Ein inkompetenter Einkäufer zu sein, ist an sich nichts Verwerfliches. Ich habe schon mit vielen sehr klugen und fähigen Kunden zu tun gehabt, die in höhere Positionen befördert wurden, wo sie plötzlich mit Kaufentscheidungen betraut waren, für die ihnen einfach die Erfahrung fehlte. Sind sie deshalb inkompetent? Schon, aber nur was den Kauf oder Nichtkauf meines Produkts betraf. Was die übrigen Belange des Unternehmens anging, spielten sie allerdings in der Topliga mit.

3. *Vergessen, dass sie letztlich diejenigen sind, die kaufen oder nicht kaufen*

Das Leben kann furchtbar ungerecht sein: Da wissen Sie so viel mehr über Ihr Produkt als der Kunde, denken möglicherweise sogar, Sie könnten seinen Job deutlich besser machen als er, und trotzdem entscheidet er am Ende, ob er kaufen will oder nicht, während Sie sich abstrampeln müssen, ihm etwas zu verkaufen.

4. *Zu früh zu viel Zeit mit ihnen verbringen*

Ich habe mich einmal mit einer Kundin angefreundet, die gerade erst eingestellt worden war. Ich half ihr, so gut ich konnte, sich in ihren Job einzufinden, sorgte dafür, dass sie vor ihren Vorgesetzten eine gute Figur machte, und erzählte ihr, wie ihre Vorgängerin sich verhalten hatte. Anfangs lief alles glänzend, und ich freute mich jedes Mal, wenn ich sie besuchen fuhr. Nach einem Tag voller Ablehnungen waren die Gespräche mit ihr ein echter Lichtblick. Nach sechs Monaten dann wurde sie weiterbefördert und hatte mit dem Einkauf nichts mehr zu tun.

Neue Leute brauchen meist eine Menge Hilfe. Sofern Sie die Möglichkeit haben, können Sie Zeit ohne Ende damit verbringen, ihnen unter die Arme zu greifen. Auch mir passiert es immer wieder, dass ich mich dazu verleiten lasse, weit mehr Zeit als gerechtfertigt mit Kunden zu verbringen. So sinnvoll es auch sein mag, das langfristige Potenzial eines Kunden im Blick zu haben, so besteht doch allzeit die Gefahr, dass man zu viel Zeit auf jemanden verwendet, dessen zukünftiger Wert unberechenbar ist. Stellt ein Unternehmen jemanden neu ein oder befördert ihn in eine neue Position, wird normalerweise eine sechsmonatige Bewährungsprobe einkalkuliert, nach deren Ablauf die Unternehmensleitung entscheidet, ob die betreffende Person die Position behalten soll oder nicht. Entsprechend kann es leicht geschehen, dass man jemandem hilft, der entweder weiterbefördert, versetzt oder gar gefeuert wird. Für das Zeitmanagement des Verkäufers stellen neue Einkäufer ein echte Herausforderung dar, die von Fall zu Fall eingeschätzt werden muss.

Verkaufsstrategien

1. *Verkaufen Sie zunächst den Preis*

Ich stelle immer wieder fest, dass inkompetente Kunden sich vom Preis weit stärker beeindrucken lassen als sie sollten. Normalerweise muss man einiges an Zeit und Erfahrung mitbringen, will man das Produkt kaufen, dessen Wert dem Unternehmen am meisten nützt. Fehlt jedoch die Erfahrung, so reduzieren sich die Kaufkriterien auf den kleinsten gemeinsamen Nenner, und der ist nun mal der Preis. Preise versteht jedermann und nach Preis zu kaufen, lässt sich am leichtesten rechtfertigen. Sind Sie in der Lage, sehr niedrige Einstiegspreise anbieten zu können, werden Sie einen inkompetenten Kunden damit mühelos gewinnen. Das Problem ist allerdings, dass Verkäufe, die ausschließlich auf dem Preis basieren, langfristig keine solide Basis hergeben. Ihr Produkt sollte einen zusätzlichen Wert bieten, der sich nicht über den Preis definiert, denn sonst kommt demnächst die Konkurrenz, unterbietet Sie, und schon sind Sie den Kunden für immer los. Nähere Informationen über Kunden, die ausschließlich nach Preis kaufen, finden Sie im ersten Kapitel.

2. *Gestalten Sie die Präsentation so, dass Sie dem Kunden einen „besseren Weg“ aufzeigen*

Was Sie mit einem inkompetenten Kunden am liebsten täten, wäre, ihn am Kragen zu packen, zu schütteln, und ihm zu erklären, dass er keinen Schimmer hat und endlich auf Sie hören sollte. Träumen Sie weiter! Sie sind der Verkäufer, er ist der Kunde, und wie heißt es so schön? „Der Kunde hat immer Recht.“ Also wählen Sie besser einen anderen Weg und gehen die Sache positiv an. Machen Sie eine Präsentation, bei der Sie dem Kunden Punkt für Punkt darlegen, welcher messbarer Nutzen ihm entsteht, wenn er Ihr Produkt kauft. Indem Sie Ihr Produkt so präsentieren, bringen Sie ihm zugleich eine Menge Dinge bei, die erfahrenere Kunden von sich aus wissen, ohne ihm direkt zu sagen, was sie bei jemandem in seiner Position eigentlich als selbstverständlich vorausgesetzt werden sollten.

3. *Bauen Sie auf Beziehungen*

Mit Ausnahme jener inkompetenter Kunden, die neu in ihrem Job sind und mit der Zeit kompetenter werden, sind die meisten in ihren Positionen gelandet und bleiben dort, weil sie die richtigen Beziehungen haben. Ich habe die Erfahrung gemacht, dass Leute, die ihren Job ihren Beziehungen verdanken, auch am ehesten zu überzeugen sind, indem man mit diesen Beziehungen arbeitet. Lassen Sie einmal die Tatsache beiseite, dass Ihr Kunde nicht auf dem Posten sitzen sollte, auf dem er sitzt. Darauf kommt es nicht an, weil es nichts daran ändert, dass er der Käufer ist, dem Sie etwas verkaufen müssen. Sie können sogar davon ausgehen, dass er sich im Grunde darüber im Klaren ist, nicht die notwendigen

Fähigkeiten mitzubringen, um den besten Wert für sein Unternehmen zu kaufen. Deshalb verbündet er sich gern mit Lieferanten, denen er vertraut und bei denen er sicher ist, dass sie in seinem Interesse handeln. Dieser Lieferant sollten Sie sein. Tun Sie alles, was nötig ist, um das Vertrauen des Kunden zu gewinnen. Ein paar Ideen, wie Sie das anstellen, finden Sie in Kapitel 11.

4. *Erklären Sie dem Kunden, wie er bei Ihnen kauft*

Ein Kunde, der inkompetent ist, was die Einschätzung von Produkten betrifft, wird in den meisten Fällen auch inkompetent sein, wenn es um professionelles Verhandeln geht. Er fragt Sie nach Dingen, die er gar nicht von Ihnen erwarten kann, weiß dafür aber nicht, wie er nach solchen verlangt, die er durchaus von Ihnen erwarten darf. Ich verlege mich meist darauf, dem Kunden nebenbei einen Crashkurs zu geben, wie er ein besserer Einkäufer wird. Ich erkläre ihm, welche Möglichkeiten ihm entgehen, wenn er nicht nach diesem oder jenem fragt, und übergehe – sofern angemessen – diejenigen Forderungen von ihm, die vollkommen abwegig sind. Das Ganze verkleide ich so, dass er es möglichst gar nicht bemerkt. Da diese kleine „Nachhilfe" nicht Bestandteil des Verkaufsgesprächs ist, erwähne ich sie weder in meinem späteren Dankesschreiben noch in den weiteren Gesprächen. Sie bleibt gewissermaßen unser Geheimnis, eine Art vertraulicher Zusatztermin, bei dem ich ihn in die Kunst des Kaufens einweihe. Die meisten Kunden sind dafür sehr dankbar, und ich habe immer wieder die Erfahrung gemacht, dass sie auch später noch gern bei mir kauften.

5. *Helfen Sie dem Kunden, die Kauferlaubnis zu bekommen*

Inkompetente Kunden erhalten im Normalfall Anweisungen von anderen. Sie haben ein bestimmtes Budget, über das sie verfügen, müssen sich aber alle Ausgaben von jemand anderem absegnen lassen. Daher sind sie die meiste Zeit in blanker Panik, weil sie fürchten, Fehler zu machen. Wenn Sie ergründen können, was sie wem wie verkaufen müssen, um die Kauferlaubnis zu bekommen, können Sie ungleich effektiver arbeiten. Für einen meiner Kunden war ausschlaggebend, dass keiner seiner Einkäufe die Schallgrenze von 2.000,00 Dollar überschritt. Sobald wir die Aufträge in verschiedene „Pakete" unterteilt hatten, die alle unterhalb dieser Grenze blieben, lief alles problemlos. Ein anderer Kunde musste sämtliche Aufträge von einem Vorgesetzten abzeichnen lassen, der sich dauernd auf Reisen befand. Indem wir ein Gruppenmeeting mit diesem Vorgesetzten arrangierten, bei dem ich ihn bat, seine Genehmigung für die nächsten Aufträge vorab zu erteilen, konnten wir die Folgeaufträge abwickeln, ohne jedes Mal abwarten zu müssen, bis er von der nächsten Reise zurück war.

6. *Nutzen Sie die Eigendynamik*

Viele inkompetente Käufer sind furchtbar unsicher und fürchten bei jedem Neukauf, sie könnten sich damit auf zu dünnes Eis begeben. Falls Sie einen solchen Kunden bereits gewonnen haben, befinden Sie sich in einer sehr starken Ausgangsposition. Folgeaufträge von jemandem zu bekommen, der stets Angst hat, mit einem neuen Lieferanten in Teufels Küche geraten zu können, ist normalerweise ein Leichtes. Der Trick besteht natürlich darin, ihn überhaupt erst als Kunden zu gewinnen. Aber bedenken Sie bei Ihren Gesprächen mit diesem Kunden immer, dass inkompetente Kunden die Bequemlichkeit und Sicherheit meist sehr zu schätzen wissen, die ihnen die Arbeit mit festen Lieferanten bietet.

7. *Überlegen Sie vorher, wie viel Zeit Sie in den Kunden investieren sollten*

Inkompetenz auf Seiten des Kunden bietet Ihnen die Möglichkeit, ihn zu kontrollieren wie kaum einen anderen. Dafür müssen Sie allerdings objektiv einschätzen können, welche Zukunftschancen Sie für den Kunden als Einzelnen wie auch als Einkäufer sehen. Natürlich ist jeder Kunde anders, ist die Situation jeweils eine andere, in der er oder sie sich gerade befindet, aber ein paar Gemeinsamkeiten gibt es doch, an denen Sie sich orientieren können. Ich habe einige Beispiele zusammengestellt, aus denen Sie ersehen können, wie viel Zeit Sie für welche Variante von inkompetentem Kunden aufwenden müssen.

a. ***Die faulen Kunden.*** Ich liebe faule Kunden! Sie haben überhaupt keinen Ehrgeiz und scheren sich nicht die Bohne darum, bei wem sie kaufen, also werden sie bei Ihnen kaufen, wenn Sie ihnen den Weg des geringsten Widerstandes anbieten können. Als ich einmal einen meiner Kunden besuchte, erzählte er mir, dass er so viel zu tun hätte, dass er sich heute Nachmittag „Arbeit mit nach Hause nehmen“ müsste. Später im Gespräch kam heraus, dass er gern zum Mittagessen eingeladen werden würde. Faule Kunden sind immer eine gute Investition. Man muss nur eine Beziehung zu ihnen aufbauen, in der sie den Eindruck haben, man würde ihnen einen

Teil ihrer Arbeit abnehmen, und schon kann man richtig gute Geschäfte mit ihnen machen. Ich habe einen faulen Kunden, dem ich jedes Jahr helfe, seinen Budgetplan fürs kommende Jahr zusammenzustellen – einschließlich der Memos, in denen er seine geplanten Käufe rechtfertigt, wie beispielsweise den meines Produkts – und den ich mit strategischen Informationen versorge, die ihm bei internen Verhandlungen zugute kommen. Mir macht die zusätzliche Arbeit nichts aus, weil sie mir zusätzliche Aufträge einbringt. Und er weiß, solange er bei mir kauft, hat er jemanden, der ihm bei seiner Arbeit hilft. Bei dieser Geschäftsbeziehung profitieren wir beide.

b. ***Kunden, die über Beziehungen zu ihren Posten gekommen sind.*** Die meisten dieser Kunden sind es nicht wert, viel in sie zu investieren, da sie nur aus politischen Gründen im Einkauf gelandet sind, während de facto jemand anderes entscheidet, was bei wem gekauft wird. Solche Kunden verlangen oft eine Menge Aufmerksamkeit und Zuwendung, obwohl sie letztlich nichts zu sagen haben. Gerade deshalb ist der Umgang mit ihnen heikel, da sie stets meinen, ihre Stellung verteidigen zu müssen. Deshalb hassen sie es, übergangen zu werden, selbst wenn bestimmte Situationen verlangen, dass man mit den wirklichen Entscheidern spricht.

c. ***Kunden, die ihren Posten einer Vetternwirtschaft verdanken.*** Vetternwirtschaft kann durchaus positive Wirkungen zeitigen, so dass sich auch hier eine größere Zeitinvestition in den Kunden lohnt. Zunächst einmal dürfen Sie keine voreiligen Schlüsse ziehen. Ich kenne den Direktoren eines kleinen Herstellers für Übertragungsgeräte, der der Enkel des Firmengründers ist. Verglichen mit anderen Leuten in seiner Position ist er eine absolute Spitzenkraft. In diesem Fall hat die Vetternwirtschaft sich eindeutig zu Gunsten des Unternehmens ausgewirkt. Ein gebildeter, schlauer und progressiver Profi wie er hätte, wäre er nicht zufällig familiär an dieses Unternehmen gebunden, zweifellos einen Führungsposten in einem großen Unternehmen einer anderen Branche bekommen können. Die Familienbande haben dem kleinen Hersteller eine Führungskraft beschert, wie sie sie auf dem freien Markt niemals hätte rekrutieren können. In der Mehrzahl der Fälle nimmt die Vetternwirtschaft allerdings kein so glückliches Ende. Ich habe schon mit der Tochter eines Firmengründers, mit dem Sohn eines Abteilungsleiters, der Geliebten eines hochrangigen Managers und dem trinkfreudigen Cousin eines Firmeneigners zu tun gehabt, die sich allesamt als hoffnungslos inkompetent erwiesen. Keiner von ihnen hätte sich seine Brötchen verdienen können, wären sie nicht von der Familie aufgefangen worden. Dennoch kann selbst in solchen Fällen die Vetternwirtschaft für den Verkäufer von Vorteil sein. Ich habe einmal den Sohn eines Firmendirektors ausfindig gemacht, der in einer niedrigen Position des Familienunternehmens arbeitete. Da er zu dem Zeitpunkt noch bei seinen Eltern lebte, war er für mich so etwas wie ein heißer Draht zur obersten Etage. Nachdem ich ihn einige Male besucht hatte, passierte etwas Seltsames: Welche Idee auch immer ich ihm brachte, sie wurde sofort vom Management geprüft. Ich würde sagen, dass sich dafür einiges an Investitionen lohnt.

d. ***Kunden, die neu in ihrem Job sind.*** Kluge Neuanfänger lohnen manche Investition, weil sie nicht lange Anfänger bleiben werden. Ehrgeizigen Anfängern zu helfen, kann sich allemal auszahlen, da man die Beziehung zu ihnen zu einer Zeit aufbauen kann, an der sie alles dankbar annehmen, was man ihnen an Unterstützung bietet. Bedenken Sie: Haben sie erst einmal Erfahrungen gesammelt und sich ihre eigenen Meinungen gebildet, werden sie Ihre Anregungen weit weniger bereitwillig aufnehmen und sich nicht mehr auf Sie verlassen wollen. Bei neuen Einkäufern beginne ich gern mit einer „Willkommen im Job"-Präsentation. Dabei nehme ich mir die Zeit, ihnen zu erzählen, was ihre Vorgänger geleistet haben und wie sich andere Leute in vergleichbarer Position verhalten. Außerdem erläutere ich eine Menge grundlegende Dinge, die sie über den Kauf von Produkten wie meinem wissen müssen. Will man einen Neuankömmling wirklich überzeugen, ist es hilfreich, der erste Verkäufer zu sein, der ihn besucht. Können Sie sich zu seinem Helfer machen, bevor es einer Ihrer Konkurrenten versucht, haben sie schon eine Menge erreicht. Indem Sie geduldig und hilfsbereit sind, können Sie in dem frisch gebackenen Einkäufer einen Freund gewinnen, der Ihnen über lange Zeit erhalten bleibt. Ein weiterer Vorteil dabei, mit Neuanfängern zu arbeiten, ist der, dass sie noch viel neugieriger und offener sind als Leute, die schon länger in dem Job sind. Für sie ist alles noch neu und spannend, weshalb sie häufig mit neuen und interessanten Sichtweisen aufwarten, die auch für Sie durchaus lehrreich sein können.

8. *Denken Sie lieber zweimal nach, bevor Sie einen inkompetenten Kunden übergehen*

Eine Geschichte, die Ihnen eine Warnung sein sollte: Ich hatte einmal mit einer Kundin zu tun, die ganz offensichtlich inkompetent war. Also nahm ich an einer internationalen Konferenz teil, von der ich wusste, dass ihr Boss sie besuchen würde. Wir waren außer Landes und die Einkäuferin weit, weit weg. Die Situation schien perfekt, um an ihr vorbei zu verhandeln, ohne sie direkt vor den Kopf zu stoßen. Ihr Boss war ein sehr netter Mann, mit dem ich mich auf Anhieb glänzend verstand. Das einzige Problem war, dass er, wie sich bald herausstellte, nicht minder inkompetent war als sie. Inkompetente Kunden haben sehr oft inkompetente Chefs, so dass bei solchen Schachzügen nichts herauskommt – außer das am Ende möglicherweise alle verärgert sind. Bevor Sie über den Kopf eines inkompetenten Kunden hinweg handeln, vergewissern Sie sich also unbedingt, ob der geeignetere Gesprächspartner, auf den Sie hoffen, überhaupt existiert.

Strategien, wie Sie zum Abschluss kommen

1. *Fragen Sie sich: „Muss ich dem Kunden helfen, eine Entscheidung zu finden?“*

Wieder einmal gilt hier, dass die klassischen Methoden, wie sie in zahlreichen Büchern beschrieben werden, durchaus effektiv sein können. Die Standardfrage nach dem „Wollen Sie es in Blau oder Rot?“, mit der Sie kompetentere Kunden eher verschrecken, weil sie sie für manipulativ und plump halten, kann bei inkompetenten Kunden goldrichtig sein.

2. *Nutzen Sie Angst und Gier*

Da die meisten inkompetenten Kunden sehr unsicher sind, werden sie sofort schalten, wenn sie das Gefühl haben, eine Gelegenheit zu verpassen, die sich günstig auf ihr Image auswirkt. Überlegen Sie daher, ob Sie ihnen Ihr Produkt als eines präsentieren können, auf das kluge Einkäufer sich sofort wie die Geier stürzen würden, während unfähige ihre Chance einfach verpassen. Die Tatsache, dass sich Ihr Kunde kaum mit der letzteren Gruppe wird identifizieren wollen, kann sehr motivierend sein.

3. Setzen Sie auf die Wettbewerbsparanoia

Inkompetente Kunden werden oft von der Angst umgetrieben, in einem wettbewerbsintensiven Umfeld von anderen überrannt zu werden. Außerdem tun sie beinahe alles, um vor dem Chef gut auszusehen. Signalisieren Sie ihnen, sie könnten mit dem Kauf Ihres Produkts der Konkurrenz eine Nasenlänge voraus sein – wahrscheinlich greifen sie sofort zu.

4. Fragen Sie sich: „Ist das wirklich die Person, die ich überzeugen muss?"

Wie ich bereits erwähnte, wissen die meisten Unternehmen, wie inkompetent die Leute sind, die sie in ihren Einkauf setzen. Entsprechend geben sie ihnen so wenig Autorität wie möglich. Sollten Sie das Gefühl haben, sich mit einem Kunden zu unterhalten, der letztlich nichts entscheiden darf, lesen Sie in Kapitel 4, wie Sie sich am besten verhalten sollten.

20 *Der Kunde, der:* Ihr Unternehmen ablehnt

Aus der Umfrage:

Haben Sie mit solchen Kunden zu tun?

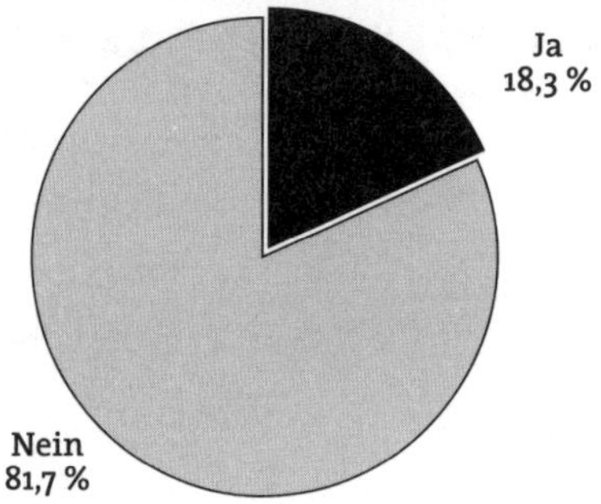

Fällt Ihnen der Umgang mit solchen Kunden schwer?

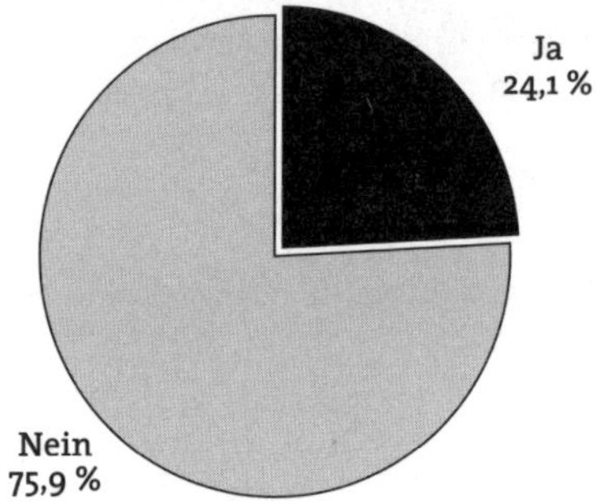

„Wahrnehmungen lassen sich weit schwerer korrigieren als die Wirklichkeit.“

Verkaufsmanager, automatische Übertragungsgeräte,
Indianapolis, Ind.

Ihre Kunden werden dafür bezahlt, sich kritisch mit den Produkten oder Dienstleistungen auseinander zu setzen, die sie von Ihnen kaufen. Unter anderem müssen sie Ihr Unternehmen bewerten, das heißt, die Firma, die die Produkte schafft und vermarktet, die Sie verkaufen. Sind Sie für ein großes Unternehmen tätig, dann gibt es wahrscheinlich eine Marketingabteilung, die sich um den Ruf kümmert, den Ihre Firma auf dem Markt genießt. Wenn ein Kunde sich ein negatives

Bild von Ihrem Unternehmen macht, wirkt sich das immer direkt auf Sie aus. Bei Neukunden kann es bedeuten, dass Sie gar nicht erst einen Auftrag bekommen, und bei bereits vorhandenen kann es wie ein Krebsgeschwür die Beziehung von innen zerfressen, die Sie zu dem Kunden aufgebaut haben. Aus irgendwelchen Gründen kommt der Kunde zu dem Schluss, er sollte mit Ihrem Unternehmen keine Geschäfte – oder keine Geschäfte mehr – machen. Nun sind irgendwelche Gründe eben nur Gründe und die müssen Sie kennen. Ich habe schon manches Mal festgestellt, dass es sich dabei um tatsächliche Schwächen des Unternehmens handelte, für das ich arbeitete. Weit häufiger aber ließ sich die ablehnende Haltung der Kunden darauf zurückführen, dass es an der nötigen Imagepflege mangelte. Mein Unternehmen wurde einfach falsch wahrgenommen, sei es aufgrund sträflicher Vernachlässigung des Marketings oder aufgrund negativer Propaganda, die von der Konkurrenz angeschoben worden war. Ihr Job als Verkäufer ist der, zuerst einmal herauszufinden, warum der Kunde Ihr Unternehmen ablehnt. Manche Kunden tun sich schwer damit, klar zu formulieren, was ihnen an Ihrem Unternehmen nicht gefällt; vielleicht handelt es sich dabei um ein Gefühl, das sie über Jahre hinweg aufgebaut haben und das auf Vorfälle zurückgeht, die sich lange vor Ihrer Zeit zugetragen haben.

Stolpersteine

1. *In die Nörgeleien des Kunden über Ihr Unternehmen einstimmen*

Das mag verlockend sein: Sie regen sich schon lange über die Ineffizienz Ihres Unternehmens auf. Es macht Sie halb wahnsinnig, sich dauernd mit Kundenbeschwerden über Dinge herumzuschlagen, die Sie nicht verbrochen haben und nicht kontrollieren können. Ihr Kunde ist frustriert und Sie sind es ebenfalls. Ihr Kunde nörgelt und Sie ... nein, Sie können nicht in sein Gejammer einstimmen, weil Sie ein professioneller Verkäufer sind und Ihr Unternehmen zu repräsentieren haben. Sagen Sie Ihrem Kunden, Sie verstünden die Kritik und würden sich der Sache annehmen, und dann leiten Sie die Beschwerde weiter in der Hoffnung, dass sich die Probleme dort – was immer sie sein mögen – korrigieren lassen. Danken Sie Ihrem Kunden für sein Feedback und erklären Sie ihm, dass seine Beschwerden wichtig sind, damit sich bestimmte Fehler in Zukunft nicht wiederholen. Aber nörgeln Sie niemals mit. Wenn Sie dem Kunden beipflichten, dass in

Ihrem Unternehmen das reinste Chaos herrscht, werden Sie Schwierigkeiten haben, weitere Aufträge von ihm zu bekommen.

2. Das Unternehmen verteidigen zu wollen, indem Sie es als perfekt hinstellen

Wollen Sie Ihr Unternehmen sinnvoll repräsentieren, können Sie nicht wie ein aufgezogener Jasager daherkommen. Die einflussreichsten Verkäufer, die ich kenne, sind diejenigen, die als echte Menschen auftreten und sich bei den Kunden größtmögliche Glaubwürdigkeit erarbeiten. Wenn Sie wissen, dass Ihr Unternehmen echte Schwächen aufweist, gewinnen Sie nicht damit, sie zu leugnen. Stattdessen sollten Sie sich bemühen, die Auswirkungen dieser Schwächen auf ein Minimum zu reduzieren. Bietet Ihr Unternehmen eine deutlich kleinere Produktpalette als die Konkurrenz, müssen Sie Ihren Kunden davon überzeugen, dass das kleinere Sortiment Ihnen mehr Spielraum bietet, auf höchste Qualität zu achten, weil Sie sich besser auf das einzelne Produkt konzentrieren können. Und fragen Sie den Kunden, welchen Unterschied es für sein Unternehmen macht, jede Menge verschiedene Modelle zu führen, die es letztlich nicht braucht. Mit undifferenziertem Leugnen schaden Sie bloß Ihrer Glaubwürdigkeit, wohingegen das Anerkennen und Minimieren der Schwächen von Ehrlichkeit zeugt. Damit stärken Sie Ihren Einfluss auf den Kunden.

3. Glauben, Ihr Unternehmen hätte einen schlechteren Ruf als es tatsächlich der Fall ist

Im Verkauf hören Sie von allem und jedem, was schief geht, selten aber von Dingen, die reibungslos laufen. Fordernde und anmaßende Kunden werden Ihnen immer wieder erzählen, Ihre Firmenleitung wäre hoffnungslos weltfremd, weil sie nicht auf die Forderungen eingehen, die die Kunden stellen. Im Laufe der Zeit hören Sie normalerweise sehr viel mehr Negatives als Positives über die Vorgänge in Ihrem Unternehmen. Behalten Sie den Überblick. Wenn Sie das Gefühl haben, über Ihnen bräche alles zusammen, weil Sie nichts als Klagen, Klagen, Klagen hören, rufen Sie einfach einige Ihrer besten Kunden an, um ein bisschen positives Feedback zu bekommen. Fragen Sie sie: „Wie zufrieden sind Sie mit uns?"

Verkaufsstrategien

1. *Sorgen Sie für ein positives „Echo" auf dem Markt*

In jeder Branche gibt es immer Unternehmen, die gerade ganz oben sind, und solche, die es gerade nicht sind. Für einige Kunden spricht es schon gegen Sie, wenn Ihr Unternehmen zufällig nicht in die erste Kategorie fällt. Ich habe einmal einen Kunden in Kalifornien besucht, der mir gleich zur Begrüßung sagte: „Tja, was soll ich sagen, ich habe mich mal ein bisschen in der Branche umgehört und erfahren, dass Sie momentan nicht der Topanbieter sind." Verrückt? Vielleicht, aber er nannte das Problem wenigstens beim Namen. Die meisten Kunden sprechen diese Dinge nicht offen aus, aber das macht sie nicht weniger tödlich. Normalerweise erzählen sie Ihnen bestenfalls von irgendwelchen aufregenden Sachen, die die Konkurrenz gerade macht, während sie herzlich desinteressiert an dem wirken, was Sie ihnen zu erzählen haben.

Indem Sie dafür sorgen, dass man positiv über Ihr Unternehmen spricht, überzeugen Sie die Kunden davon, dass Ihr Unternehmen gerade ganz oben ist. Dieses positive „Echo" lässt sich allerdings ungleich schwieriger bewerkstelligen als ein gutes Verkaufsgespräch. Hier kommt es nicht darauf an, was Sie über das Unternehmen sagen, sondern was andere darüber sagen. Eine Methode, wie Sie erreichen, dass man gut über Ihr Unternehmen spricht, ist die, alle Informationen und Aussagen anderer zu sammeln, die ein positives Bild von Ihrem Unternehmen wiedergeben. Das Schöne daran, für ein positives „Echo" zu sorgen, ist, dass Sie keine wissenschaftlichen Belege oder Umfrageergebnisse beibringen müssen; vielmehr bauen Sie auf *indirekte* Beweise, die einen bestimmten Trend widerspiegeln. Im Folgenden finden Sie ein paar Beispiele dafür, wie Sie dieses Echo kreieren:

a. ***Bitten Sie Ihre besten Kunden um Empfehlungen, die Sie bei Ihren Verkaufsgesprächen benutzen können.*** Solche Empfehlungen müssen nicht besonders eloquent oder ausführlich sein. Wenn Ihre Kundin im Gespräch etwas Positives über Ihr Unternehmen sagt, fragen Sie sie einfach, ob es ihr etwas ausmacht, diese Aussage auf einem Firmenbogen von sich schriftlich zu fixieren.

b. ***Prüfen Sie regelmäßig, was man über die Finanzen Ihres Unternehmens berichtet.*** Arbeiten Sie für ein börsennotiertes Unternehmen, wird es auch in den Börsenmeldungen vorkommen. Börsenkurse gehen rauf und runter, und sobald sie nach oben gehen, sollten Sie es all Ihren Kunden mitteilen.

c. ***Recherchieren Sie über Ihr Unternehmen.*** Wenn Sie in einer größeren Stadt leben, gibt es dort sicherlich eine Wirtschaftsbibliothek, in der Sie Artikel über Ihr Unternehmen recherchieren können. Natürlich können Sie auch Online-Recherchedienste wie CompuServe und AOL nutzen, wo die Suche meist wenige Minuten in Anspruch nimmt und günstig ist.

d. ***Drucken Sie ein Chatroom-Gespräch aus.*** Ich habe einmal einen Auftrag bekommen, indem ich mich in einen professionellen Chatroom von CompuServe einklickte und einige Beiträge ausdruckte, die sich mit dem Produkt eines Unternehmens befassten, an das ich gern verkaufen wollte. Einige der Kommentare deuteten daraufhin, dass die Kunden dieses Unternehmens sehr an einem Produkt wie meinem interessiert wären. Als ich sie meinem Kunden vorlegte, half mir das sehr, ein positives Echo zu kreieren.

2. *Verkörpern Sie Ihr Unternehmen*

Die meisten Ihrer Kunden werden Ihr Unternehmen niemals besuchen und auch nie persönlich den Leuten begegnen, die dort arbeiten. Wenn Sie der einzige direkte Kontakt sind, den Ihr Kunde mit Ihrem Unternehmen hat, sollten Sie auch das ganze Unternehmen verkörpern. Übernehmen Sie zunächst einmal die volle Verantwortung für sämtliche Belange der Kunden. Sagen Sie ihnen, dass Sie sich persönlich um bestimmte Einzelheiten kümmern werden, die normalerweise von anderen Leuten in Ihrem Unternehmen erledigt werden. Sagen Sie ihnen, sie sollten kleinere Serviceangelegenheiten nicht per Telefon, Fax oder Mail abwickeln, sondern sich damit direkt an Sie wenden, damit Sie sich ihrer persönlich annehmen können. Das kostet Sie wahrscheinlich zusätzliche Zeit, erhöht aber auch Ihren Einfluss auf das Image, das Ihr Unternehmen bei den Kunden genießt. Schon bald werden sie sich nicht mehr an Ihr Büro wenden, wenn Schwierigkeiten auftreten, sondern direkt an Sie. Ich erinnere mich gern an Joe, einen mittlerweile pensionierten Verkäufer, der eine Wettbewerbssituation so beschrieb: „Das war ganz einfach. Der Kunde hatte zwei verschiedene Unternehmen zur Auswahl – Joes und Jims."

3. *Nehmen Sie jemanden aus dem Büro mit auf Verkaufsreise*

Vielleicht gehört das ohnehin schon zu Ihrer Routine, aber jemanden aus dem Büro mit zum Kunden zu nehmen, bedeutet: „Wir interessieren uns für Sie und möchten Sie persönlich kennen lernen." Sollten Sie sich in einer Situation befinden, in der eine solche Botschaft dringend vermittelt werden muss, spielen Titel eine enorme Rolle. Am besten eignet sich jemand, der mit der Produktentwicklung und -fertigung zu tun hat. Sie bringen jemanden mit, der über die Zukunft des Produktes mitentscheidet, das Ihr Kunde kauft. Kunden lieben das. Es schmeichelt ihnen, wirkt sympathisch und zeigt, dass Sie Wert auf die Meinung des Kunden legen. Taktisch unklug ist es, jemanden aus dem Verkauf mitzubringen. Der Kunde bekommt dann den Eindruck, das Unternehmen wolle seinen Verkäufern auf die Finger schauen.

4. *Veranstalten Sie eine Unternehmenspräsentation*

Bei einigen Kunden bringt es Sie dem Auftrag ein gutes Stück näher, wenn Sie sich die Zeit nehmen, Ihrem Unternehmen ein Gesicht zu geben. Wir befinden uns heute unter einem solchen Druck, Quoten zu erfüllen und Aufträge hereinzuholen, dass wir darüber leicht vergessen, wie wichtig es ist, Kunden nicht nur von dem Produkt, sondern auch von dem Unternehmen hinter dem Produkt zu überzeugen. Große Firmen geben Millionen aus, um ein bestimmtes Bild von sich zu vermitteln. Machen Sie das Image Ihres Unternehmens zum Teil Ihrer nächsten Präsentation. Die Herausforderung besteht darin, etwas wirklich Bedeutsames zu sagen. Heutzutage haben die meisten Unternehmen eine eigene „Philosophie", deren Aussagen sich sämtlich recht ähnlich anhören. Da ist die Rede von Kundenzufriedenheit, Produktqualität und dem Streben nach einer marktführenden Position. Diese Punkte in einer Präsentation anzusprechen, mag akademisch korrekt sein, dürfte Ihre Kunden aber kaum vom Hocker reißen. Finden Sie jedoch einen Weg, diese Dinge so zu verpacken, dass sie exakt auf das Geschäft des Kunden abgestimmt sind, können Sie damit richtig punkten. Veranschaulichen Sie Marktführung, indem Sie technische, politische oder praktische Errungenschaften beschreiben, die Ihr Unternehmen als Erstes einführte. Veranschaulichen Sie Kundenzufriedenheit, indem Sie einige Ihrer zufriedenen Kunden nennen, ausführen, was sie so zufrieden macht, und wie Sie dafür sorgen, dass diese Kunden sich so einzigartig gut behandelt fühlen. Das alles ist leichter gesagt als getan, aber Sie können immer etwas finden, was die Arbeit Ihres Unternehmens für den Kunden besonders interessant macht. Wenn ich eine Unternehmenspräsentation machen, sitzt jedes Mal irgendjemand dabei, der sagt: „Ach, das habe ich noch gar nicht gewusst."

5. *Geben Sie dem Kunden etwas, mit dem er nicht rechnet*

In dem dauernden Geben und Nehmen einer längeren Käufer-Verkäufer-Beziehung vergisst man leicht, dann und wann einen Schritt zurückzutreten und sich mal wieder klar zu machen, wer der Käufer und wer der Verkäufer ist. Haben Sie gerade eine schwierige Phase durchgemacht, in der anstrengende Verhandlungen geführt oder Kompensationen für Missverständnisse vereinbart werden mussten, ist es vielleicht an der Zeit, sich darauf zu besinnen, wie es um Ihre Geschäftsbeziehung zum Kunden steht. Läuft es wirklich gut, oder fühlen Sie sich eher beide so, als hätten Sie den Kürzeren gezogen? Manchmal genügt es schon, wenn Sie einfach mal wieder „Danke" sagen. Freundliche Worte sind ein Anfang, scheinen jedoch nie so wirkungsvoll zu sein wie ein Zugeständnis, dass Sie ihm unaufgefordert anbieten. Es muss nicht notwendig groß oder teuer sein, Hauptsache, er muss nicht danach fragen, sondern Sie bieten es ihm sozusagen aus freien Stücken an. Zeigen Sie Ihren guten Willen und machen Sie richtig was draus, damit die Botschaft auch die gewünschte Wirkung tut. Kündigen Sie es an und sagen Sie dem Kunden, warum Sie ihm dieses „Geschenk" machen.

6. *Stellen Sie den persönlichen Kontakt zwischen dem Kunden und jemandem aus Ihrem Unternehmen her*

Je nachdem, welches Produkt Sie verkaufen, gibt es vielleicht jemanden in Ihrem Unternehmen, der zusätzlich zu Ihnen den Kundenkontakt halten sollte – im Idealfall jemand aus dem Servicebereich. Eventuell können Sie dafür sorgen, dass er und Ihr Kunde sich bei einer Handelsveranstaltung kennen lernen, oder Sie geben beiden ein paar biografische Informationen über einander, mit denen Sie die Neugier des einen auf den anderen wecken können. Bringen Sie beide dazu, miteinander zu reden, und lassen Sie sich von Ihrem Servicemitarbeiter regelmäßig Feedback geben.

7. *Finden Sie heraus, warum der Kunde Ihr Unternehmen ablehnt*

Manchmal ist die Ablehnung des Kunden mehr als eine Frage der Wahrnehmung. Manchmal gibt es einen nachvollziehbaren Grund, warum der Kunde

Ihr Unternehmen ablehnt. Wenn Sie das Gefühl haben, dass der Kunde ein negatives Bild von Ihrem Unternehmen hat, fragen Sie einfach: „Warum?" Ich habe immer wieder die Erfahrung gemacht, dass sich solche Fragen am besten im persönlichen Gespräch klären lassen. Im Folgenden finden Sie ein paar Anregungen, wie Sie echten Vorbehalten begegnen.

a. ***Der Kunde hat eine schlechte Erfahrung mit Ihrem Unternehmen gemacht.*** Dieses Negativbild ist wohl am schwersten zu korrigieren. Einen Kunden wiederzugewinnen, den Sie bereits einmal verloren hatten, ist reichlich hart. Wenn es sich um ein Service- oder Produktproblem handelte, sollten Sie auf die Einzelheiten eingehen und genau ausführen, inwiefern sich die Dinge mittlerweile gebessert haben, so dass solche Vorkommnisse fortan ausgeschlossen sind. Nun verhalten sich Unternehmen nach demselben Gesetz wie die Natur: Sie dulden kein Vakuum. Der Kunde, dessen Geschäft Sie verloren haben, wird Sie inzwischen durch ein Konkurrenzunternehmen ersetzt haben. Und dieser Umstand macht Ihre Aufgabe besonders schwierig.

b. ***Der Verkäufer, der den Kunden vor Ihnen betreute, war ein Idiot.*** Diesen Fall habe ich mehrfach erlebt. Bei den meisten Kunden können Sie schon eine Menge bewegen, indem Sie einfach auftauchen und ihm so die Botschaft vermitteln: „Okay, ich weiß, mein Vorgänger war ein Trottel, aber er ist ganz bestimmt weg, und nun wird alles besser." Bei skeptischen Kunden haben Sie allerdings noch eine weitere Hürde zu nehmen, denn sie halten Ihr Unternehmen nach wie vor für unfähig, anständige Verkäufer einzustellen, weshalb Sie von vornherein ebenfalls für einen Idioten gehalten werden. Als ich einmal in dieser Situation war, bin ich mit meinem Verkaufsleiter zusammen auf Reisen gegangen, damit er sich bei den Kunden entschuldigen und ihnen bestätigen konnte, dass mein Vorgänger leider ein personeller Fehlgriff gewesen war, weshalb man ihn konsequenterweise entlassen und mich an seiner statt eingestellt hatte. Zuweilen wirkt ein bisschen demonstratives Schuldbewusstsein des Managements wahre Wunder.

c. ***Ihr direkter Konkurrent hat Ihr Unternehmen mit Dreck beworfen.*** Ich liebe es, wenn das passiert. Wenn ein direkter Konkurrent die Fakten absichtlich verdreht, um Sie schlecht zu machen, hat er Ihnen damit praktisch ein geladenes Gewehr in die Hand gedrückt. Erstens sollten Sie ihm dankbar sein, denn seine manipulativen Verrenkungen zeigen Ihnen nur, wie ernst er Sie nimmt. Zweitens sollten Sie sämtliche verdrehten Fakten sammeln. Und drittens dürfen Sie sie Punkt für Punkt widerlegen. Rufen Sie Ihren Kunden an und bitten Sie ihn um die Chance, Ihren Namen reinzuwaschen. Selbst Kunden, die nicht gerade versessen darauf sind, Sie zu empfangen, lassen sich oft von dem menschlichen Drama rühren, das sich dahinter verbirgt, wenn sich ein Verkäufer gegen die Attacken des anderen zu wehren versucht. Gehen Sie hin und präsentieren Sie alle Fakten, die Ihr Konkurrent verdreht hat – mitsamt Korrektur, versteht sich. Wenn Ihr Kunde erkennt, wie verzweifelt Ihr Konkurrent sein muss, dass er sich zu derartigen Winkelzügen hinreißen lässt, dürfte das seine Sichtweise ziemlich stark beeinflussen, und zwar zu Ihren Gunsten.

d. ***Der Kunde hat aus dem Bauch heraus entschieden, nicht bei Ihnen zu kaufen.*** Das ist nichts Außergewöhnliches. Ihr Kunde hat seit Jahren eine enge Geschäftsbeziehung zu Ihrem Konkurrenten und demzufolge kein Interesse daran, mit Ihnen Geschäfte zu machen. Seien Sie hartnäckig, machen Sie einen Termin und stellen Sie Ihr Produkt persönlich vor. Meistens müssen Sie dabei bestimmte Vorbehalte gegen Ihr Unternehmen überwinden. Ihr Kunde sagt beispielsweise: „Na ja, mich überzeugt schon, was Sie über Ihr Produkt sagen, und ich hätte kein Problem, mit Ihnen persönlich ins Geschäft zu kommen, aber ich habe ein paar furchtbare Sachen von Leuten gehört, die früher Geschäftsbeziehungen zu Ihrer Firma hatten." Eventuell entspricht das nicht ganz der Wahrheit, und der Kunde stellt die Behauptung nur in den Raum, um ein wenig Zeit zu gewinnen. Vielleicht muss er sich erst mit dem Gedanken anfreunden, eine Geschäftsbeziehung zu Ihnen überhaupt in Erwägung zu ziehen. Wenn Sie jetzt am Ball bleiben, werden Sie ihn am Ende gewinnen können.

e. ***Der Kunde hat Informationen von der Wall Street, die schlecht für Ihr Unternehmen sind.*** „Wie ich höre, befindet sich Ihr Aktienkurs gerade auf Tauchgang." „Ich habe gelesen, dass bei Ihnen momentan eine große Entlassungswelle rollt." Sprechen Sie mit Ihrem Manager, finden Sie heraus, was an diesen Informationen dran ist, und überlegen Sie, was Sie tun können, um der negativen Wahrnehmung im Markt entgegenzusteuern. Sind die Aktienkurse um nur fünf Punkte gefallen, sollten Sie gleich darauf hinweisen, dass solche prozentuellen Schwankungen durchaus im Rahmen sind. Bei Entlassungen können Sie damit argumentieren, dass heute überall Leute entlassen werden, und Ihr Unternehmen es tun muss, um auch in Zukunft wettbewerbsfähig zu bleiben. Wie immer die einzelnen Vorbehalte lauten mögen, klären Sie sie mit Ihrem Management und finden Sie einen Weg, ihnen einen positiveren Beiklang zu verleihen. Sollten all Ihre Versuche scheitern, weisen Sie Ihren Kunden darauf hin, dass das *Wall Street Journal* und *Fortune* gegenwärtig voller Geschichten von Turnarounds sind, bei denen Unternehmen erfolgreich ihr Schicksal gewendet und sich an die Spitze zurückgearbeitet haben. Wenn es mal nach unten geht, heißt das schließlich nicht, dass man für immer unten bleiben muss. Es ist vollkommen normal, wenn Unternehmen mal Höhen und mal Tiefen durchmachen.

f. ***Ein Problem, das früher „gelöst" wurde, wurde nie richtig gelöst.*** Ich hatte einmal einen Kunden, einen richtig guten Kunden, der von heute auf morgen aufhörte, mir Aufträge zu geben. Trotz mehrerer Telefonate konnte ich nicht ergründen, warum er plötzlich nicht mehr bei mir kaufen wollte. Also beschloss ich, ihn zu besuchen. Ich vereinbarte einen Termin, kam zu ihm, und wir beide setzen uns hin und tauschten Nettigkeiten aus. Doch noch ehe ich das Gespräch auf substanziellere Themen lenken konnte, ließ er die Bombe platzen. Zwei Jahre zuvor war uns bei einem seiner Aufträge ein kleiner Irrtum unterlaufen, den wir mit einer kleineren Kompensation wieder beheben konnten – aber in Wirklichkeit eben nicht. Damals war er damit zufrieden gewesen, doch als Monate später sein Chef von der Sache erfuhr, gab es eine mittlere Katastrophe. Dem Kunden selbst war die Sache zu dem Zeitpunkt so peinlich gewesen, dass er mich nicht darauf ansprechen mochte. Leider tauchte dasselbe Problem dann irgendwann wieder auf, und diesmal rief es seinen Boss direkt auf den Plan, der sogleich enormen Druck auf meinen Kunden ausübte und ihn drängte, sich einen anderen Lieferanten zu suchen. Da ich das Problem nun kannte, war es nicht weiter schwierig, die ganze Geschichte gütlich zu regeln. Es kommt immer wieder vor, dass man Unstimmigkeiten für beigelegt hält, die einem plötzlich brühwarm wieder aufgetischt werden. Haben Sie das Gefühl, es mit so einem Fall zu tun zu haben, sollte Ihre Frage am sinnvollsten lauten: „Gibt es irgendein Problem, von dem ich nichts weiß?"

8. *Fragen Sie sich: „Liegt das Problem in der Tatsache, dass wir Marktführer sind?“*

Wenn Sie ein marktführendes Unternehmen vertreten, müssen Sie darauf gefasst sein, dass andere Ihnen die wildesten Sachen unterstellen. Gängige Vorbehalte gegen Marktführer sind „die sind arrogant“, „die sind unsensibel“ und „die sind größer als gut für sie ist“. In jedem Marktsegment findet sich die natürliche Tendenz, führende Produkte mit einem besonderen Preis auszustatten, um so einen technischen Vorteil oder ein bestimmtes Prestige zu bestärken. Konkurrenten und Kunden, die diesen Preis für inakzeptabel halten, verfallen leicht darauf „Arrogant!“ zu brüllen und sich mit Zähnen und Klauen gegen dieses Produkt zu wehren. Wenn Sie diese Art Feedback erhalten und davon überzeugt sind, dass das Produkt sehr wohl zu einem fairen Preis gehandelt wird, ignorieren Sie die Vorwürfe einfach. Das ist nun mal der Preis, den man für eine marktführende Position zahlt.

9. *Fragen Sie sich: „Geht es um Zugeständnisse?“*

In harten Preisverhandlungen geraten Sie irgendwann an einen Punkt, an dem Sie keine weiteren Zugeständnisse mehr machen können. Also halten Sie Rücksprache mit dem Management, das Ihnen eine klare Grenzlinie vorgibt, die nicht unterschritten werden darf. Gewiefte Verhandlungspartner wissen das und machen Ihr Management zur Zielscheibe ihrer Attacken. Sie erzählen Ihnen, die Leute in Ihrem Unternehmen hätten jeglichen Bezug zur Realität verloren. Derlei Vorwürfe sind für sie Routine, weshalb Sie damit rechnen müssen, dass sie kommen. Bleiben Sie freundlich und ignorieren Sie diese kleinen Sticheleien. Sie gehören zum Geschäft. Es handelt sich dabei nicht um echte Einwände, sondern lediglich um einen Teil des Spiels, mit dem Sie klarkommen müssen. Nähere Hinweise darauf, wie Sie mit solchem Verhalten umgehen, finden Sie in Kapitel 6.

Strategien, wie Sie zum Abschluss kommen

1. *Bieten Sie eine „Patzergarantie“ an*

Wenn Ihr Unternehmen einen schlechten Ruf hat, weil es bekannt dafür ist, Aufträge zu verpatzen, können Sie Ihren Kunden eine Garantie anbieten, in der Sie beachtliche Kompensationen einräumen für den Fall, dass Ihr Unternehmen einen der Fehler begeht, mit denen der Kunde rechnet. Normalerweise sind negative Bilder von Unternehmen hoffnungslos übertrieben, und man kann davon ausgehen, dass sie keine der Fehler machen, die man ihnen so gern unterstellt. Mit einer „Patzergarantie“ können Sie oft sowohl neue Kunden gewinnen als auch alte ausbauen. Und ich habe immer wieder festgestellt, dass Verkaufsleiter kein Problem damit haben, diese Garantien abzusegnen.

2. *Schließen Sie allein auf Basis des Produkts*

Erwähnen Sie Ihr Unternehmen so selten wie möglich. Stoßen Sie auf irgendwelche Widerstände, sagen Sie: „Hören Sie, das ist das Produkt, dass Sie brauchen, und ich werde dafür sorgen, dass alles reibungslos abläuft. Bekomme ich nun den Auftrag?“

3. ***Wenn Sie all die negativen Auffassungen über Ihr Unternehmen korrigieren konnten, können Sie irgendeine der bereits erwähnten Abschlussstrategien anwenden, um mit diesem Kunden zum Abschluss zu kommen.***

21 Sie sind nicht allein

Mit Problemkunden zu verhandeln ist mehr als nur Strategien und Taktiken zu kennen. Es geht auch zu einem ganzen Teil darum, wie Sie sich fühlen, nachdem Sie mit ihnen verhandelt haben. Wann immer ich mit einem Problemkunden konfrontiert war, lautete meine erste Frage anschließend: „Warum ausgerechnet ich?“ Nachdem ich des Öfteren mit solchen Situationen umgehen musste, fanden sich drei weitere Fragen. „Hat sonst noch jemand mit solchen Kunden zu tun?“ „Findet irgendjemand anders es genauso stressig wie ich?“ Und schließlich: „Warum sind diese Leute so wie sie sind?“ Ich habe für dieses Buch eine landesweite Umfrage gestartet und einige Antworten erhalten. Ich hoffe, Sie werden um einiges besser begreifen, wo Sie stehen, nachdem Sie die Umfrageergebnisse mit Ihren persönlichen Erfahrungen verglichen haben.

1. *Ergebnis: Einer von sechs Kunden in Amerika wird von den Verkäufern als Problemkunde eingestuft*

Nationaler Durchschnitt:
Einer von sechs Kunden ist ein Problemkunde

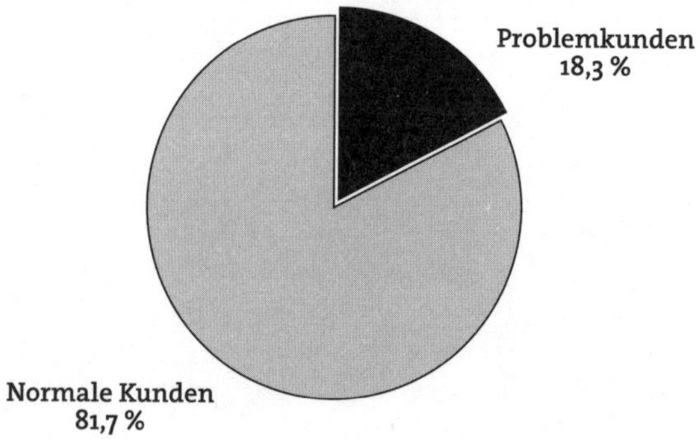

2. ***Ergebnis: Der mit Abstand häufigste Problemkunde ist derjenige, der die Preise in den Keller treibt. Drei Viertel aller Verkaufsbereiche berichten, mindestens einen solchen Kunden zu haben. Falls Sie noch keinen haben sollten, machen Sie sich schon mal bereit, denn die Chancen stehen überaus gut, dass Sie eines Tages mit einem zu tun bekommen werden.***

Prozentauswertungen der Verkaufsbereiche, die zu bestimmten Problemkunden befragt wurden

„Mit welchen der folgenden Problemkunden hatten Sie im letzten Jahr zu tun?"

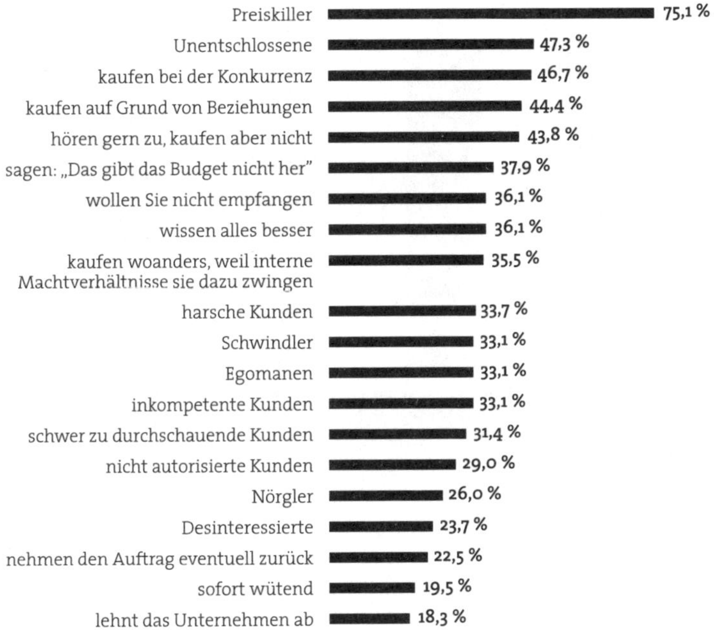

3. ***Ergebnis: Der Prozentanteil der Problemkunden hängt davon ab, was Sie verkaufen. Wer Dienstleistungen verkauft, hat deutlich mehr Problemkunden als jemand, der materielle Produkte verkauft. Wer allerdings Finanzprodukte verkauft, hat einen überdurchschnittlich hohen Prozentsatz an Problemkunden – ungefähr einen von fünf.***

Prozentanteil der Problemkunden nach Produktkategorien
„Wie hoch ist der Prozentanteil Ihrer Problemkunden?"

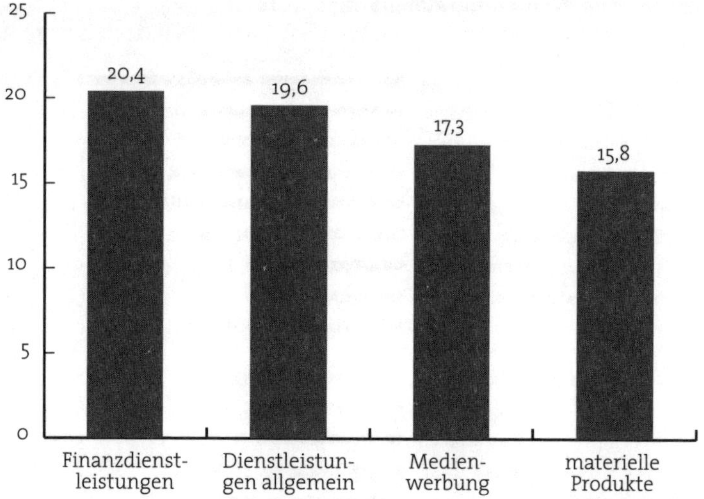

4. *Ergebnis: Die Art der Problemkunden, denen Sie begegnen, variiert auch danach, was Sie verkaufen. Der Preiskiller ist der am häufigsten auftretende Problemkunde, allerdings nicht, wenn Sie Finanzdienstleistungen anbieten. Dann haben Sie am meisten mit unentschlossenen Kunden zu tun. Da es weit einfacher ist, einen direkten Vergleich zwischen zwei materiellen Produkten anzustellen, haben Leute, die diese verkaufen, vor allem mit problematischem Verhalten zu tun, das aus vergleichendem Kaufverhalten resultiert. Leute, die Dienstleistungen verkaufen, stoßen auf größere Schwierigkeiten, was Entscheidungsfindung und feste Zusagen betrifft. Medien- und Werbeleute begegnen ähnlichen Problemen. Unten finden Sie die fünf Spitzenreiter der Problemkundenkategorien nach den verschiedenen Produktgruppen unterteilt:*

Dienstleistungen	Materielle Produkte	Medien/Werbung	Finanzprodukte
1. Preiskiller	**1.** Preiskiller	**1.** Preiskiller	**1.** unentschlossen
2. unentschlossen	**2.** kauft woanders: mag das Konkurrenzprodukt lieber	**2.** sagt: „Das gibt das Budget nicht her."	**2.** kauft woanders, weil bereits Geschäftsbeziehung dorthin bestehen
3. hört gern zu, kauft aber nicht	**3.** kauft woanders, weil bereits Geschäftsbeziehungen dorthin bestehen	**3.** kauft woanders: mag das Konkurrenzprodukt lieber	**3.** Preiskiller
4. sagt: „Das gibt das Budget nicht her."	**4.** unentschlossen	**4.** hört gern zu, kauft aber nicht	**4.** kauft woanders: mag das Konkurrenzprodukt lieber
5. kauft woanders, weil intern dazu angehalten	**5.** harsch	**5.** unentschlossen	**5.** hört gern zu, kauft aber nicht

5. *Ergebnis: Der Prozentanteil der Problemkunden unter Ihren Kunden hängt von Ihrem Verkaufsstil ab. Verkäufer, die mehr auf das beratende Gespräch setzen, geben einen besonders hohen Anteil an Problemkunden an – mehr als einen von fünf. Verkäufer mit einem „abschlussorientierten" Verkaufsstil stufen ihren Problemkundenanteil weit niedriger ein – nur einen von zehn.*

Prozentanteil der als Problemkunden wahrgenommenen Problemkunden nach Verkaufsstil

„Wie viele Ihrer Kunden sind Problemkunden?"

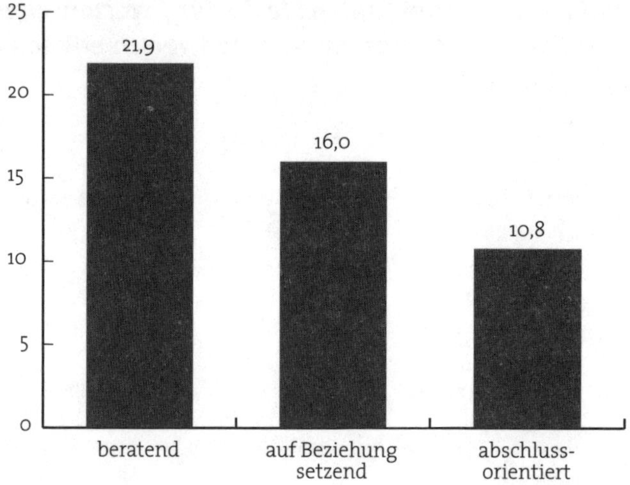

6. *Ergebnis: Verkäufer, deren Kunden auf der Fortune-500-Liste auftauchen, haben fast doppelt so häufig mit Problemkunden zu tun wie solche, die mit weniger populären Unternehmen arbeiten. Ich habe zwei verschiedene Kategorien ausgearbeitet: Eine umfasst diejenigen Verkäufer, die wenig oder gar nicht mit Fortune-500-Unternehmen zu tun haben (20 % oder weniger). Die andere bilden jene Verkäufer, deren Hauptgeschäft die Fortune-500-Unternehmen ausmachen (70 % und mehr).*

Prozentanteil der Problemkunden nach Kundenunternehmensgröße
„Wie hoch ist der Anteil der Problemkunden unter Ihren Kunden?"

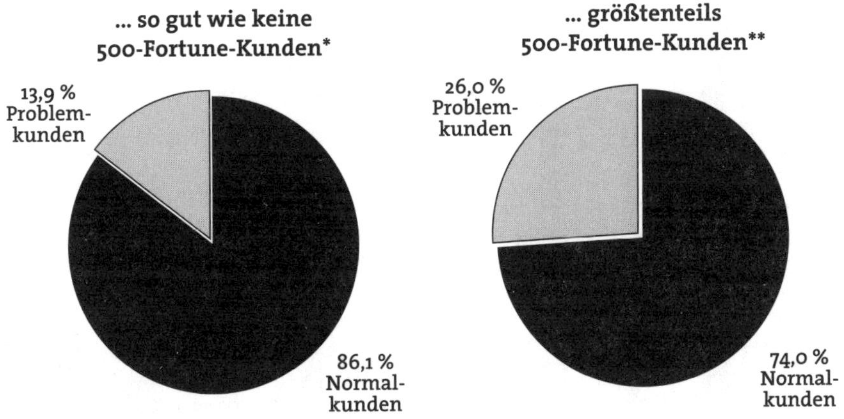

* 20 % oder weniger
** 70 % oder mehr

7. *Ergebnis: Verkäufer, die mit Fortune-500-Kunden arbeiten, haben es doppelt so oft mit Egomanen und harschen Kunden zu tun wie andere. Im Vergleich mit anderen Verkäufern ist ihr Risiko dreimal so hoch, inkompetenten Kunden gegenüberzusitzen. Die gute Nachricht ist, dass sie kaum Gefahr laufen, der Kunde könnte den Auftrag im Nachhinein zurückziehen. In der folgende Liste wurden die Frequenzen der jeweiligen Problemkundengruppen verglichen:*

Prozentanteil der als Problemkunden wahrgenommenen Problemkunden nach Verkaufsstil

„Wie viele Ihrer Kunden sind Problemkunden?"

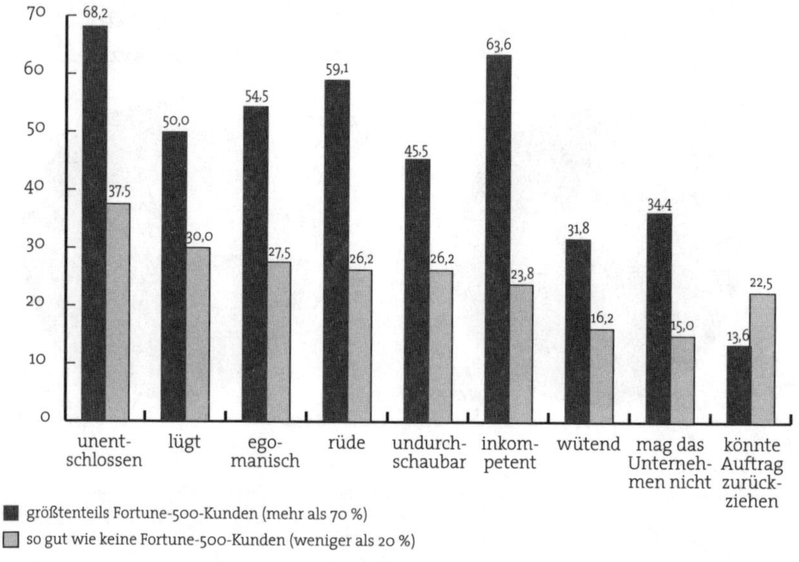

8. *Ergebnis: Problemkunden verursachen ungefähr ein Drittel des Stresses, mit dem Verkäufer und andere Angestellte mit Kundenkontakt konfrontiert sind.*

Landesweiter Durchschnitt: Ungefähr ein Drittel des berufsbedingten Stresses wird durch Problemkunden hervorgerufen
„Welcher Prozentanteil Ihres jobbedingten Stresses wird durch Problemkunden verursacht?"

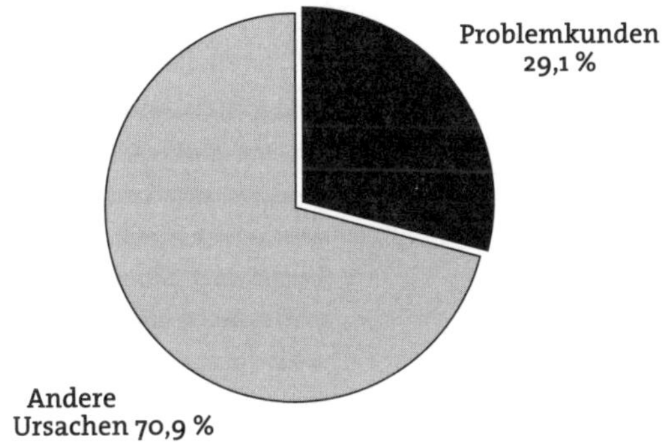

9. Ergebnis: Wenn Problemkunden den Verkäufer persönlich attackieren, wird für ihn der Umgang mit ihnen besonders belastend. Während der Preiskiller der häufigste aller Problemkunden ist, rücken der Verkäufer oder die Verkäuferin ihn nur an die sechste Stelle der besonders belastenden Kunden. Das kann an der Häufigkeit dieses Kunden liegen, denn auf ihn sind die meisten Verkäufer gut vorbereitet.

Prozentanteil der Befragten, die bestimmte Problemkunden als besonders belastend empfanden

„Welchen der folgenden Kunden empfinden Sie als besonders belastend?"

---

10. ***Ergebnis: Männer und Frauen schätzen unterschiedliche Problemkunden unterschiedlich schwierig ein. Im Folgenden sind die fünf Spitzenproblemgruppen nach weiblichen und männlichen Verkäufern ausgewertet. Zwei von fünf Gruppen waren identisch, doch während Frauen Nörgler und bei der Konkurrenz kaufende Kunden als besonders anstrengend empfinden, sind für Männer besonders Lügner und Leute, die sich einer unternehmensinternen Politik unterwerfen, belastend.***

Männer	**Frauen**
1. lügt Sie an	1. beklagt sich über alles und jedes
2. ist inkompetent	2. kauft woanders, weil internen Verhältnissen gehorchend
3. treibt die Preise in den Keller	3. will Sie nicht empfangen
4. will Sie nicht empfangen	4. sagt: „Das gibt das Budget nicht her"
5. wird sofort wütend	5. wird sofort wütend

11. ***Ergebnis: Erfahrene Verkäufer berichten weit häufiger von berufsbedingtem Stress als Neuanfänger. Es gibt eine Menge Gründe, weshalb der Job des Verkäufers mit wachsender Erfahrung leichter werden sollte. Allerdings nimmt die Frequenz der Begegnung mit Problemkunden naturgemäß über die Jahre zu.***

Nach Berufsjahren gegliederter prozentualer Anteil der Problemkunden
„Wie hoch ist der prozentuale Anteil der berufsbedingten Belastungen, denen Sie durch Ihre Problemkunden ausgesetzt sind?"

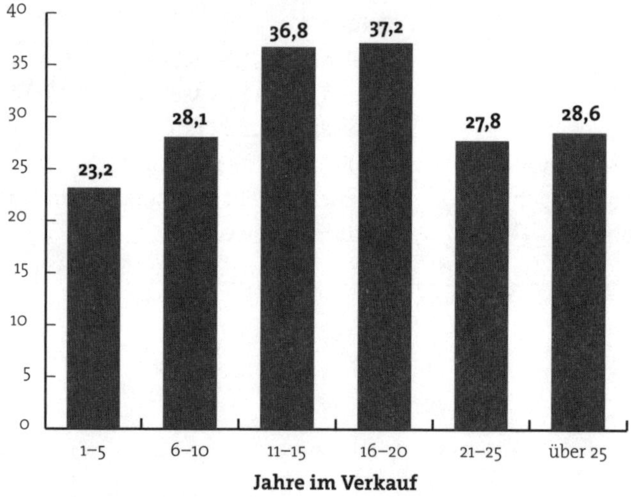

12. ***Ergebnis: Die meisten Verkäufer kommen einhellig zu dem Schluss, dass Unsicherheit des Kunden die Ursache für die meisten problematischen Verhaltensweisen ist. Ein Käufer, der unsicher ist und Angst hat, seinen Job zu verlieren, wird sich immer ungleich schwieriger gebärden als einer, der nichts dergleichen zu befürchten hat.***

„Warum, glauben Sie, verhalten sich Ihre Kunden so, wie sie sich verhalten?"

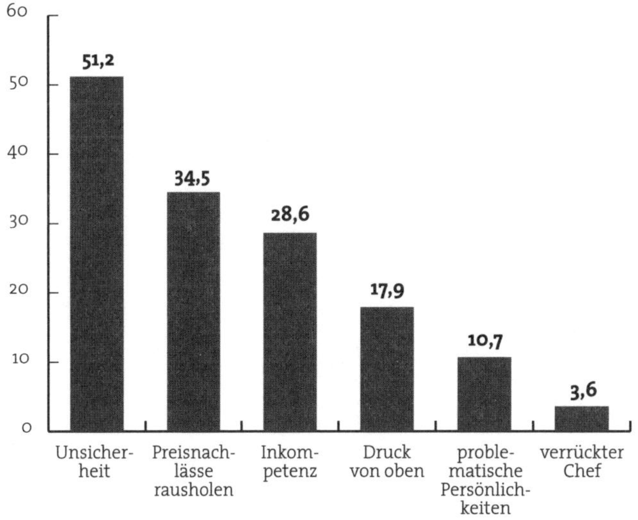

13. ***Ergebnis: Frauen gehen weit häufiger als Männer davon aus, dass Unsicherheit weit mehr problematisches Verhalten hervorruft. Männer vermuten fast dreimal so häufig, dass problematisches Kundenverhalten auf Inkompetenz zurückzuführen ist.***

Männer und Frauen über die Ursachen problematischen Kundenverhaltens
„Warum, glauben Sie, verhalten sich Ihre Kunden so, wie sie sich verhalten?"

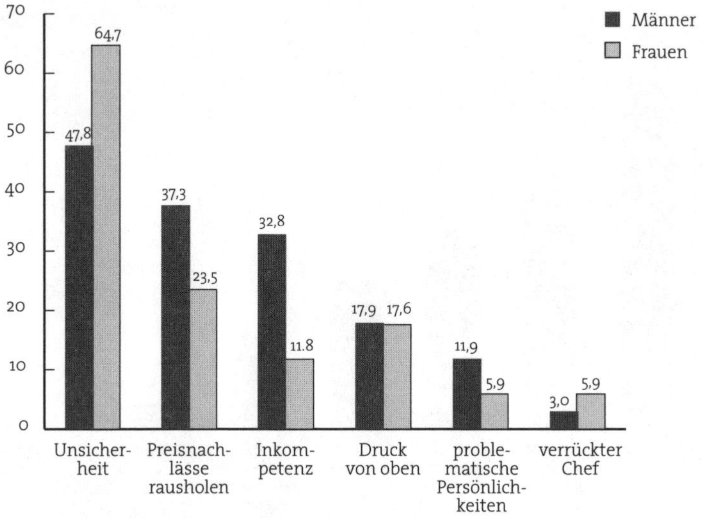

Anmerkung: Mehrfachantworten ergaben über 100 Prozent

14. Ergebnis: Leute, die für sehr kleine Unternehmen arbeiten (1 bis 5 Mitarbeiter) halten problematisches Kundenverhalten deutlich häufiger für durch Unsicherheit hervorgerufenes als solche, die für größere Unternehmen tätig sind.

Ursachen für problematisches Kundenverhalten nach Unternehmensgröße
„Warum, glauben Sie, verhalten sich Ihre Kunden so, wie sie sich verhalten?"

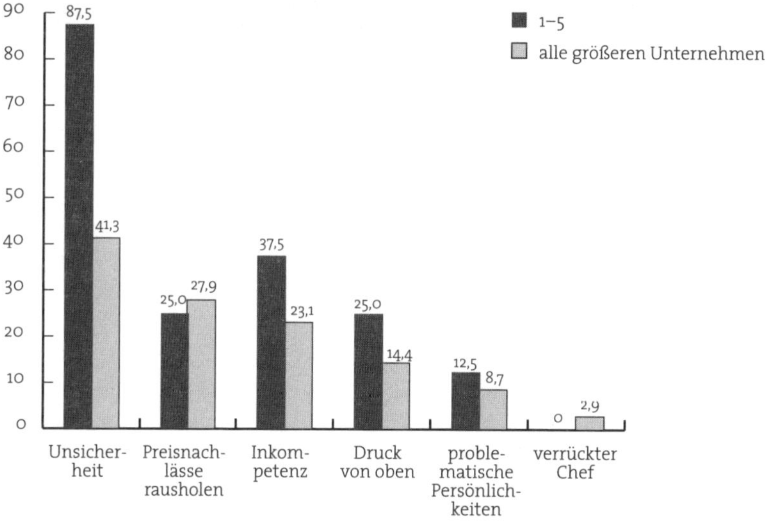

Anmerkung: Mehrfachantworten ergaben über 100 Prozent

15. *Ergebnis: Über ein Viertel ihrer Zeit verbringen Verkaufsleiter damit, mit ihren Verkäufern über Problemkunden zu sprechen.*

„Wie hoch ist der prozentuale Anteil, den das Gespräch über Problemkunden einnimmt, gemessen an der Zeit, während derer Sie Ihre Verkäufer unterweisen?"

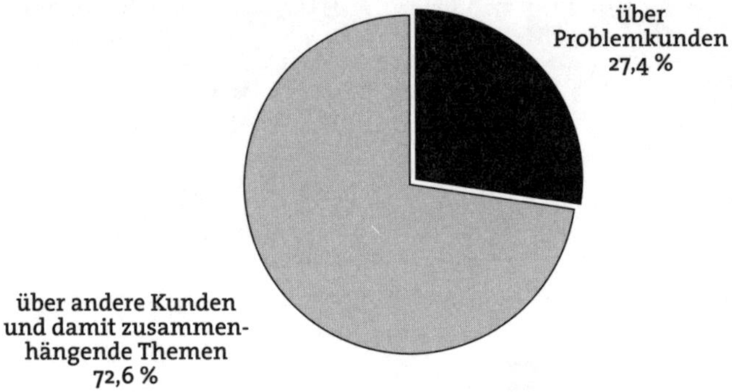

16. *Ergebnis: Problemkunden können gut fürs Geschäft sein. Verkäufer, die während der letzten Jahre einen gewaltigen Umsatzzuwachs gegenüber den Vorjahren verzeichnen konnten, melden zugleich den höchsten prozentualen Anteil an Problemkunden. Unternehmen, deren Umsätze seit einigen Jahren faktisch am Boden sind, verzeichnen den geringsten Anteil an Problemkunden.*

Anteil der Problemkunden gemessen an den Verkaufszahlen der Vorjahre
„Wie hoch ist der Anteil an Problemkunden unter Ihren Kunden?"

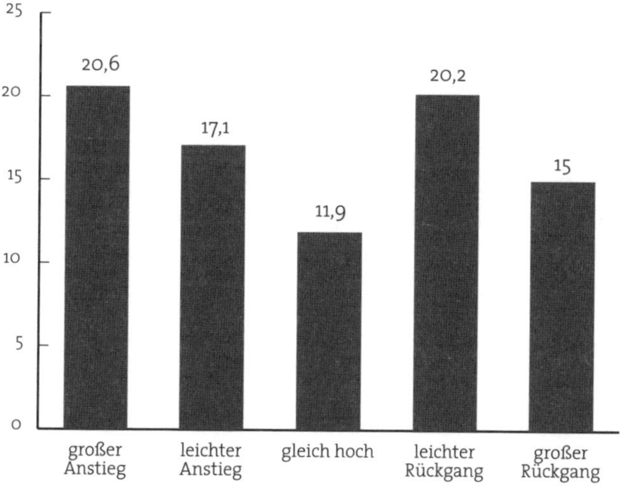

Schlussworte

„Problemkunden erweisen sich am Ende normalerweise als deine besten."

Werbekaufmann, New York, N. Y.

Problemkunden: Lieben Sie sie oder hassen Sie sie, aber sie sind der Grund, warum es uns gibt. Wenn jeder Kunde Ihnen mir nichts, dir nichts einen Auftrag in die Hand drücken würde, wären wir Verkäufer und professionellen Kundenkontakter bald arbeitslos.

Aber Problemkunden sind mehr als nur die Rechtfertigung, warum es unsere Jobs nach wie vor gibt. Da ich mich mittlerweile aus dem Verkäuferleben verabschiedet habe, kann ich zurückblicken und sagen, die besten Geschäftsbeziehungen, die ich jemals hatte, die besten Kunden, die ich jemals gewinnen konnte, haben sämtlich als Problemkunden angefangen. Ihre besten Kunden sind die, denen Sie beweisen müssen, welchen Wert Sie haben und welchen Wert Ihr Produkt hat. Ein Verkaufsbereich ohne Problemkunden birgt für Sie keine Chancen.